新时代"三农"问题研究书系

农民专业合作社
产业链垂直整合、社员参与及绩效

张耀文 ○ 著

西南财经大学出版社
Southwestern University of Finance & Economics Press

中国·成都

图书在版编目(CIP)数据

农民专业合作社产业链垂直整合、社员参与及绩效/张耀文
著.--成都:西南财经大学出版社,2024.8.
ISBN 978-7-5504-6392-9

Ⅰ.F321.42

中国国家版本馆 CIP 数据核字第 20241UJ779 号

农民专业合作社产业链垂直整合、社员参与及绩效

NONGMIN ZHUANYE HEZUOSHE CHANYELIAN CHUIZHI ZHENGHE,SHEYUAN CANYU JI JIXIAO

张耀文　著

策划编辑:李　才
责任编辑:李　才
责任校对:周晓婉
封面设计:何东琳设计工作室
责任印制:朱曼丽

出版发行	西南财经大学出版社(四川省成都市光华村街55号)
网　　址	http://cbs.swufe.edu.cn
电子邮件	bookcj@swufe.edu.cn
邮政编码	610074
电　　话	028-87353785
照　　排	四川胜翔数码印务设计有限公司
印　　刷	郫县犀浦印刷厂
成品尺寸	170 mm×240 mm
印　　张	15.5
字　　数	258 千字
版　　次	2024 年 8 月第 1 版
印　　次	2024 年 8 月第 1 次印刷
书　　号	ISBN 978-7-5504-6392-9
定　　价	88.00 元

自序

21世纪初，我们将有幸见证中国逐步走上农业农村现代化道路，这是建设农业强国的必然要求，在中华民族数千年农业发展史上具有里程碑意义。理论界和实务界普遍认为"大国小农"是我国的基本农情和国情。小农的大量存在不仅具有现实合理性，且具有顽强的韧性，对于社会稳定、保护农民利益具有积极作用。但延续上千年的小农经营模式在新时代仍表现出一系列不适应性，以手口相传的经验作为主要技术来源，现代标准化的技术体系接纳与应用不足；在前端，小农户面对处于垄断或半垄断的种苗、化肥等农资供应商，在后端则面对消息灵通、渠道畅通、博弈能力较强的中介商或收购商，处于"前后两头吃亏"的状态。因此，以合作社为载体，将农民有效地组织起来，让优质要素能够畅通进入农业生产过程，让农民在产业链中处于更为有利的地位，是实践探索，也是理论界试图解决现实问题的希冀所在。

中国农业现代化道路既是一个有意思的理论问题，也是我们在实地调研中忍不住要去思考的沉重课题。若遵循简单直接的线性思维，改变小农的核心在于促进规模化经营。但在真实的情况下，经营主体规模扩张意味着大量的土地流转，以及随之而来的交易成本、农户利益受损风险，也意味着经营主体风险集中、用工集中期雇工困难、管理难度加大等。因此，简单地扩张农业经营规模并不可取。

从四川一些地区的发展经验来看，让低效益、低附加值的传统农业转变为高质高效的农业往往需要要素层面上的规模化、组织层面上的合作化、产业纵向关系层面上的一体化的同步实现。在初期，往往需要一些大户成长起来，改变小规模经营状态。但规模化不能解决所有问题，规模化也必定会存在限度，所以，在中期，需要大户之间、大户与小农户之间、小农户与村集体之间的合作，以解决发展中的共同难题，因此，合作化就成为必然。在后期，则需要实现产业化，在顺畅接触到外部更加广阔的世界的过程中，实现育产加销的一体化。因此，"以规模化促进组织化、以组织化促进产业化"是农业现代化转型的实践逻辑。从调研的情况来看，只要在要素、组织、产业链三大方面实现突破，辅之以适销对路的品种，农业也可以实现亩产万元乃至十万元的突破。

我们在四川各地调研过程中见过不少的合作社，仔细比较与思考，发现一家合作社脱困并实现跃级提升的关键在于具备能力投资运力、建设加工仓储设施，即实现产业链垂直整合，否则产品便卖不出好价钱。因缺乏利益激励，合作社难以让农民信服，农民也不愿意参加合作社；人心散了则合作社的后续发展往往难以维系，合作社处于"半死不活"或"有名无实"的状态。因此，本书将产业链垂直整合作为研究关键词之一，重点关注农民专业合作社的产业链垂直整合。

对于作为一个微观主体的农民专业合作社而言，实现一定程度的产业链垂直整合对于其发展具有十分重要的意义：其不仅关系到发展能力、社员凝聚力等，也意味着其能够承担制度建设的成本，还意味着合作社的持续发展离不开小农户的生产优势——保证持续、稳定、标准化的农产品原料供应，这将迫使合作社向小农户分权，或者更加深层次地介入小农户生产过程，如提供农资、技术指导、种苗更替等。因此，合作社的产业链垂直整合将对合作社的组织制度、成员关系等产生深刻而多元的影响；外人往往会认为合作社产业链垂直整合与社员参与之间互不相关，但事实上存在深刻关联。

前面从实然的角度谈了为什么要研究本书话题，接下来就从理论的角度，也即应然的角度谈谈为什么要分析合作社产业链垂直整合、社员参与以及合作社绩效。合作社是"弱者的联合"，既追求经济效益，又承担社会责任、保护农民利益。对合作社的批评集中在多数合作社偏移其本质性规定，强调少数核心社员的利益，忽略大部分农民的利益，造成其利益受损。本书研究的深层次目的在于分析合作社在发展演化中是否存在"去异化"、逐步强化社会属性的可能；而如果说合作社产业链垂直整合程度关乎合作社的竞争能力、盈利能力等，那么社员参与在很大程度上则是合作社社会效益的体现。

本书是我博士三年半时间辛苦思考、与大家思维碰撞的成果，十分感谢老师们、同学们的指导和帮助。因个人能力、视野等限制，本书存在片面之处，也可能存在认知偏颇，敬请大家批评指正。我深切地知道，很多事情，我还做得不够好，很多知识或领域，囿于精力、环境、能力等，还没有去学习与涉足，这都是我需要弥补的地方。

读到历史上汉宣帝对书生的评价"俗儒不达时宜，好是古非今，使人眩于名实，不知所守，何足委任"，加上今时社会对"专家"的批评，深感痛心。我希望能够在价值理性与工具理性之间掌握平衡，在被时代裹挟和环境"拽着走"的被动行动中，依然做对国家和社会有益的研究，做实实在在的事情，哪怕是微薄的贡献，我内心依然充满幸福感、充实感和力量。

张耀文

2024 年 6 月于成都百花潭

前言

　　农民专业合作社既是追求盈利的经济组织，又是有共同需求的成员所成立的互助性组织，是带动小农户融入现代农业的理想组织形式。但我国多数合作社也存在着普通社员参与和分享不够的问题，严重制约了合作社的持续发展。在农业产业化经营持续推进的背景下，合作社自其产生伊始就嵌入农业产业链整合的市场环境之中。随着现代市场竞争由单个企业间的竞争扩展为产业链竞争，合作社产业链垂直整合无论对于其自身绩效改善，还是对于整个农业产业链竞争力提升均有着重要作用，产业链垂直整合是我国合作社发展的重要趋势。

　　结合新制度经济学，农民专业合作社产业链垂直整合深化的过程同样是合作社内部组织变革深入的过程，随着合作社经营策略由生产导向型转变为价值增值型，需要同步调适合作社的成员关系（社员参与）、内部制度等，这样才能确保合作社组织目标的实现。据此，为更清晰地把握合作社发展趋势，我们有必要回答合作社产业链垂直整合将如何影响社员参与、合作社产业链垂直整合和社员参与如何影响合作社绩效等问题，从而为优化关于合作社的公共政策提供理论依据。

　　本书通过问卷调查法获得四川成都市、雅安市、自贡市、眉山市12县区的331家样本合作社的数据资料——覆盖了山地、丘陵、平原三种地形类型，并据此进行计量实证分析；通过访谈获取3家样本合作社的案例，验证理论和实证分析结果，并进行拓展性研究。本书的研究内容包括以下三个方面：一是农民专业合作社产业链垂直整合对社员参与的影响。探讨在产业链垂直整合背景下合作社与社员之间的相互依赖性，分析在不完全契约条件下合作社如何通过完善契约的补充治理机制达到促进社员参与的目的。二是合作社产业链垂直整合对绩效的影响。从经济绩效和社会绩效的双重维度构建合作社绩效的综合评价指标体系，利用熵值法进行绩效评价；分析合作社产业链垂直整合对合作社总体绩效、经济绩效和社会绩效的影响。三是合作社产业链垂直整合和社员参与对合作社绩效的影响。运用依次检验法和自助法，检验社员参与在合作社产业链垂直整合对合作社绩效影响中的中介效应。本书还分析了在对合作社绩效的影响中，合作社产业链垂直整合与社员参与是否存在交互效应。

本书的主要结论包括五个方面：

第一，农民专业合作社产业链垂直整合对普通社员参与起到显著的积极的作用。从不同社员参与类型来看，合作社产业链垂直整合对社员参与的影响效果由大到小依次为社员投资参与、产品参与、管理参与。这表明：在合作社产业链垂直整合背景下，社员参与合作社符合社员与合作社双方的共同利益。对于合作社而言，社员参与可以满足其原料控制需求、风险防范需求、内源融资需求；对于社员而言，参与合作社产业链垂直整合可以实现自身收益增长。

第二，若考虑到资产专用性的情况，合作社产业链垂直整合对社员参与有着既吸纳又排斥的双重关系。一方面，在合作社产业链垂直整合对社员投资参与、管理参与的影响中，资产专用性起到正向中介效应。这说明尽管交易成本增加，多数合作社仍选择双边治理结构，而非转变为统一治理结构（投资者控制企业），即通过完善合作社与社员之间契约的补充治理机制，降低交易成本，从而增强契约稳定性。另一方面，在合作社产业链垂直整合对社员产品参与的影响中，资产专用性起到遮蔽效应。其原因在于：合作社为保证农产品品质，会选择自建生产基地以供应部分高端市场的产品，或仅收购社员农户手中的优质农产品，这会导致社员产品参与度下降。

第三，农民专业合作社产业链垂直整合深化的过程同样是合作社组织内部变革深化的过程。合作社产业链垂直整合要求合作社内部制度的调适，契约的补充保障机制在稳固和优化合作社与社员之间的契约关系起到了重要作用。适用于合作社的契约补充保障机制包括：①设置抵押品。中介效应的实证分析结果表明，抵押品（公积金）的设置有助于密切合作社与社员之间的双边合作关系。②建立制度性信任。中介效应的实证分析结果表明，制度建设在合作社产业链垂直整合对社员参与的影响中起到显著的中介效应。结合第8章3家样本合作社的案例可知，制度建设有助于强化社员对合作社的信赖与认同。

第四，农民专业合作社产业链垂直整合对合作社绩效具有显著的正向影响。从合作社经济绩效、社会绩效的对比来看，合作社产业链垂直整合对经济绩效的影响更为明显。结合第8章的案例分析可知，合作社产业链垂直整合有助于强化价值创造并增进价值分享。同时，合作社产业链垂直整合紧密度越高，合作社产业链垂直整合对合作社总体绩效、经济绩效以及社会绩效的改善作用越明显。

第五，农民专业合作社的绩效在很大程度上取决于合作社产业链垂直整合与社员参与的相容性。根据第7章的实证分析结果，社员参与在合作社产业链垂直整合对绩效的影响中有着较强的中介效应。在合作社产业链垂直整合对总体绩效的影响中，中介效应发挥最大的是社员管理参与，其次是社员产品参与，再次是社员投资参与。从绩效分类别对比来看，相对于经济绩效，社员参与在合作社产业链垂直整合对社会绩效的影响中的中介效应更为显著。此外，从交互效应的实证分析结果来看，在对合作社总体绩效的影响中，合作社产业链垂直整合与社员投资参与存在互补效应；在对合作社社会绩效的影响中，合作社产业链垂直整合与社员管理参与存在替代效应。这说明：在合作社产业链垂直整合深化过程中，应因势利导，注重合作社制度完善和成员关系优化，从而促进合作社绩效提升。

本书有以下四个方面的创新之处。

第一，揭示了农民专业合作社产业链垂直整合对合作社制度的作用影响情况。将新制度经济学的概念和原理与中国农民专业合作社的实践结合起来。引入契约治理理论和制度变迁理论，将交易成本纳入合作社的行为考量中，探讨合作社产业链垂直整合对合作社制度的影响情况，有助于更深入地理解合作社组织制度的变迁史。

第二，拓展了社员参与影响因素的视角。结合已有对合作社社员参与影响因素分析的研究，从合作社产业链垂直整合（合作社经营策略变化）的视角考察社员参与的变化情况，契合了当前农业产业化加深的合作社发展背景。在分析对社员参与的影响中，不仅从社员利益诱导的一般角度分析合作社产业链垂直整合对社员参与的影响情况，还从资产专用性、合作社制度变化等多维角度分析合作社产业链垂直整合对社员参与的影响情况。

第三，探讨了实现农民专业合作社的组织盈利性与农户带动性兼容的现实可能性。在现有对合作社"异化"的研究基础上，通过计量实证和多案例分析证明，在产业链垂直整合加深的背景下，小农户的土地和劳动要素的相对重要性发生变化，此时，合作社将愿意与社员建立稳定的契约关系，适度增大产权结构中的社员投资比例以及让渡管理权利。换言之，在产业链垂直整合背景下，合作社在特定条件下存在一定的"去异化"机制。这一结论对于当前合作社"异化"问题的讨论与解决具有一定的意义。

第四，构建了农民专业合作社的绩效评价体系，并进一步分析了合作社绩效的影响因素。在以往对合作社绩效评价研究的基础上，结合合作社的性质特征，建立农民专业合作社绩效的指标体系和评价模型。从合作社经营策略与成员关系（社员参与）相调适匹配的角度解释对合作社绩效的影响，能够从更接近于中国合作社发展现实的角度解析合作社绩效形成。

Abstract

Farmer specialized cooperative is not only an economic organization pursuing profit, but also a mutual organization established by members with common needs. It is an ideal organizational form to bring small farmers into modern agriculture. However, most cooperatives in our country also have problems of inadequate participation and sharing of common members, which seriously restricts the sustainable development of cooperatives. Under the background of the continuous promotion of agricultural industrialization, cooperatives have been embedded in the market environment of the integration of agricultural industry chain since their inception. As the modern market competition expands from the competition among single enterprises to the competition of industrial chain, the vertical integration of the industrial chain of cooperatives plays an important role in both improving its own performance and improving the competitiveness of the whole agricultural industry chain. The vertical integration of the industrial chain is an important trend in the development of Chinese cooperatives.

According to the perspective of new institutional economics, the process of vertical integration of the industrial chain of cooperatives is also a process of in-depth organizational reform within cooperatives. With the transformation of cooperative operation strategy from production-oriented to value-adding, it is necessary to adjust the member relationship (membership participation) and internal system of cooperatives simultaneously, so as to ensure the realization of cooperative organizational goals. Therefore, in order to grasp the development trend of cooperatives more clearly, it is worth answering how the vertical integration of the industrial chain of cooperatives will affect the participation of members. The vertical integration of the industrial chain of cooperatives and the influence of member participation on the performance of cooperatives provide theoretical basis for optimizing the public policy of cooperatives in our country.

In this paper, data of 331 sample cooperatives in 12 counties of Chengdu, Ya'an, Zigong and Meishan were obtained by questionnaire survey, covering three terrain types of mountain, hill and plain for empirical analysis. The cases of 3 sample cooperatives were obtained through interviews to verify the theoretical and empirical analysis results, and the extended research was carried out. The research content of this book includes the following three aspects: Firstly, the impact of vertical integration of the industrial chain of farmer specialized cooperatives on the participation of members. This book analyzes the interdependence between cooperatives and members in the context of vertical integration of the industrial chain, and analyzes how cooperatives promote the participation of members by improving the supplementary governance mechanism of contracts under the condition of incomplete contracts. Secondly, the effect of vertical integration of industrial chain on performance of cooperatives. This book constructs the double dimension of economic performance and social performance to establish the index system of cooperative performance, and uses the entropy method to evaluate the performance. This book analyzes the influence of vertical integration of industrial chain on the overall performance, economic performance and social performance of cooperatives. Thirdly, the influence of vertical integration of industrial chain and members' participation on cooperative performance. The mediating effect of membership participation in the vertical integration of the industrial chain of cooperatives on the performance of cooperatives is examined by the sequential test method and the self-help method. At the same time, the book analyzes whether the vertical integration of the industrial chain of cooperatives and the participation of members have interactive effects on the performance of cooperatives.

The main conclusions of this book include five aspects:

Firstly, the vertical integration of the industrial chain of farmer specialized cooperatives plays a significant positive role in the participation of ordinary members. From the perspective of different types of membership participation, the vertical integration of the industrial chain has the following effects on membership participation: investment participation, product participation and management participation. This shows that in the context of vertical integration of the industrial chain of cooperatives, membership participation is in line with the common interests of both members and cooperatives. For cooperatives, membership participation can meet their needs for raw material control, risk prevention and internal financing. For members, participating in cooperatives can increase their earnings.

Secondly, considering the asset specificity, the vertical integration of the industrial chain of cooperatives has a dual relationship of both absorption and exclusion to the participation of members. On one hand, in the vertical integration of the industrial chain of cooperatives, asset specificity plays a positive mediating effect on members' participation in investment and management. This indicates that despite the increase of transaction costs, most cooperatives still choose bilateral governance structure instead of transforming into a unified governance structure (investors control enterprises). By improving the complementary governance mechanism of the contract between cooperatives and members, the transaction costs can be reduced, thus enhancing the stability of the contract. On the other hand, in the vertical integration of the industrial chain of cooperatives on the impact of members' product participation, asset specificity plays an overshadowing effect. The reason is that in order to ensure the quality of agricultural products, cooperatives choose to build their own production bases to supply some high-end products, or only purchase high-quality agricultural products from members' farmers, which leads to a decline in members' participation in products.

Thirdly, the deepening process of vertical integration of industrial chain of farmer specialized cooperatives is also the deepening process of internal reform of cooperative organizations. The vertical integration of the industrial chain of cooperatives requires the adjustment of the internal system of cooperatives. The supplementary guarantee mechanism of contracts plays an important role in stabilizing and optimizing the contractual relationship between cooperatives and members. The supplementary guarantee mechanism of contracts applicable to cooperatives includes: ① Setting up collateral. The empirical analysis results show that the setting of collateral (provident fund) is helpful to close the bilateral cooperative relationship between cooperatives and members. ② Institutional trust. The empirical analysis results show that institutional construction plays a significant mediating role in the vertical integration of the industrial chain of cooperatives. Based on the cases of 3 sample cooperatives in Chapter 8, system construction is helpful to strengthen members' trust and recognition of cooperatives.

Fourthly, the vertical integration of the industrial chain of farmer specialized cooperatives has a significant positive impact on the performance of cooperatives. From the comparison of economic performance and social performance of cooperatives, vertical integration of industrial chain of cooperatives has a more obvious impact on economic performance. Based on the case analysis in Chapter 8, vertical integration of the industrial chain of cooperatives is helpful to strengthen value creation and enhance value sharing. At the same time, the tighter the vertical integration of the industrial chain of cooperatives, the more obvious the improvement effect of vertical integration of the industrial chain on the overall performance of cooperatives, economic performance and social performance.

Fifthly, the performance of farmer specialized cooperatives largely depends on the compatibility of vertical integration of industrial chain and membership participation. According to the empirical analysis results in Chapter 7, membership participation plays a strong mediating effect on the vertical integration of the industrial chain of cooperatives. Among the effects of vertical integration of industrial chain on the overall performance of cooperatives, the largest intermediary effect is the participation of members in management, followed by the participation of members in products, and then the participation of members in investment. Compared with economic performance, the mediating effect of membership participation on the vertical integration of the industrial chain of cooperatives on social performance is more significant. In addition, from the empirical analysis of the interaction effect, it can be seen that the vertical integration of the industrial chain of cooperatives and members' investment participation have complementary effects on the overall performance of cooperatives. Among the influences on the social performance of cooperatives, the vertical integration of industrial chain and members' investment participation have substitution effects. This shows that in the deepening of vertical integration of the industrial chain of cooperatives, we should take advantage of the situation, and pay attention to the improvement of the cooperative system and the optimization of member relations, so as to promote the improvement of the performance of cooperatives.

This book is innovative in the following four aspects:

Firstly, it reveals the effect of vertical integration of farmer specialized cooperative industry chain on cooperative system. The book combines the concept and principle of new institutional economics with the practice of Chinese farmer specialized cooperatives. By introducing the theory of contract governance and the theory of institutional change, including the transaction cost into the behavior consideration of cooperatives and exploring the influence of vertical integration of the industrial chain of cooperatives on the cooperative system, it is helpful to understand the changes of cooperative organization system more deeply.

Secondly, it expands the perspective of influencing factors of membership participation. Combined with the existing studies on the factors influencing the participation of members of cooperatives, the changes of membership participation are investigated from the perspective of vertical integration of the industrial chain of cooperatives (changes in the management strategies of cooperatives), which fits the development background of cooperatives with the deepening of agricultural industrialization. In the analysis of the influence of the vertical integration of the industrial chain of cooperatives on the participation of members, it not only analyzes the influence of the vertical integration of the industrial chain of cooperatives on the participation of members from the general perspective of the induction of the interests of members, but also analyzes the influence of the vertical integration of the industrial chain of cooperatives on the participation of members from the multi-dimensional perspectives of asset specificity and the change of the cooperative system.

Thirdly, the book discusses the possibility of realizing the compatibility between the organization profitability of farmer specialized cooperatives and the initiative of farmers. Based on the existing research on the "alienation" of cooperatives, this book proves through empirical measurement and multi-case analysis that under the background of vertical integration of industrial chain, the relative importance of land and labor factors of small farmers changes. At this time, cooperatives will be willing to establish a stable contractual relationship with members, and moderately increase the proportion of members' investment and transfer management rights in the property right structure. In other words, under the background of vertical integration of industrial chain, cooperatives have certain "dissimilation" mechanism under certain conditions. This conclusion has a certain significance for the discussion and solution of the problem of "alienation" of cooperatives.

Fourthly, it constructs the performance evaluation system of farmer specialized cooperative, and analyzes the influencing factors of performance. On the basis of the previous research on the performance evaluation of cooperatives, combined with the nature and characteristics of cooperatives, the performance index system and evaluation model of farmer specialized cooperatives are established. The influence on cooperative performance can be explained from the angle of cooperative operation strategy and member relationship (membership participation) adjustment and matching, and the formation of cooperative performance can be analyzed from the angle closer to the development reality of Chinese cooperatives.

Key words: Farmer Specialized Cooperative; Vertical Integration of Industrial Chain; Member Participation; Performance

目录

1 导论

1.1 研究背景、问题提出及研究意义

1.1.1 研究背景

本书主要分析农民专业合作社产业链垂直整合、普通社员参与及其对合作社绩效的影响。具体而言，本书探讨了合作社产业链垂直整合对普通社员参与的影响及影响机理、合作社产业链垂直整合如何影响合作社绩效、合作社产业链垂直整合又如何通过普通社员参与对合作社绩效产生影响。该问题的提出主要基于以下背景：

背景一：农民专业合作社被视作改进农业生产效率、引领小农户融入现代农业发展轨道的理想组织载体，但其发展质量仍待提升。

"大国小农"的国情农情决定了提升农业生产效率、促进农业现代化转型与合理保护小农户利益、保障家庭经营的主体地位之间存在着天然的矛盾，小农户抗风险能力薄弱、经营成本高、追踪与匹配市场需求的能力不足等弱点在市场经济环境下逐步凸显。研究表明，农民专业合作社是保护农民权益和改造传统农业的重要组织载体（应瑞瑶，2004；张晓山，1998），也具有实现村庄社会文化整合、优化乡村治理、提高农村公共产品供给水平等拓展性功能（彭青秀，2017）。合作社上述功能得以发挥与实现，一方面源于合作社的独特组织优势，相对于单个农户，合作社能够实现市场交易外部成本的内部化、形成规模化经营（Coase，1937；邓衡山、王文烂，2014），具备发挥公益职能和引领小农户成长的能力；另一方面源于合作社"姓农为农"的服务宗旨。1995 年国际合作社联盟发布的报告指出，合作社遵循自助、民主、平等、公平、团结等价值伦理，坚持

关心社区的原则（吴彬，2015），具有资本报酬有限、成员民主控制等本质性规定（徐旭初，2003）。加入农民专业合作社有助于提升农户的市场参与能力、学习参与能力等自我发展能力（袁俊林、赵跃龙、魏昊，2023）。

改革开放以来特别是 2007 年《中华人民共和国农民专业合作社法》（以下简称《农民专业合作社法》）颁布实施以来，农民专业合作社呈现出快速发展的趋势。习近平总书记曾指出，"要突出抓好农民合作社和家庭农场两类农业经营主体发展"，农民专业合作社发展已被纳入实施乡村振兴战略和促进农业农村现代化等国家战略或政策举措的范畴。国家强有力的政策支持进一步地促进了农民专业合作社的良性发展。据农业农村部统计，到 2019 年 10 月底，合作社登记数量为 220.3 万家（参见图 1-1），较之于《农民专业合作社法》颁布实施的 2007 年增长了约 85 倍，设立联合社 1 万多家，辐射带动全国近一半的农户①。除数量增长，合作社的良好发展势头还体现在发展质量改进上。第一，合作社的发展体量和投资规模普遍扩大，大中型合作社数量与日俱增；在基层成员社的基础上实现更高层次合作的联合社数量增多（孔祥智等，2020）。第二，合作社不再仅仅提供单一的技术与生产服务，也开始向品种育种、加工处理、营销分销、电子商务等领域延伸。因此，应当对日益发展壮大的农民专业合作社予以充分的关注，促进其发展质量提升，更好地发挥其多元职能。

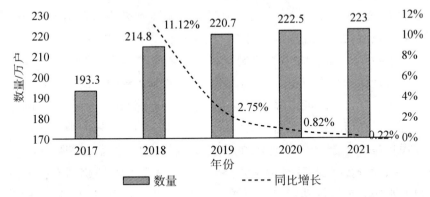

图 1-1　2017—2021 年全国农民专业合作社数量及同比增速②

① 农业农村部就前三季度农业农村经济形势举行发布会 ［EB/OL］. （2019-10-25）［2024-07-16］. http://www.gov.cn/xinwen/2019-10/25/content_5444896.htm.

② 数据根据中国政府网、人民日报、新华网等整理。

总体上，中国农民专业合作社仍处于初级发展阶段，相对于西方国家近两百年的合作社发展历史，我国合作社发展历程较短，发展质量亟待提升。多数农民专业合作社实力薄弱，合作社呈现出"大群体、小规模"特征①。合作社高质量发展不仅面临着物质积累有限、融资难融资贵等制约，还面临着人力资本短缺、创新能力不足以及企业家才能集聚困难等约束（黄博，2020；汪恭礼、崔宝玉，2022）。合作社服务功能发挥不足，技术服务、统一农资购买、统一销售产品等各项服务供给比例较低（朱哲毅，2017）；一些合作社依附于村庄资源，仅能提供协助农资购买等简单、单一内容的服务（刘欣，2021）；合作社在融入大市场时存在着产业链各环节衔接不够紧密、加工流通能力不强、品牌影响力弱等问题②。

背景二：农民专业合作社愈加深入地嵌入农业产业链垂直整合的市场环境中，提升合作社绩效需要促进合作社产业链垂直整合。

我国农民专业合作社兴起于 20 世纪八九十年代的农业产业化背景，自其产生伊始就嵌入农业产业链垂直整合的市场环境之中。由于合作社具有"所有者与惠顾者同一"的共享产权属性和作为中介载体的交易成本降低功能等组织优势，能够避免传统"公司+农户"模式中的公司变相压价、农户违约等不稳定风险，因而能够促进农业产业链垂直整合，成为其发展壮大的重要组织基础之一。

农民专业合作社产业链垂直整合对于其绩效改善有着至关重要的功能。从交易成本理论来看，产业链垂直整合也有助于降低衔接上下游不同环节的交易成本（Williamson，1993）。结合价值链理论，产业链垂直整合通过拓宽农业经营领域和增加经营环节，并扩大仓储、加工、销售等各个环节的规模，能够促进产业链总附加值提升（钟真、张琛、张阳悦，2017），从而确保在现代市场竞争由单个企业间的竞争扩展为产业链竞争的背景下，增强农业产业的市场竞争优势（成德宁，2012）。因此，对于合作社而言，合作社产业链垂直整合也有助于促进自身经济绩效改善（张琛、孔祥智，2019），并让农户分享到附加值更高的加工、营销等环节的收益。因此，产业链垂直整合程度关乎合作社经营能力水平的高低。面对

---

①② 农业农村部：中国农民合作社呈现大群体、小规模特征 [EB/OL]. (2019-04-19) [2024-07-16]. https://baijiahao.baidu.com/s? id=1631211049404432149&wfr=spider&for=pc.

日益鲜明的以垂直协调为主要特征的农产品供应链管理趋势，合作社唯有适应农业产业化这一趋势、主动变革，才可能摆脱困境、赢得挑战、获得发展（浙江大学 CRAD 中国农民合作组织研究中心，2020）。从现实来看，合作社产业链垂直整合程度也在日益提升，据农业农村部统计，到 2019 年 4 月底，全国依法登记的合作社共有 220.4 万家，其中提供产、加、销一体化服务的合作社占比达 53.6%[①]。

背景三：农民专业合作社普遍面临着社员参与困境。

合作社兼有特殊形式的企业和"弱者的联合"共同体的双重属性。作为企业，合作社应当追求经济效益，力图在成本最低的条件下实现效益最大化；作为"弱者的联合"共同体，合作社理应保证每一位社员的利益。但在现阶段，我国农民专业合作社的经济效益追求与公平伦理价值实现之间存在明显的张力。我国多数农民专业合作社主要由村干部、乡村能人、企业负责人等乡村精英发起，少数核心社员希望获取高额的资本性收益，进而掌控合作社的决策权、管理权和收益权，导致普通社员参与和分享不足、普通社员身份边缘化、普通社员投资被存款化。

在组织制度上，体现为：多数农民专业合作社运行不规范，民主决策、社员监督、财务审计等制度不健全，民主治理流于形式；一些合作社未设置理事会、监事会或者理事会、监事会不能发挥应用的职能；利益分配机制不健全，社员责权利不清晰（黄博，2020；汪恭礼、崔宝玉，2022）。总体上，合作社与社员之间联系不够紧密，农民合作意识淡薄，社员和合作社之间契约关系不稳定，影响了合作社整体绩效的改善（张亿钧等，2019）。

1.1.2　问题提出

对上述三大背景的分析显示，农民专业合作社发展在取得显著成效的同时，也面临着一系列问题，其中较为突出的一个问题是合作社由少数农村精英控制、普通社员参与较为不足。这不仅造成合作社经济绩效下降，也会带来社会各界对合作社真实性的质疑，还反映了合作社在成长发展中

---

① 农业农村部办公厅关于推介全国农民合作社典型案例的通知 [EB/OL].（2019-06-27）[2024-07-16]. http://www.moa.gov.cn/govpublic/NCJJTZ/201906/t20190627_6319625.htm.

的公平与效率的平衡转化难题。据此，本书主要研究以下两方面的问题：

第一，农民专业合作社本质性规定应当如何坚守。农民专业合作社产业链垂直整合将如何影响普通社员的参与行为？普通社员参与关乎农民专业合作社"姓农属农为农"本质属性的实现。本书探讨了合作社产业链垂直整合是否同步要求合作社制度架构和社员行为发生变化。具体而言，合作社产业链垂直整合是否促进或者是抑制社员有效参与？是否带来社员惠顾者、所有者以及管理者等角色的变化？若合作社产业链垂直整合能够影响社员参与，那么其内在机理是什么？

第二，农民专业合作社的绩效应当如何实现。合作社产业链垂直整合如何对社员参与以及合作社绩效产生影响？现有研究一般认为农民专业合作社包括多重绩效。本书依据合作社是特殊形式的企业和"弱者的联合"共同体双重属性，将合作社绩效分为经济绩效和社会绩效，探讨合作社的产业链整合将如何影响合作社的绩效，以及社员参与在合作社产业链垂直整合对绩效的影响中起到什么样的作用，从而为提出合作社的质量提升策略提供启示。

1.1.3 研究意义

1.1.3.1 理论意义

一是丰富了中国特色的农民专业合作社理论。本书分析了合作社经营策略（产业链垂直整合）对农民参与、合作社运行效率的影响，契合了合作社产业链垂直整合程度正不断提升的客观现实，有助于进一步明确我国合作社发展方向。

二是深化了社员参与的影响因素分析。本书从合作社产业链垂直整合角度分析社员参与程度的变化以及内在机理，为合作社社员参与的影响因素分析提供了一个新的解释视角。

三是拓展了新制度经济学理论在合作社领域的应用。本书以马克思主义为指导，结合制度经济学的相关理论，深入剖析了在产业链垂直整合深化背景下，合作社与社员之间契约关系的变化及对社员行为的影响情况，为探讨合作社中不完全契约的治理机制创新提供了一定借鉴。

1.1.3.2 实践意义

一是为促进农民专业合作社质量提升的公共政策制定优化提供理论储

备。产业链垂直整合程度在很大程度上决定了合作社的经营水平和可持续发展能力，社员参与体现了合作社内部黏合程度。本书研究了合作社产业链垂直整合与社员参与之间的关系，回应了合作社所面临的关键性难题，有助于明确合作社急需的关键支持环节与领域，一定程度上有利于帮助政府制定更加精准匹配合作社需求的公共政策。

二是揭示了合作社组织演进的内在规律和总体趋势。合作社被裹挟进入市场竞争环境中，通过产业链垂直整合实现自身经营效益改善是其未来可能的发展趋势。本书的研究有助于深刻把握我国合作社未来发展态势，为优化我国农民专业合作社的规范与支持政策提供了理论依据。

三是探讨了让普通农户分享合作社收益是否具有现实可能。在当前阶段，合作社普遍面临着多数普通社员较少参与合作社事务、较少分享合作社收益的情况，这使得合作社在实质上无异于投资者主导企业。本书分析了合作社组织演进过程中社员参与行为的变化情况，提出了合作社发展进程中组织盈利目标与农户带动性两大目标相互协调的可行性。

1.2　研究思路及研究内容

1.2.1　研究思路

本书按照"理论研究—计量实证—案例比较—政策建议"的逻辑展开研究。

首先，在界定核心概念和明确理论基础的前提下，在理论上探讨农民专业合作社产业链垂直整合对社员参与、合作社绩效的影响程度及影响机理，分析合作社产业链垂直整合和社员参与对绩效的影响机理，为后文的经验分析提供理论支撑。

其次，运用微观调查数据和计量分析方法验证理论分析，分析农民专业合作社产业链垂直整合对社员参与的影响程度及影响机理，分析合作社产业链垂直整合对绩效的影响程度，验证合作社产业链垂直整合和社员参与对合作社绩效的影响情况。

再次，利用多个案例分析再一次验证农民专业合作社产业链垂直整合、社员参与及绩效三者之间的关系，既验证计量实证分析结果，又进行拓展性分析，为后文丰富政策建议提供依据。

最后，结合前文理论分析和实证研究，从进一步加强农民专业合作社产业链垂直整合、改善合作社内部社员关系、改进合作社绩效等方面提出促进合作社发展质量提升的策略和建议。

1.2.2 研究内容

依据研究思路，本书共分为9章。各章内容安排如下：

第1章为"导论"：结合中国农民专业合作社的发展背景，提出需要研究的问题，阐明研究意义。说明研究思路与研究内容、研究方法与技术路线、创新之处与研究展望。介绍调查数据的来源和调查方法。

第2章为"文献综述与核心概念界定"：梳理国内外关于合作社产业链垂直整合、社员参与、合作社绩效等方面的文献，进行文献述评，得出研究启示，分析现有研究的不足；对农民专业合作社、合作社产业链垂直整合、社员参与、合作社绩效等概念进行界定。

第3章为"理论基础与分析框架"：介绍马克思主义的合作经济理论、产业组织理论、制度影响理论、交易成本理论、契约治理理论等主要相关理论；利用制度影响理论的"状态—结构—绩效"（SSP）分析范式，构建分析框架，提出研究假设。

第4章为"我国农民专业合作社发展判识及合作社产业链垂直整合现状"：概括我国改革开放以来合作社的发展历程，将其划分为不同的发展阶段，阐释不同阶段合作社发展特征，从而勾勒出合作社发展趋势，并进一步地分析合作社发展面临的关键问题；分析合作社产业链垂直整合现状。

第5章为"农民专业合作社产业链垂直整合对社员参与的影响的分析"：利用回归模型检验合作社产业链垂直整合对社员参与的影响，再利用倾向得分匹配法（PSM）、关键变量替代法等验证基准模型估计结果的稳健性；利用依次检验法和自助法验证社员收益增长、资产专用性、制度建设、抵押品设置等因素在合作社产业链垂直整合对社员参与的影响中的中介效应是否存在。

第 6 章为"农民专业合作社绩效评价及农民专业合作社产业链垂直整合对绩效的影响的实证分析"：结合相关文献，构建合作社绩效指标体系，利用熵值法对各项指标进行赋权，计算样本合作社的经济绩效和社会绩效；利用多重线性回归（MLR）和似不相关回归（SUR）验证合作社产业链垂直整合对绩效的影响。

第 7 章为"农民专业合作社产业链垂直整合和社员参与对绩效的影响的实证分析"：运用依次检验法、自助法，分析社员参与在合作社产业链垂直整合对合作社绩效的影响中是否发挥中介效应；在回归模型中引入交互项，用以分析合作社产业链垂直整合和社员参与之间的交互影响。

第 8 章为"农民专业合作社产业链垂直整合、社员参与及绩效——基于多案例的对比"：选取产业链垂直整合程度存在明显差异的三家案例合作社，论述合作社产业链垂直整合、社员参与以及绩效三者之间相互影响的机理，验证前文计量分析结果，并尽可能地开展拓展性研究。

第 9 章为"主要结论与政策建议"：总结全文研究内容，归纳主要研究结论，并就如何改进合作社绩效提出政策建议。

1.3　研究方法及技术路线

1.3.1　研究方法

1. 文献研究法

围绕合作社、产业链垂直整合、社员参与、合作社绩效等主题，广泛搜集期刊、专著、研究报告等国内外文献，梳理研究进展和理论规律，为本书的研究理论基础提供有益借鉴和启示。同时，通过分析现有研究的不足，为本书的科学问题、研究思路和研究视角提供切入点。

2. 归纳与演绎分析法

归纳和演绎是马克思主义认识论的重要组成部分，归纳法和演绎法也是科学研究中应用较为广泛的分析方法。本书在构建理论分析框架中主要采用演绎法，利用产业组织理论、制度影响理论、制度变迁理论、契约治理理论等构建分析框架，分析农民专业合作社产业链垂直整合对社员参与及绩效的影响机理，体现了从普遍规律再到个别现象的逻辑理路。在合作社案例比较分析中则采用归纳法，提炼基本规律，体现了从个别到一般的思维演化路径。

3. 问卷调查法

根据实证研究的需要，选取四川省成都市、雅安市、眉山市、自贡市等地的12个县（区）的合作社进行问卷调查，调查内容包括合作社基本情况、经营状况、治理机制等方面。

4. 计量分析法

利用问卷调查所获取的数据进行计量分析。在农民专业合作社产业链垂直整合对社员参与、合作社绩效的影响程度的实证分析中运用回归模型，并运用倾向得分匹配法（PSM）进行稳健性分析。运用回归模型的依次检验法、系数乘积法的 Bootstrap 法检验合作社产业链垂直整合对社员参与、合作社绩效的影响机理。在合作社产业链垂直整合和社员参与对合作社绩效的影响中，采用依次检验法来检验社员参与的中介效应，加入交互项检验合作社产业链垂直整合和社员参与之间的交互效应。

5. 案例分析法

案例分析法是指分析单个和若干个事件或对象，依托理论框架，探讨其发展演变的内在规律，得出一般性的结论和政策启示的分析方法。案例分析方法的意义体现在三个方面：一是样本意义，即从同类现象中得出集中的结论；二是检验意义，即对已有假设和命题的印证；三是发现意义，即发现新问题、提出新假设。本书在保证信度和效度的前提下，分别选择产业链垂直整合程度不同的合作社，解释其社员参与、组织绩效等方面的差异，探究深层次原因，从而验证全文假设，取得检验意义，并进行拓展性分析，取得发现意义。

6. 比较分析法

本书对于比较分析方法的应用主要体现在横向案例对比分析中。在第8章中，指出产业链垂直整合程度存在社员参与、绩效等方面的差异，提炼出合作社产业链垂直整合对社员参与的影响的一般性规律。

1.3.2 技术路线

有学者认为，任何一个规范的经济理论分析框架，都包括以下5个方面的内容：①界定经济环境；②设定行为假设；③给出制度安排；④选择均衡结果；⑤进行评估比较（田国强，2005）。本书以中国农民专业合作社发展的农业产业化背景为起始点，对合作社产业链垂直整合、社员参与行为、绩效等，按照"状态—结构—绩效"（SSP）的范式展开分析。具体包括以下四个方面：

1. 问题提出

结合以下三大背景：农民专业合作社被视作改进农业生产效率、引领小农户融入现代农业发展轨道的理想组织载体，但其发展质量仍待提升；农民专业合作社更进一步地嵌入农业产业链垂直整合的市场环境中，提升合作社绩效需要促进合作社产业链垂直整合；农民专业合作社普遍面临社员参与困境。提出以下两大问题：农民专业合作社产业链垂直整合将如何影响普通社员参与？合作社产业链垂直整合如何对社员参与以及合作社绩效产生影响？

2. 理论分析

充分借鉴现有理论成果和制度影响理论（SSP）分析范式，为"农民专业合作社产业链垂直整合—合作社制度安排—社员参与—合作社绩效"的逻辑链条提供充分的理论依据。

3. 实证研究

分为计量实证分析和案例比较分析两个部分：（1）计量实证分析：①分析农民专业合作社产业链垂直整合对社员参与的影响程度及影响机理；②运用熵值法对合作社评价绩效进行计算，分析农民专业合作社产业链垂直整合对合作社绩效的影响；③分析合作社产业链垂直整合和社员参与对合作社绩效的影响。（2）案例比较分析：选取若干个产业链垂直整合程度处于不同水平的合作社的典型案例进行比较分析。

4. 政策研究

基于全书研究结论，提出促进合作社绩效改进的对策和建议。

本书技术路线如图1-2所示。

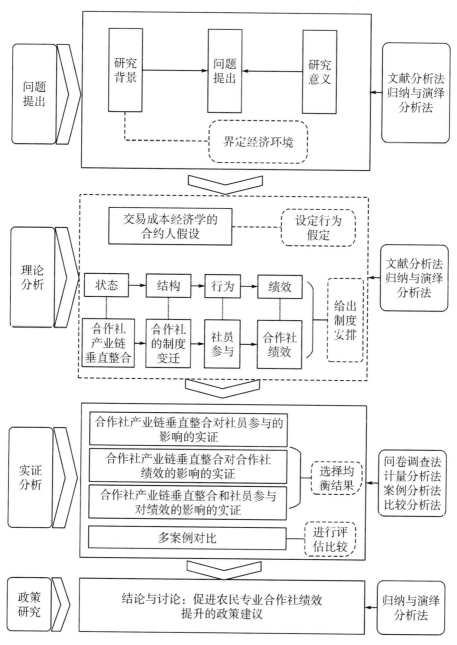

图 1-2 技术路线示意图

1.4　创新之处及研究展望

1.4.1　创新之处

本书的创新之处包括以下四个方面：

（1）揭示了农民专业合作社产业链垂直整合对合作社制度的作用和影响。将新制度经济学的概念和原理与中国农民专业合作社的实践结合起来。引入契约治理理论和制度变迁理论，将交易成本纳入对合作社的行为考量中，探讨合作社产业链垂直整合对合作社制度的影响，有助于更深入地理解合作社组织制度的变迁史。

（2）拓展了社员参与影响因素的视角。结合已有对合作社社员参与影响因素的分析研究，从合作社产业链垂直整合（合作社经营策略变化）的视角考察社员参与变化情况，契合了当前农业产业化加深的合作社发展背景。在分析对社员参与的影响时，不仅从社员利益诱导的一般角度分析合作社产业链垂直整合对社员参与的影响，还从资产专用性、合作社制度变化等角度分析合作社产业链垂直整合对社员参与的影响。

（3）探讨了农民专业合作社的组织盈利性与农户带动性实现兼容的现实可能性。在现有对合作社"异化"的研究基础上，通过计量实证和多案例分析证明，在产业链垂直整合加深的背景下，小农户的土地和劳动要素的相对重要性发生变化，此时，合作社将愿意与社员建立稳定的契约关系，适度增大产权结构中的社员投资比例，让渡管理权利。换言之，在产业链垂直整合背景下，农民专业合作社在特定条件下存在一定的"去异化"机制。这一结论对于当前合作社"异化"问题的讨论与解决具有一定的意义。

（4）构建了农民专业合作社的绩效评价体系，并分析了绩效影响因素。在以往对合作社绩效评价研究的基础上，结合合作社的性质特征，建立了农民专业合作社绩效指标体系和评价模型。从合作社经营策略与成员关系（社员参与）相调适和匹配的角度解释对合作社绩效的影响，能够从更接近于中国合作社发展现实的角度解析合作社绩效形成过程。

1.4.2 研究展望

本书研究不足之处包括以下四个方面：

（1）受研究条件限制，调查样本覆盖面不够大。一方面，相对于农户调查，农民专业合作社的样本获取更为困难，这不仅因为合作社数量本身更为稀少，还因为大量"空壳社"存在，甚至出现到达调查地点但无人接受访谈或难以得到完整调查信息等情况；另一方面，由于资金、人力、时间等客观因素的限制，加之受新冠病毒感染疫情的影响，以致样本选择局限于四川省，缺乏对全国其他地区的调查样本。

（2）由于只有静态横截面数据，难以动态地揭示在不同发展阶段合作社产业链垂直整合对社员参与以及绩效的差异化影响。

（3）在社员参与稳定性方面，本书分析了在农民专业合作社产业链垂直整合深化背景下，可信承诺、契约约束、利益增长等多重因素对社员参与的影响。但结合实地调查和以往研究，社会资本在弥补不完全契约、降低契约风险、增进合作和信任方面起到积极作用，这是未来需要拓展研究的方向。

（4）在研究中发现，随着农民专业合作社产业链垂直整合的深化、合作社专用性资产的增加以及合作社与社员之间交易频率的增加，少数合作社采取统一治理结构进入农业生产环节；也有一些合作社在进入加工、营销等环节时，采取企业模式。进一步地，从现实观察情况来看，合作社企业化一般能够明显提升经营效益，但在社会效益提升上却存在明显差异：一些合作社运行机制健全、能够兼顾社员利益，具有较好的社会绩效；一些合作社则难以摆脱"内部人控制"状况，脱离社员利益，逐步演化为投资者控制企业。合作社的差异化变化与合作社的产品技术环境、市场环境、成员内部结构等多重因素息息相关。这一命题虽然超越了本书的研究主题与范畴，但却是下一步值得深入研究的重要方向。

1.5　样本数据和案例来源

1.5.1　样本数据来源

1.5.1.1　调研设计

1. 资料来源

本书所需的数据资料源自 2018 年国家社会科学基金项目"基于价值分享的农业全产业链整合效率评价及动态优化路径研究（编号：18XJY011）"。笔者作为课题的成员之一，参与了课题申报资料撰写、资料搜集、调查设计、调查实施、论文发表等工作。数据调查时间为 2020 年 5 月—2021 年12 月，调查人员基本上为在校硕士研究生，均拥有丰富的调研经验。

2. 问卷设计

本研究的问卷设计借鉴前期研究成果和已有的文献资料，所设计的相关问题聚焦文章所需研究的主题，并尽可能结合前人研究成果。为确保问卷设计科学、合理，邀请了八名专家对问卷提出修改建议，并结合预调查情况，对问卷内容进行了反复修改，最终形成合作社调查问卷和社员调查问卷（详见附录）。最终形成的合作社调查问卷包括合作社基本信息、合作社产业链建设情况、合作社经营状况、合作社外向合作状况、合作社的管理制度、合作社绩效等方面。

3. 抽样方法及样本选取

本研究选择四川省作为样本合作社数据来源省份，主要原因是四川为农业大省，地域特征多样化，且呈现出适度规模经营与小农户经营并存的农业经营格局，其农业发展在西部地区乃至全国均具有较强的代表性，能在一定程度上反映我国农民专业合作社发展的基本特征和共性问题。

在样本确定上，我们采取以下步骤：

第一步，采用分层抽样方法确定调查县（区）。四川省是青藏高原向长江中下游平原过渡的地带，地形高低悬殊，地貌类型多样，山地、丘陵、平原和高原占全省面积的比重分别为 77.1%、12.9%、5.3%、4.7%[①]。考虑

---

① 四川省情地情 [EB/OL]. (2023 - 06 - 27) [2024 - 07 - 16]. http://scdfz.sc.gov.cn/scdqs/scsq/content_12035.

到川西北高原面积占比最小，加之，海拔较高，自然条件相对恶劣，经济社会发展相对滞后，合作社数量较少，给调研工作开展会造成一定困扰，所以排除高原地区。样本覆盖四川省的山地、丘陵、平原共三类地区的 12 个县（区），计划完成调查问卷 360 份。若仅考虑地形因素，山地、丘陵、平原的样本比例大致为 8∶1∶1，但这会造成山地区域的问卷量占比过大，需适度扩大丘陵地区、平原地区样本数量，以增强样本代表性。因此，综合考虑到产业特征、政策背景等多重因素，最终确定山地、丘陵、平原的样本比例为 6∶2∶2，计划在山地、丘陵、平原地区分别发放问卷 216 份、72 份、72 份，实际分别发放 218 份、73 份、72 份（详见表 1-1）①。

表 1-1　有效问卷回收情况

	地区类型	发放问卷数/份	有效问卷数/份	有效问卷数占比/%	备注
天全县		28	27	96.43	
石棉县		28	28	100	
名山区		29	24	82.76	发放问卷 218 份，有效问卷 210 份，占比约为 96.33%
荥经县	山地	26	24	92.31	
雨城区		30	30	100	
汉源县		50	50	100	
芦山县		27	27	100	
荣县		23	23	100	发放问卷 73 份，有效问卷 71 份，占比约为 97.26%
青神县	丘陵	21	20	95.24	
彭山区		29	28	96.55	
蒲江县	平原	32	27	84.38	发放问卷 72 份，有效问卷 50 份，占比约为 69.44%
新都区		40	23	57.50	

　　第二步，确定各县（区）调查数量和最终调查名单。在确定县（区）名单、各类型地区所需合作社样本数量的基础上，结合县（区）合作社数量，明确各县（区）计划调查合作社的数量。在确定各县（区）所需合作社样本的基础上，确定合作社名单，完成调查人员编组，采用"一对一"

---

① 除考虑到地形差异因素之外，还考虑到产业特征和政策因素。雅安市 7 县（区）、自贡市荣县、眉山市彭山区和青神县属优势特色农业较为发达的地区，成都市蒲江县、新都区等都市现代农业较为发达。同时，成都市蒲江县、自贡市荣县、眉山市彭山区和青神县、雅安市石棉县 5 县为全国农民合作社质量提升整县推进试点县。

的方式对合作社进行调查。为确保样本能够实现基本均衡，要求一个村仅获取一家合作社样本，在取样困难（如突发暴雨、交通不便、道路泥泞、受访对象外出或不配合等）的情况下，一个村最多不能超过两家合作社样本。

1.5.1.2 数据收集与整理

1. 数据收集

此次调查，计划发放合作社问卷 360 份，实际发放问卷 363 份，一家合作社单独填写一份合作社调查问卷，剔除数据缺失、前后逻辑矛盾等不合格问卷共 32 份，有效问卷为 331 份，约占 91.18%。同时，完成普通社员问卷 1 213 份，剔除重复填写、数据缺失、以合作社问卷充数的问卷，实际共获得有效社员问卷 1 109 份，占比约为 91.43%。单个合作社平均完成有效社员问卷 3.35 份。

2. 样本总体状况

在调查的 331 家样本农民专业合作社中，注册时间均值为 6.19 年，说明合作社面临激烈竞争或自身能力普遍薄弱，淘汰更迭较快，生命周期较短。成立时间距调查时间 4~6 年的最多，为 101 家，占比约为 30.51%；其次为 0~3 年，为 85 家，约占 25.68%，原因在于自 2015 年左右始，脱贫攻坚战、乡村振兴战略等一系列国家战略相继实施，需要以合作社为载体带动贫困户生计改善、牵引产业发展和优化乡村治理，政府行为促进了合作社数量的增加，说明合作社具有政府强制嵌入乡村社会的特征（肖荣荣、任大鹏，2020）。

在 331 家样本合作社中，社员数量最多的为 1 460 人，最少的为 5 人。多数合作社人数介于 100 人和 299 人之间，为 173 家，占比约为 52.27%；其次介于 5 人和 99 人之间，为 139 家，占比约为 41.99%，说明多数合作社的社员规模较小。

在 331 家样本合作社中，发起主体最多的为专业大户和家庭农场，为 165 家，占比约为 49.85%；其次为村干部领办，为 104 家，占比约为 31.42%。普通农户发起和主导的内生型合作社数量偏少。这反映了在现阶段合作社普遍是由具有能力优势和要素贡献优势的经营主体所发起，合作社内部的成员异质性现象较为突出。

在 331 家样本合作社中，理事长学历为初中及以下的数量最多，达 130 家，占比约为 39.27%，但同时，33 家合作社理事长学历为本科及以上，占比约为 9.97%。这说明，多数合作社理事长学历偏低；但同时，相对于普通农民群体，合作社理事长学历整体上又处于较高水平。

调查样本的基本情况如表1-2所示。

表1-2　调查样本的基本情况描述

项目	类别	频数/家	比例/%
成立时间	0~3年	85	25.68
	4~6年	101	30.51
	7~12年	118	36.65
	13~17年	27	8.16
社员规模	5~99人	139	41.99
	100~299人	173	52.27
	300~499人	14	4.23
	500人及以上	5	1.51
发起主体	村干部	104	31.42
	企业	20	6.04
	专业大户和家庭农场	165	49.85
	普通农户	42	12.69
理事长学历	初中及以下	130	39.27
	高中或中专	83	25.08
	大专	85	25.68
	本科	28	8.46
	硕士及以上	5	1.51

1.5.2　案例来源

1.5.2.1　调研情况

2020年8月和10月，我们分别对雅安市石棉县的2家合作社和名山区的1家合作社进行调研。2021年3月，我们再次对石棉县的1家合作社进行补充调研①。调研对象包括各个合作社的理事长、普通社员以及两县（区）的相关部门工作人员，其中，对合作社管理人员采取问卷调查、半结构式访谈等方式，调查内容包括合作社基本信息、发展历程、经营状况、产业链整合状况、制度安排、社员参与等方面；对社员的调查包括问

---

① 按照学术惯例，同时尊重受访者本人意愿，对合作社、人员等均使用化名。

卷调查、座谈访谈等，主要了解对合作社的评价、参与合作社情况等，并印证合作社管理人员所提供的信息；对两县（区）相关部门工作人员采取半结构式访谈的调查方式，了解区域内合作社概况、对合作社的支持政策等。本书借鉴了季晨等（2017）和刘颖娴等（2021）对案例的研究方法，保证结果的可靠性（参见表1-3）。

表 1-3 案例的效度和信度验证

检验维度	案例研究方法
构建效度	向合作社领取申报项目的材料、获奖证明和证件照片或复印件、财务报表等并与所获得的第一手资料相互印证；结合雅安市名山区、石棉县关于合作社状况的介绍材料、政策文件等，印证第一手资料
内部效度	研究合作社的经典理论、政策文件和开展专家咨询等，确保研究信息选取、研究假设、研究过程等符合经典理论
外部效度	通过多个案例相互印证核心自变量、控制变量以及因变量相互之间的合理性；与其他研究进行对比，推敲得出的结论，确保结论脱离具体情境仍具有效度
信度	多人同步完成调查笔记，每晚召开调查讨论会，印证相关信息，并留存调查所获取的数据、资料、笔记、音频、照片等

1.5.2.2 案例选择

我们选择雅安市名山区的1家合作社、石棉县的2家合作社作为研究对象，是出于以下四个方面的考虑：一是雅安市独特的位置和以山地为主的地形特征，决定了其具有丰富的农业资源和厚实的农业产业基础，优势特色产业的规模化发展产生了较强的合作需求，导致合作社大量出现。这契合了我国以特色产业为依托、嵌入农业产业化的合作社发展特征。二是合作社均以水果产业作为主营产业，所处地域相近，能够避免产品异质性和地域差异性对研究结论的影响。三是截至调查时间，3家合作社均至少有7年的发展历程。相较成立时间较短的初创类合作社，运营模式已臻完善，能反映合作社的演进历程。四是合作社在成立发起主体、运营模式、发展选择上也存在不同，在变量测度上的差异性可以形成"控制组"和"对照组"，以实现对比。

2 文献综述与核心概念界定

2.1 文献综述

2.1.1 国内外农民专业合作社产业链垂直整合演进历程的研究

考虑到国内外合作社发展历程不一致，且社会性质、发展环境、产业基础、时间进程等大相径庭，导致国外和国内合作社发展演进之间存在较大差异，笔者将对国内合作社和国外合作社产业链垂直整合演进分别予以阐述。

2.1.1.1 国内农民专业合作社产业链垂直整合的演进历程

考察我国农民专业合作社经营策略的演变首先需要分析其产生的特殊背景。有研究认为，中国特殊的土地产权制度、特殊的政策偏好、特殊的要素配置会使得合作社演化路径存在差异（廖祖君，2015）。对于中国农民专业合作社产生背景存在两种不同的观点：一是从农村经营制度变革与政府行为的角度阐释，与国外的农民专业合作社是市场经济产物不同，中国农民专业合作社在一开始就是改革开放产物（逄玉静、任大鹏，2005）。也有学者认为中国农民专业合作社是国家强制嵌入农业发展和农村社会的制度安排，政府制度输入是影响合作社发展水平的重要因素（肖荣荣、任大鹏，2020）。二是从市场需求角度阐释，徐旭初（2014）认为我国合作社的形成与成长历程几乎与农业产业化历程平行，合作社的关注点在一开始就强调转向市场，在经营策略上摒弃内敛、强调开放。何国平（2017）从交易成本理论的视角进行分析，指出我国农民专业合作社大量成立是为了解决小规模分散经营农户与产业链上下游之间衔接困难、交易成本高等问题，能够维护农民利益是农民愿意加入合作社的初衷。综上，政策与制度环境决定了农民专业合作社在成长过程中需要政府支持；相应地，合作社行为也要回应政府需求、满足政策条件。而市场环境则决定了合作社应当采取何种经营策略，以确保合作社的生存与发展。

学者张梅（2008）认为我国农民专业合作社呈现出由横向的服务联合走向纵向的资本联合的趋势。徐旭初（2017）认为，随着我国农民专业合作社的价值旨趣由满足社员需求导向转变为市场需求导向，合作社越来越强调纵向一体化和开展综合性业务，合作社实现稳定收入越来越需要摆脱简单销售模式，农产品品牌建设成为必需。张红宇（2020）认为农民专业合作社呈现出产业边界扩展、产业链条延伸以及覆盖领域多元化等趋势。综合学者们的研究，我国合作社发展趋势可概括为经营导向市场化、经营领域多元化、组织体系纵向一体化，产业链垂直整合不仅是合作社的重要发展趋势，对于合作社获取和保持竞争优势也极为关键。

因此，尽管我国农民专业合作社发展历程较短，但其经营策略演变与国外农民专业合作社经营策略演变具有一致性。随着市场边界开放和消费需求异质性增强，合作社在生产环节通过规模经济来降低成本、增加经济绩效的空间较为有限，需要通过垂直延伸产业链条，从而匹配市场需求和挖掘市场潜力来实现价值增值空间扩展。

2.1.1.2 国外农民专业合作社产业链垂直整合的演进历程

合作社的自身发展和制度安排必须契合外部环境（王爱芝，2010）。随着外部环境的变化，农民专业合作社的战略选择具有明显的演进性。总体来看，国外农民专业合作社的经营策略选择由服务导向逐步转为营利导向；相应地，其发展选择也由通过联合结构和组织合并为主要手段的横向规模扩张转变为通过战略联盟、成立合资公司、联合研究和开放等方式实现纵向扩张（黄胜忠，2007），换言之，农民专业合作社经历了其产业链垂直整合程度不断增强的过程。

最初的农民专业合作社是处于弱势地位的农民，为避免中间商的盘剥、增强（农业投入品）买者和（初级产品）卖者同其他市场力量的抗衡能力而结成的组织，传统合作社强调获取规模经济效应，合作社注重实施成本领先战略，是生产导向的（Kyriakopoulos，Bekkum，1999）。到二战后特别是20世纪80年代中期，随着全球化背景下的市场环境变化、农业工业化进程加快等，传统农产品供应商面临超市、大卖场等新的终端销售商的冲击，实现农产品供应、加工、运输、分销等各环节的整合是农业的重要发展趋势，因此，农民专业合作社只有向上下游持续整合产业链，才能够在激烈的市场竞争中保持优势（谭银清、王钊、陈益芳，2015）。王爱芝（2010）认为国外农民专业合作社不以营利为目的、只为社员服务的经典原则发生了改变，合作社开始引入企业化经营元素，由面向社员需求转变为面向市场需求，甚至具有显著社区性特征的日本农业协同组合也开始向非社员农户提供有偿营利服务，并以纵向一体化经营来布局业务。

20世纪80年代出现的"新一代合作社"尤其能说明农民专业合作社经营导向的变化。新一代合作社首先出现在美国的北达科他州和明尼苏达州，再逐步扩散到美国其他州和加拿大（Nilsson，2001；傅晨，2007；孙浩杰，2008）。新一代合作社在经营策略上采取了更为积极和市场化的策略，强调获取产业链延伸和投资增值收益（吴洁霞、韦小鸿、唐秀玲，2004；苑鹏，2004；韩国明、陈华，2009；洪闫华，2012）。黄胜忠（2007）详细比较了新一代合作社在经营目的、目标市场、最终产出以及效益实现方式等方面与传统合作社之间的显著差异，新一代合作社经营目的是强调价值增值，传统合作社经营目的则是获取规模经济绩效；新一代合作社目标市场是较为细分的、特定目标群体的专业化市场，传统合作社目标市场则是面向大众的农贸市场；新一代合作社的最终产出是以经过加工处理后的增值产品为主，传统合作社的最终产出则是以销售大宗原料产品为主。郭富青（2007）认为以美国为代表的新一代合作社呈现出公司化倾向，并认为合作社的公司化倾向并非意味着合作社制度的终结，反而显示出传统合作社制度缺陷的弥补和合作社制度创新。

经营策略变化也使得农民专业合作社在组织形态上倾向于实现纵向一体化经营。李亮和柏振忠（2017）介绍了各国农民专业合作社组织形式，包括美国全产业链联合型合作社模式、英国联盟企业型合作社模式、德国信贷支撑联合互助型合作社模式以及丹麦民主自治下的专业型产供销一体化合作社模式。综上，随着客观环境变化，合作需求由解决生产中的实际问题即改善成员处境向获取更多盈利转变，国外农民专业合作社的营利导向增强，农民专业合作社发展的基本趋势是不断强化农业产业链的垂直整合。

2.1.2 农民专业合作社产业链垂直整合的研究

2.1.2.1 农民专业合作社产业链垂直整合的现状评价

近年来，部分学者探讨了我国农民专业合作社产业链垂直整合现实状况。张学会、王礼力（2014）利用以分层随机抽样方式获取的陕西省关中地区50家合作社数据进行研究，发现合作社总体纵向一体化水平偏低；合作社的产中一体化程度超过产前环节和产后环节；蔬菜类合作社的纵向一体化程度超过水果类合作社。彭青秀（2016）肯定了农民专业合作社在整个农业产业链中具有引领带动、融资融智、延伸及激活与融合等功能，但同时，现有多数合作社仍处于产业链松散或链接不当状况，产业链长度较短，对区域经济带动和行业发展推动作用有限。陈莉（2017）通过对113家合作社的调查数据，发现合作社产业链主要向生产和销售环节延伸，产前和产中以自我融合经营为主，产后以与其他主体的合作为主；合作社虽倾向于发展全产业链，但受制于资金与能力。向红霞和杨孝伟（2018）认为合作社在农业产业链垂直整合中能够发挥减少多元主体矛盾、促进农产品流通以及保障农产品质量等功能，起到促进产业链良性循环的作用，但同时，合作社仍处于构建产业链的初级阶段。综上，我国合作社虽在农业产业链垂直整合中处于举足轻重的地位，但合作社产业链垂直整合构建尚处于初步阶段，对于农业经济效益的提升作用有限。

2.1.2.2 农民专业合作社产业链垂直整合的形成原因

从目前的研究来看，我国农民专业合作社产业链垂直整合的成因包括理论和实践两个方面：

一是从外部环境的角度来看，谭银清等（2015）认为在全球化时代，随着经济开放的深入和农业工业化的推进，传统农民专业合作社生存的经济、制度、技术、文化等环境发生了变化，传统农民专业合作社在新的价值链中处于劣势，只有摆脱仅仅作为产品供应商的单一局面，延伸和整合价值链才能维持竞争优势。邵科（2017）分析了我国农民专业合作社面临的居民消费水平提高带来的需求结构升级、互联网信息技术革新带来的农产品流通方式变化、工商资本加入导致农产品竞争格局改变等环境变化，认为合作社面临着更为严峻的产业链垂直整合压力。

二是从合作社改善经济绩效、降低交易成本以及防范风险的角度来看，刘颖娴、郭红东（2012）经研究发现物质资产专用性、品牌资产专用性、场地专用性以及人力资本专用性对合作社纵向一体化具有显著影响。李婵娟和左停（2013）从嵌入性理论视角，将合作社向产业链上下游环节拓展以改善农资统购和产品统销经济功能的行为，视作社会行动系统的人格化特征，并认为这将有助于提升合作社在市场结构中的位置，保障合作社从外部环境中攫取更多资源以拓展合作社的发展空间。楼栋等（2013）认为价值链整合是合作社增强竞争力的重要源泉，价值链整合有助于促进合作社经营绩效改善和社员收入增加。刘颖娴等（2015）依据新制度经济学，将合作社的风险分为生产不确定性、自然不确定性以及价格不确定性，发现自然不确定性对于纵向一体具有显著正向影响，通过纵向一体化可以用内部管理费用替换市场交易成本，从而弥补农业保险的缺失。

2.1.2.3　农民专业合作社产业链垂直整合的制约因素

对农民专业合作社产业链垂直整合的影响因素包括以下两个方面：一是要素和能力影响。刘颖娴和郭红东（2012）认为中国合作社纵向一体化程度低的原因是合作社缺乏足够的固定资产。陈艳红（2014）以稻米产业链垂直整合为例，指出合作社在产业链垂直整合中面临实力薄弱、经营管理水平低等劣势。薛江波、张学会（2020）认为合作社产业链垂直整合受制于资金和人才短缺、政府推动不够、合作意识淡薄等问题。二是观念制约。张学会（2014）认为理事长经营理念转变滞后和产业链观念淡薄会对合作社产业链垂直整合产生负面影响。

2.1.2.4　农民专业合作社产业链垂直整合的实现路径

现有研究表明，农民专业合作社产业链垂直整合的实现往往需要优化合作社的组织形态。

一是强化与外部组织的合作。刘颖娴等（2014）以黑龙江、四川、福建等地多案例研究，认为合作社应放弃通过内部一体化建设全产业链的过高要求，转而通过与工商企业合作获取销售环节增值收益。陈莉（2017）也认为合作社虽然倾向于发展全产业链，但由于能力约束，应当以资金需求量较少和能力要求偏低的环节活动融合为主，在产前和产中以自我融合为主，在产后环节主要采取与他人合作的方式进行。展海昭（2018）认为可以通过工商企业与合作社融合发展的方式，由工商企业提供技术和下游销售渠道，合作社则负责生产环节，形成产业链闭环。

二是实现合作社的抱团联合。黄斌等（2019）认为，通过组建联合社，可以实现对分散产业链各个环节的整合，进而通过纵向协作程度、规模效益以及社会化服务能力提升等机制实现交易成本的下降。徐旭初和金建东（2021）认为单个合作社存在规模约束，在单个合作社的基础上构造联合社可以在组织内部形成业务产业链化的可行空间。张梅等（2022）引入资产专用性理论和剩余索取权理论，提出应当建立以合作社为核心的常规性风险防范机制，与农户建立紧密联结关系以实现后向一体化，与企业合作畅通销售渠道，实现前向一体化。

此外，也有学者认为应当根据具体情境，相机决定采取何种适宜的组织模式以实现合作社产业链垂直整合。刘颖娴（2015）认为从事不同产品生产的合作社加快纵向一体化应采用不同发展模式：粮食合作社应当采取"政府扶持型"模式，果蔬合作社适合采取合作社抱团联合的组织模式，而畜禽类产业的合作社适合采用龙头企业带动的组织模式。综上，合作社实现产业链垂直整合需要与工商企业等外部组织建立联系，或者是通过组建联合社来扩大合作社的经营空间。

2.1.3 农民专业合作社社员参与的研究

2.1.3.1 社员参与的现状

研究显示，合作社的非稳定结构往往是常态的（吴彬，2014）。尽管合作社的统一经营有着集体组织的优势，而单个主体也具有独立经营的优势，前者形成了合作社的向心力，后者形成了合作社的离心力，向心力和离心力的相互排斥导致合作社时常处于不稳定均衡状态中，因此，合作社社员的合作是不稳定的（Bonus，1986）。Staatz（1983）和 Sexton（1986）的研究也表明，若不能对社员实行差异化定价，便极易出现优秀社员脱离合作社的情况。

成员异质性是我国农民专业合作社发展的显著特征，核心社员与普通社员在合作社参与程度上存在明显差异。廖小静等（2016）通过对江苏等3 省 18 个乡镇合作社调研发现，合作社收益分配偏向于核心成员，这不利于构建良好的社员关系，降低了合作效能。徐旭初和吴彬（2017）认为部分合作社存在着不规范或不合理现象，法定治理结构流于形式，核心社员独断专行，以至于普通社员仅能分享价格改进所能带来的收益，而无法分享二次返利、盈余分红等其他特别收益。

部分研究也涉及社员参与状况的动态演变。赵晓峰（2018）基于动态视角进行研究，结果显示我国合作社制度表达与制度实践相背离的现象凸显，合作社呈现出由合作制向少数精英共同主导的"会员制"演变的趋势。任大鹏和李蔚（2017）认为在我国多数合作社内部，社员享有的和让渡的民主范围呈现出差异性，社员享有的民主权利从"进出权"到"选举权"，再到"决策权"，让渡的民主权利范围逐步缩小，进而提出了"梯次民主"概念。

大量研究从农民专业合作社的所有者、惠顾者以及管理者具有同一性的本质性规定的角度阐释社员参与现状。邵科和徐旭初（2013）将合作社的社员参与分为作为惠顾者角色的业务参与、作为控制者角色的管理参与以及作为所有者角色的投资参与。在参与行为上，很多社员有着较多的产品参与，但更像市场契约；多数社员未进行资本参与，也较少具有管理参与的积极性。邓衡山和王文烂（2014）指出大部分合作社均不具备"所有者与惠顾者同一"的本质规定。黄胜忠（2014）将合作社参与分为注资参与、管理参与和业务参与，并进一步指出不同成员的资源禀赋不同，在社会交换中所处的位置也不同，导致其行为出现差异；核心社员因具有更多的专用性资产投资，承担更多风险，具有更多的利益因素，因而参与度往往超过普通社员。

2.1.3.2　社员参与的影响因素

有研究者探讨了核心社员与普通社员存在参与程度差异的原因。

一是基于新制度经济学的相关理论，从潜在利润和交易成本的角度分析。新制度经济学认为，追求潜在利润是合作社发起组建和社员加入合作社的原因。王丽佳、霍学喜（2013）利用陕西省6个苹果基地县的调查数据进行研究，发现交易成本是农户参与合作社意愿的重要影响因素，农户加入合作社可以降低谈判成本、减少果商违约造成的损失以及节省运输成本。资产专用性也会影响社员参与程度。杨丹和刘自敏（2017）利用15省微观调查数据进行内生回归模型（ESR）分析，发现农户的资产专用性投资、人力资本专用性投资、区位专用性投资能够显著促进农户选择更紧密的农社关系。张益丰（2018）认为增强普通社员的资产专用性有助于提升社员参与度、降低合作社运营成本和组织成本。此外，秦愚（2017）、杨柳和万江红（2018）利用交易成本理论开展研究，认为高昂的组织成本也将造成社员参与不足、合作社内部凝聚力分散。

二是从农民专业合作社的制度角度分析。谭智心和孔祥智（2012）从合作社本身制度特征角度，分析了核心社员与中小社员的博弈结构，认为合作社内部的不完全产权、不完整治理机制是中小社员存在"搭便车"行为的成因。郭晓东和马旺林（2015）认为合作社的互惠交易、组织声誉、信息沟通、管理参与等治理特征将影响社员的认知信任和情感信任，进而影响社员参与的积极程度。陆倩等（2016）依据所有权、决策权和剩余利润索取权等方面的差异，将合作社分为产权集中型、大户（资本）奉献型、产权民主型、决策权集中型共 4 种类型，认为所有权、决策权和剩余利润索取权均较分散的产权民主型合作社的社员参与度和归属感最强。张梅等（2020）利用对黑龙江省 263 户社员的调研数据进行分析，发现合作社的财务信息越公开、合作社管理制度的知晓扩散程度越充分，社员越有可能参与合作社的管理事务。非正式制度对社员参与的重要影响也得到了学者们的关注。梁巧等（2014）以浙江省 147 家农民合作社为研究对象，发现认知性社会资本对社员参与行为具有显著正向作用。管珊等（2015）以鄂东的某一家中草药合作社为例，阐明采用"合作社+技术员+社员"的网络治理结构，动员熟人社会的关系治理机制，起到了促进社员参与的作用。李明贤和周蓉（2018）利用结构洞、强弱关系理论，基于资金互助社案例，发现社员社会信任和关系网络对合作社内资金互助行为具有激励作用。

三是从合作社理事长角度分析。曲承乐和任大鹏（2018）认为在"能人治社"的条件下，理事长将合作社利益输出和将风险转嫁给合作社的行为，将难以满足社员风险规避的利益诉求，理事长需要采取"怀柔"手段以保证社员参与和合作社经营活动顺利进行。周霞和周玉玺（2018）分析了在能人领办型合作社中，期望借助能人的资源、能力和信息优势，以实现成本降低、售价提高以及参与合作社利润分红等是社员参与的原因，社员满意度和参与度与能人理事长的能力呈正比，能人理事长的人情关系治理机制运用将强化社员信任和认同，因而情感承诺在能人带动和社员满意度之间起到部分中介作用。孙天合等（2021）认为理事长有让社员参与合作社事务的意向是社员参与的起点，理事长的态度、主观规范和自觉行为控制对促进社员参与有着积极作用。

四是从社员结构角度分析。黄祖辉等（2014）认为随着农民群体内部加速分化，在合作社对接市场的过程中，内部社员出现从"一致合作"到"非一致合作"的演变。具体而言，社员出现生产者社员与经营者社员的内部利益区隔的职能分工，作为普通社员的生产者社员参与不足。陈丽等

（2018）认为农户自身资源有限、身份边缘化等特征导致农户风险共担意识不足，导致合作社利益向风险承担更多的核心社员倾斜。李文杰和胡霞（2021）认为在资源禀赋决定经济权力规律的作用下，领办人具有相对优势的资源禀赋，决定了合作社的不规范运行和对普通社员参与的排斥。

五是从社员特征角度分析。杨雪梅等（2018）利用"风险—信任"分析框架，并借助对陕西省75家果蔬类合作社350户社员的调查数据进行研究，发现社员信任不仅直接影响社员参与行为，还通过社员风险感知的中介效应影响社员参与行为；社员信任度越高，越能够降低风险感知，进而提高社员对合作社事务的参与度。王红权和刘国勇（2020）以新疆170户社员为例，证明社员的年龄、受教育程度、对合作社服务的满意度、合作社制度的完善度、对合作社的信任程度与社员的业务参与度成正比。

2.1.3.3 促进社员参与的方式

促进农民专业合作社社员参与、增强组织黏合程度的方式包括以下三个方面：

一是完善治理机制。申志平等（2012）认为增进合作社内部民主性应当采取规范合作社组织形式、完善合作社的运营和监督机制、培育社员主人翁意识等措施。同时，非正式制度在促进社员参与中的积极作用得到了学者们的关注和肯定。胡平波（2013）认为乡村"熟人社会"声誉制度对促进合作意愿较弱的社员参与合作社事务具有显著的激励效果，同时，声誉制度能够弥补正式制度的不足。崔宝玉（2016）认为随着成长阶段变化，股权安排与社会资本的使用侧重有所差别，相互之间存在着替代、互补与匹配的关系，两者优良的协同能够减少与合作社内部的利益冲突，促进社员参与。

二是完善利益联结机制。李明贤和周蓉（2018）将核心社员与普通社员纳入博弈模型分析，指出构建公平的利益分配机制是促进合作社社员参与的关键。刘宇荧（2019）的研究发现合作社的收益能力如何、是否获得足够的公平感是决定社员是否持续参与合作社的重要因素，因此，促进社员参与不仅需要提升合作社的价值获取能力，也需要确保和增强社员的公平感。

三是完善服务供给机制。提供服务以增加农户收入方式能够间接性地促进内部社员加强联系，有助于增强农户的组织认同感（万江红、祁秋燕，2016）。但是，服务功能实现程度受到主营产品特性、资源拥有状况、社长的企业家才能以及对社长的激励程度、产业集群、产品认证以及政府的资金扶持等多种因素的影响（黄祖辉、高钰玲，2012）。而且不同环节的社会化服务遵循不同的供给逻辑，价格谈判和质量控制对于合作社提供农资服务具有显著的正向影响，资本实力、安全质量识别体系能够强化合作社形成的销售服务功能（朱哲毅，2017）。

2.1.4 农民专业合作社产业链垂直整合与社员参与的研究

当组织战略发生变化时，组织结构也要与组织战略相适应，才能实现组织目标（罗必良，2005）。如果将农民专业合作社产业链垂直整合视作其经营战略的重大变化，那么其社员参与程度的变化作为组织结构的重要表现形式，也需要予以调整。对合作社产业链垂直整合与社员参与之间的关系的研究主要包括以下两个方面：

2.1.4.1 从外部环境的角度

现有研究认为，农民专业合作社产业链垂直整合与社员合作行为之间的动态关联与外部环境息息相关。一是从市场环境来看，刘洁和陈新华（2016）认为合作社生存的外部环境已经改变，合作社需要朝着纵向一体化方向发展，这就要求供应链上的多元主体能够达成利益一致的关系，形成优势互补、资源共享的稳固产业链条。陈义媛（2017）从市场结构的角度考察了大农与小农之间的关系，认为农产品市场可分为开放性农产品市场和开拓性农产品市场——前者表现为销售市场已相对成熟、销售渠道相对流畅，农业规模化经营主体适合通过流转土地、投资主要生产设施等方式实现对小农户生产的高度控制；后者表现为产品未达到市场饱和程度，可通过订单的方式与小户建立相对松散的关系。徐志刚等（2017）认为，产业风险越大，产业溢价程度越高，合作社越有提供统一服务的意愿，"大农"和"小农"间更容易形成紧密的利益联结。二是从政策环境来看，孔祥智和周振（2017）提出了元合作社的概念，并以此为出发点，构建了"规模扩张—要素匹配—合作社演进"的分析框架，认为在没有政府干预和财政补贴的情况下，合作社沿着自然演进的发展路径，出于专用性资产投入与新增成员要素匹配的需要，能够形成运作规范的合作社，而过度的政府补贴则可能会扭曲合作行为。

2.1.4.2 从农业产业化和资产专用性的角度

农业产业化必然带来供应链设施投资、农产品品牌建设、人力资本投资等专用性资产投资。无论是核心成员还是普通社员，专用性投资均起到了利益绑定和参与锁定的功能。宋茂华（2013）认为大量专用性资产投资的存在迫使公司发起成立合作社，以稳定合作关系，规避市场风险和农户违约风险，以完善的治理机制保障各方利益，同时社员的退出权利也成为社员权益的保障机制。何安华（2015）以土地股份合作社为例进行实证研究，发现专用性资产投资有助于强化合作农场和农户间的利益锁定关系，从而有利于构建稳定的合作关系。杨丹、刘自敏（2017）通过实证研究发现，专用性资产投资有助于促进农户和合作社形成紧密的合作关系。周振和孔祥智（2014）认为在合作社存在"核心社员—普通社员"的分野和利益冲突的条件下，资产专用性迫使一方让渡自身利益。因此，合作社强化纵向产业链建设必然带来专用性资产投资的增加，合作社中处于弱势地位的小农户的博弈权力得以增强，从而促进社员参与和组织内部黏合程度的增加。

2.1.5 农民专业合作社绩效的研究

2.1.5.1 农民专业合作社绩效的评价

由于农民专业合作社的组织性质的复杂性，其兼具特殊形式的企业和"弱者的联合"共同体的双重性质，导致对其进行绩效评价的角度具有多重性。

一是单一的经济绩效评价。美国合作银行以销售收入为依据对合作社进行分类，并以此发展出一整套财务绩效评价指标，包括资产回报率、生产能力比率、毛利率等（Barton，1989）。Soboh et al.（2009）在回顾大量文献的基础上，将衡量合作社绩效的主要指标概括为成本和经济效率指标、技术效率指标以及盈利能力、负债率等财务指标。季晨等（2017）在研究农民合作社成长性时，提出合作社绩效在本质上为"效益改进"的概念，包括社员生产技能的提高、营销渠道的多元化、利润的增长等，并选择合作社对社员效益的改善程度作为衡量合作社绩效的指标。

二是统筹考虑经济绩效和社会绩效的评价方式。学者们普遍认为，农民专业合作社的性质和质性规定决定了单纯的财务评价并不能概括合作社真实组织绩效的全貌（邵科、郭红东、黄祖辉，2014）。Sexton（1984）和Skow（1988）也认为，简单的财务分析方法不能正确评价合作社所提供的公共物品和不具备市场收益价值的服务，对合作社的绩效评价还要考虑技术、分配、规模、价格等。Katz（1996）同样也认为评价合作社绩效需要兼顾考虑财务指标和研究与开发、市场发展、社会责任等非财务指标。程克群和孟令杰（2011）将合作社绩效划分为组织运营、经营活动、社员收益、企业规模和社会绩效等方面，并在数据无量纲处理的基础上，运用层次分析法予以赋权。徐旭初（2012）将农民专业运行绩效划分为行为性绩效和产出性绩效，其中，行为性绩效包括组织行为和生产经营两个方面；产出性绩效包括社员收益、组织发展、社会影响三个方面。彭莹莹和苑鹏（2014）将合作社绩效划分为经济绩效、社会绩效和管理绩效。其中管理绩效包括合作社统一投入品采购和销售的比例、实现标准化生产的社员比例。孙亚范（2015）认为合作社绩效包括社员满意度、合作社市场竞争能力、合作社扩大经营规模的能力、合作社提高服务水平的能力。

三是将农民专业合作社的长远可持续发展纳入综合绩效评价体系中。部分研究不仅关注当期合作社绩效，也着眼于长远，考察合作社的可持续发展能力。陈共荣等（2014）利用平衡卡记分法（BSC）评价合作社绩效。其中，财务维度反映合作社获利能力，包括社员效益、合作社效益、社会绩效；顾客维度反映合作社竞争能力，包括市场地位、与客户的关系等；内部经营维度反映合作社综合能力，包括组织运行、经营活动等；学习与成长维度反映合作社持续发展能力，包括社员技能、社长才能、合作社创新能力等。张俊和章胜勇（2015）将合作社绩效分为组织发展、经济绩效、服务能力、社会影响、社员满意度等方面，其中组织发展包括可持续发展、组织规模、机构设置、制度制定及实施等。肖端（2016）将合作社绩效评价分为经济绩效、社会绩效和可持续发展能力三个方面。

2.1.5.2 农民专业合作社产业链垂直整合与合作社绩效

现有研究证明了农民专业合作社产业链垂直整合对绩效的积极作用。姜松、王钊（2013）利用31个省份的面板数据，研究证明了合作社的联合经营将促进合作的纵向一体化，进而带来农业经济增长。刘颖娴（2015）以黑龙江、四川、浙江的218家合作社为例，证明合作社产业链垂直整合程度与合作社绩效呈正比。刘永悦、郭翔宇（2015）较为全面地考察了合作社产业链垂直整合对合作社绩效的影响，认为合作社产业链垂直整合使合作社摆脱了单纯从事农产品原料供给角色，能够起到拓展合作社利润空间、降低市场交易风险、提高信息响应速度以及增强竞争能力等功能。张学会（2014）利用陕西省的72家种植合作社的数据进行研究，发现合作社的纵向一体化与合作社经济绩效呈显著的正比，从分解后的结果来看，产后一体化对经济绩效的影响通过了 1% 水平的显著性检验，而产中一体化和产前一体化对经济绩效的影响均未通过 10% 水平的显著性检验。钟真等（2017）梳理了学者们的研究成果，认为合作社纵向协作的核心是产业链各环节的相互联系，通过 4 家奶农合作社的案例发现，合作社的纵向协作程度与合作社收益呈正比，紧密型和半紧密型合作社的社员收益高于处于分散状态合作社的社员收益。王福林和王清清（2016）分析了渔业合作社的发展特征，在渔业合作社发展高级阶段合作社处于较高发展水平。

2.1.5.3 农民专业合作社社员参与及绩效

组织经济学认为，一般而言，组织内部多元主体是否能够实现有效合作与协调关乎组织的运行效率，成员间关系的紧密程度是农民专业合作社得以存续和发展的前提条件（罗必良，2005）。大量实证研究也证明了社员参与对合作社组织绩效的积极意义。张靖会（2012）分析了社员结构特征对合作社效率的影响。他认为：同质性社员结构具有形成规模经济效应、降低组织运行成本等优点，但同样具有需求表达与决策和内部筹资的"囚徒困境"；异质性社员结构虽然会造成不同社员函数的效率损失、影响社员参与的积极性、增加决策成本等困难，但也具有促进资金筹集、异质性社员相互学习等好处。李敏（2015）将合作社绩效分为组织收益、成员收益及发展潜能等维度，研究证明农资供应、生产规程以及技术培训对组织收益具有明显的作用；生产设施建设、产后加工处理能力对发展潜能有着重要的促进功能；产后服务水平对组织收益也具有明显的作用。曾以宁等（2019）以石棉县 146 户社员的问卷调查数据为例，证明社员参与合作社购销行为、对合作社的认知程度、社员参会次数影响效果对组织绩效的影响较为显著。张怀英等（2019）利用全国 198 家合作社的统计数据，分析了企业家精神和社员参与对合作社组织绩效的影响，并通过 Bootstrap 检验发现社员参与在企业家精神对合作社组织绩效的影响中发挥了重要的中介作用。

大量研究也探讨了社员参与或社员信任与合作社绩效的某一侧面（如盈利能力、农产品质量控制能力、流通效率等）。钟真等（2016）认为农民合作社内部信任通过资源共享、约束和规范社员行为两大作用机制促进合作社农产品质量安全水平的提升。杨丹和刘自敏（2017）认为农社关系紧密程度越高，越能够促进农户增收，特别是对于低收入组成员群体的增收效应更为明显。封玫等（2017）运用 202 家江西省生鲜农产品合作社数据进行研究，发现在高参与度合作社中，核心社员的管理能力与合作社"农超对接"流通效率显著成正比。曾艳等（2021）通过 QCA 定性分析方法发现成员参与水平和社员技能培训水平等内部要素的相互联动是提高合作社盈利能力的关键。

2.1.5.4 农民专业合作社绩效的其他影响因素

农民专业合作社绩效还受到外部环境、组织制度、组织资源等其他多种因素的影响。

（1）外部环境与农民专业合作社绩效。这主要包括以下两个方面：一是从交易环境来看，刘洁等（2016）等的研究发现，技术交易结构不仅影响农民专业合作社经营方式的行为选择，还进一步地影响合作社的组织绩效，主产品品质辨别难度与合作社绩效显著呈反比。二是从制度环境来看，李道和、陈江华（2014）通过对江西省 300 家合作社的调研数据进行研究，发现政策扶持不会直接对合作社绩效产生影响，但会通过企业家才能、内部治理机制的双重中介效应对合作社绩效发挥作用。苏群等（2019）运用倾向得分匹配法（PSM）分析了获得财政支持和未获得财政支持的两类合作社的组织绩效，结果显示两类合作社之间的处理效应之差为 0.3，从而得出财政支持显著增强了合作社的运行绩效的结论。侯佳君等（2020）认为合作社对外依托（包括外部社会资本和政府参与）会间接地减少合作社绩效。

（2）组织制度与农民专业合作社绩效。这主要包括以下三个方面：一是产权结构。产权集中与分散对于合作社绩效的影响是学术界关注的一大重点。徐旭初和吴彬（2010）认为股权集中度越高，对合作社组织发展越有正向影响。黄丽萍（2012）认为股权相对集中有利于增强合作社的经济盈利能力、提高社员的满意度。崔宝玉等（2016）认为合作社股权集中度越高、理事会规模越小的合作社，其在收入绩效、组织交易绩效以及社会影响绩效等方面表现越好。刘洁等（2016）认为产权结构影响合作社的要素投入行为，产权集中度、成员人数、成员入社门槛对合作社盈利能力有着显著的正向影响。二是合作社管理治理机制。文涛（2013）发现合作社的退出机制和监督机制对其绩效存在着显著的正向影响。张兰等（2020）的实证研究发现农地股份合作社的治理机制是影响社员收入和满意度的关键。三是合作社盈余分配制度。刘同山和孔祥智（2015）认为合作社盈余分配方式过于"亲资本"不利于合作社的长远发展。周振和孔祥智（2015）认为，合作社的盈余分配方式如果能够赋予做出贡献的要素合理的剩余索取权，则能显著提升合作社的经营绩效。韩旭东等（2020）认为公平而又有效率的盈余分配制度对合作社增收的促进效果最明显，合作社采取二次分红的分配方式通过惠顾提升、风险分摊和市场深化等路径促进合作社绩效提升。邓蒙芝等（2021）认为实施按交易量返还与按股份分红相结合的盈余分配制度有利于合作社组织绩效的提升。

（3）组织资源与农民专业合作社绩效。组织资源既包括资金、设施、装备等以实物形态存在的物质资本，也包括以无形形态存在却能够给合作社事实上带来收益的资本，如社会资本、人力资本。刘宇荧（2019）将合作社成员资源禀赋分为自然、资金、社会、人力四大资本。①从物质资本来看，崔宝玉等（2017）的研究显示固定资产投资能够显著改善农民专业合作社整体的经济绩效、交易绩效和社会绩效，但却对社员收入绩效收效其微，他们由此提出了"固定资产悖论"。Donovan et al.（2017）指出实物资本和财务资本是影响合作社绩效的关键因素。②从社会资本的角度来看，社会资本对合作社组织绩效的影响得到了较多关注。梁巧等（2014）发现社会资本拥有水平均对合作社绩效有显著的正向影响。Xu et al.（2018）进一步将社会资本细分为纽带社会资本和桥梁社会资本后发现，前者有利于普通社员的经济绩效，后者则有利于合作社的财务和社会绩效，对普通社员收入的提升具有抑制作用。Yu et al.（2018）的研究发现内部社会资本、外部社会资本和认知型社会资本均有利于合作社的财务绩效提高。③从人力资本的角度来看，陈冰等（2014）通过对140家合作社的调查研究发现，理事长个人是否具有企业家精神以及理事长个人的受教育程度高低、是否担任村干部等对合作社经营绩效有显著的正向影响。彭莹莹和苑鹏（2014）、张怀英等（2019）指出企业家能力对合作社运作绩效具有显著的正向影响。企业家能力结构与合作社运作绩效之间的关系，从能力构成来看，关系能力、合作能力以及技术能力对合作社运行绩效的贡献影响依次下降。董杰等（2020）通过反事实实证分析得出结论：引入职业经理人有助于改善合作社的治理结构、提高组织人力资本存量和合作社的组织绩效。

2.1.6　文献述评

综上所述，学术界围绕农民专业合作社产生与演进、合作社纵向产业链建设、成员参与、组织绩效等方面展开大量研究，取得了丰硕的研究成果，为本书提供了重要的文献资料支撑。回顾上述研究文献，可以得出以下的有益启示：①农民专业合作社的产生与演进有着特定环境下的深刻经济诱因。随着外部环境变化，合作社要继续维持现有经济利润或获取潜在经济利润就要推动合作社经营策略转变，换言之，合作社产业链垂直整合是合作社适应外部环境、增强竞争优势的选择。②合作社经营策略和成员行为呈现出同步性和相互调适性。随着合作社盈利性增强、合作社产业链垂直整合程度提升，合作社内部成员之间的关系也需要进行调整。③合作社的绩效在很大程度上取决于合作社经营策略、成员关系两者之间的适配程度。

回顾和梳理以往研究成果，以下两个方面需要在进一步的深化研究中予以完善：

第一，农民专业合作社产业链垂直整合对内部成员的关系的影响。如前文所述，合作社绩效取决于经营策略、成员关系两者之间的匹配程度；相应地，合理调适内部成员之间的关系是在合作社产业链垂直整合深化背景下的合理选择，但现有研究较少探讨合作社产业链垂直整合对社员参与的影响以及影响机理。

第二，农民专业合作社产业链垂直整合对绩效的影响及影响机理。合作社特征与时代环境特征相共生（吴彬，2014）。我国合作社出现始于20世纪80年代，从全世界范围来看，农业产业链整合发展已初具雏形，跨国公司、现代信息技术等实现农业产业链垂直整合的条件已经具备。从我国发展阶段来看，我国合作社始于农业产业化背景，合作社的重要功能是促进分散小农户与大市场的有机衔接；与此同时，合作社的发展结果在事实上促进了农业产业化的良性推进。在未来，合作社健康发展也需要嵌入市场、促进产业链垂直整合深化，进而抢占市场竞争优势。但同时，合作社产业链垂直整合研究对合作社绩效带来的深层次影响却探讨不足，如合作社产业链垂直整合研究忽略了对绩效的具体影响机理，这不利于揭示合作社的成长发展规律。

2.2 核心概念界定

2.2.1 农民专业合作社

1995 年，国际合作社联盟（ICA）第三十一届代表大会对合作社进行了权威定义，将合作社定义为"人们自愿联合组成的自治性协会，以通过共同所有和民主控制的企业来满足其经济、社会和文化方面共同的需求和渴望"（张晓山，2004）。美国农村商业和合作社发展研究中心认为农民专业合作社是"使用者所有、使用者控制和基于使用进行分配的企业"（黄胜忠，2007）。第十二届全国人民代表大会常务委员会第三十一次会议于2017 年 12 月 27 日修订的《农民专业合作社法》第一章总则第二条将农民专业合作社界定为"在农村家庭承包经营基础上，农产品的生产经营者或者农业生产经营服务的提供者、利用者，自愿联合、民主管理的互助性经济组织"。鉴于法律的权威性、广泛的社会认可度以及法律制定对我国国情农情的充分考量，本书将《农民专业合作社法》关于农民专业合作社的定义作为农民专业合作社的准确概念。

同时，本书将种养生产型的农民专业合作社作为具体的研究对象。这是因为：第一，该类合作社符合所有者、惠顾者身份合一的合作社本质性规定，也符合《农民专业合作社法》中所明确的"农产品的生产经营者或者农业生产经营服务的提供者、利用者"。第二，该类合作社占比大。根据农业农村部统计数据来看，2019 年，种养类合作社超过全国已登记注册合作社总数的 70%，因此，种养生产型的农民专业合作社的运行状况能够基本反映我国合作社发展情况的基本面。

本书所研究的农民专业合作社不同于以下易混淆的主体：①社区股份经济合作社。该类合作社实际上多为农村集体经济组织，在产权属性上具有公有制特征，在成员资格获取上普遍以先赋性的出生地或土地承包权属为依据，不符合《农民专业合作社法》中"自愿联合"的特征。②各类农民专业协会。农民专业协会的组织结构普遍较为松散，一般不具有盈利性，不是"以农产品经营为主要业务、以市场竞争为基本导向的农民专业合作社"。③土地股份合作社、资金互助合作社等。土地股份合作社、资金互助合作社等侧重于土地、资金等要素领域内的合作，这与《农民专业合作社法》所强调的围绕农产品生产、经营、服务等环节的合作大相径庭。④农机、劳务服务类合作社。上述单纯从事生产性服务的合作社的效益增长主要通过横向规模扩张来实现，与本书所要考察的合作社产业链垂直整合来实现效益改进的主题大相径庭，与本书主题的契合度低。同时，结合实地调查情况，该类合作社不符合"所有者与惠顾者合一"的合作社本质规定（苑鹏，2001；邓衡山、王文烂，2014）。多数名义上的社员与非社员的显著差异在于：社员与合作社建立了较为密切的惠顾关系，但没有要素投入及其因此产生的合作社所有权，更没有参与合作社经营事务的决策；而少数核心社员占大部分出资额和合作社所有权，但实际上对合作社没有惠顾。⑤乡村旅游类合作社。该类合作社随着乡村旅游等新业态的发展而成长，具有游客协调、矛盾化解、环境维护等功能，但更多地体现为经营主体之间的横向联结与协作，与本书所研究的合作社产业链垂直的主题不契合。

2.2.2 农民专业合作社产业链垂直整合

与产业链相关的概念包括价值链、供应链、产品链、空间链。按照Porter（2005）的观点，"企业的价值创造由一系列活动构成，这些互不相同而又相互关联的生产经营活动构成了一个不断实现价值增值的动态过程，即价值链"。供应链是指在采购、加工和销售过程中，由生产者、经纪人、批发商、终端销售商、消费者等构成的网络结构（张喜才，2022）。产品链是指原料沿着产业链运行轨迹最终成为可支付的产品和服务的过程（廖喜生 等，2019），反映了产品形态的变化情况。空间链反映了产业链上下游环节的空间分布，产业集聚和空间调整是产业链优化的结果（郑大庆 等，2011；廖喜生 等，2019）。当前学术界普遍认为，价值链、供应链、产品链、空间链等共同构成了产业链，反映了产业链的不同侧面。农业产业链最早由德国学者 Mighell & Jones（1963）提出，他们认为农产品从原材料生产、加工、储运到销售的运动是一个"纵向协调"的信息链接过程，同时，结合产业链的定义，农业产业链可以界定为包括农资供应、农业生产、农产品商品化处理和加工、农产品流通销售等一系列环节的网状结构，在这些环环相扣的网络结构中，实现了产品价值的创造增值，也实现了使用价值的创造、物理形态和空间位置的变化。产业链整合包括横向整合和垂直整合两个方面。前者为并行产业链的关联组合，以实现规模经济绩效；后者是指产业链上的企业向上下游延伸，使得处于上下游各个节点的企业建立有效的协作关系，相互交换资源并应付外部环境的变化（郁义鸿，2005；李宇，王俊倩，2014）。本书仅分析产业链垂直整合。

综合刘洁（2011）、王亚飞等（2013）、陈超等（2020）的研究，可以将农业产业链上下游的纵向协调分为以下三种：一是市场机制。产业链上下游经营主体以经济利益为出发点，受市场规律的制约，并通过适应供求、竞争和价格的变化，及时调整经济行为。通过市场机制实现纵向协调，多采取短期性交易的方式，难以避免机会主义行为、违约等道德风险，在搜集信息、签订契约、执行契约上也可能耗费更多的交易成本。二是契约机制。契约机制是指产业链上下游经营主体以契约的形式订立契约，明确双方的责任与义务，以业务往来的方式向对方提供商品或服务的一种经营方式。该模式以契约明确双方应恪守的规则和利益分配关系，但没有改变交易双方的产权结构和独立经营主体地位。相对于市场机制，契约型模式将临时性交易关系变为或紧或松的长期契约，是介于完全市场交易和完全一体化之间的中间形态（江光辉、胡浩，2022）。契约机制在一定程度上体现了"利益共享、风险共担"，但当存在利益冲突时，仍会存在隐瞒有价值信息、交易违约等行为（刘崎岫、张成科、冷碧滨，2016）。三是一体化机制。一体化机制是在分工深化基础上，实现产业链不同环节上有机结合甚至融为一体的过程（姜长云，2013）。一体化机制要求将农业生产的产前投入、生产加工、仓储营销等各环节纳入统一的经营体内（刘洁，2011；张学会，2014）。实行一体化机制带来了产权结构的变化，产业链上下游主体之间不再具有独立的经济实体地位，管理成本过高，但亦能有效降低交易成本。

表 2-1 显示了农业产业链纵向协调机制的比较情况。

表 2-1　农业产业链纵向协调机制的比较

	权属结构	生产一体化程度	内部组织成本	交易市场化程度	市场交易成本	产业链上下游环节稳定性
市场机制	不改变经营主体独立产权地位	低	低	高	高	低
契约机制	不改变经营主体独立产权主体地位	一般	一般	一般	一般	一般
一体化机制	带来产权结构变化	高	高	低	低	高

资料来源：根据"刘洁. 农民专业合作社契约选择与运营绩效的理论分析与实证研究 [D]. 武汉：华中农业大学，2011"和"王亚飞，唐爽. 农业产业链纵向分工制度安排的选择 [J]. 重庆大学学报（社会科学版），2013，19（3）：33-38"整理，本书适度修改。

农业产业链垂直整合要求生产、加工、销售等各环节之间松散状态得以改变，贸工农、产供销等产业链上下游的协调与合作得以加强。农业产业链垂直整合要求实行一体化机制或者契约机制来替代市场中不稳定的、临时性的交易关系。综上所述，农民专业合作社产业链垂直整合是指合作社通过长期契约、一体化机制等手段促使农业产前、产中、产后各环节保持协调、紧密、通畅。本书将合作社产业链垂直整合程度用合作社是否拓展至产前服务（农资供应）、生产环节（是否自建生产基地、是否提供产中技术或劳务服务）、加工仓储（是否建设商品化处理、运输、初加工等设施）、销售渠道（是否通过开展农产品电商、农超衔接、社企合作等建立稳固的销售渠道）、品牌建设（是否创立农产品商标）五大领域的数据来衡量。

需要说明的是，综合实地调查和胡丹婷（2008）的研究来看，合作社产业链垂直整合普遍采用的是契约机制，较少采用一体化机制，换言之，由合作社在组织内部负责产前、产中、产后各个环节的统一生产安排的情况极少①。这是由于契约机制的组建成本和治理成本偏低，实现较为容易，而实行一体化机制的组织成本较高，对合作社的经营管理能力、投资能力等均有较高要求。

2.2.3 社员参与

社员是农民专业合作社内基本权利享有和行动的主体。由于对社员范围的界定模糊，在不同情境下，可能出于不同的目的选择不同的成员评判维度，从而导致成员范围具有较强的伸缩性（李琳琳、任大鹏，2014）。例如，在申请获取政策资源时，往往倾向于夸大合作社社员数量；在盈余分配环节，又倾向于缩小社员范围。为避免社员边界模糊不清，本书在计量分析和案例分析中，仅将在工商部门注册登记的社员纳入社员数量计算范畴。

社员异质性是公认的我国农民专业合作社一大特征。社员有普通社员

---

① 胡丹婷（2008）以蚕茧交易治理结构为例，说明当交易涉及工业生产和农业生产两个环节时，科层治理是很难实现的。她认为，交易治理结构的选择不仅应考虑 Williamson 所提出的三大交易属性——资产专用性、不确定性、交易频率，还应考虑工农业技术界面的差异。农业具有规模小、手工生产、用工分散的特征，农产品加工业（工业生产）对农业生产的后向一体化成本太高，采用一体化机制是低效的；而农业生产向农产品加工（工业生产）的前向一体化必然通过合作社，合作社人数过多将带来委托—代理问题，采用一体化机制同样是低效的。

与核心社员之分。其中核心社员多为种养大户、流通专业户、龙头企业、村干部等乡村"精英"人物等，他们虽为合作社社员中的少数，但却占有合作社的多数出资额，控制着合作社的产权，掌握合作社的决策权、管理权和受益权（汪恭礼、崔宝玉，2022）。普通社员多为小农户，其特点为经营规模小，缺乏资本、技术等要素，没有牵头创建合作社的能力，也因从中获利较少而缺乏组建合作社的动力。他们作为普通社员参加合作社，更希望"搭便车"，主要充当惠顾者的角色，并在合作社中处于弱势地位（王鹏梁，2021）。需要说明的是，由于核心社员在合作社中本身具有较强的参与度，因此，本书的研究对象为普通社员，本书探讨合作社产业链垂直整合对普通社员参与程度是否存在影响。

社员参与程度反映了合作社内部凝聚力大小。所有者、控制者、惠顾者三者合一是合作社的本质性规定，由此可知，社员参与可分为社员作为所有者身份角色的投资参与、作为惠顾者身份角色的产品参与以及作为控制者身份角色的管理参与。据此，本书将社员参与界定为社员投资参与、社员产品参与、社员管理参与三个方面。其中，社员投资参与指普通社员是否以资金和土地、果树等生产资料加入合作社，以及在其加入合作社以后是否存在持续投资行为，是农户具备社员身份的标志，也是社员行使其权力的基础；社员产品参与为社员在产前环节接受合作社生产资料供给、生产信息分享等，在产中环节接受合作社所提供的生产指导、劳务托管等，以及在产后环节接受合作社所提供的农产品商品化处理、加工以及销售等服务[①]；社员管理参与是指社员是否参与合作社的决策、监督、人事、财务等各项公共管理事务。

2.2.4 农民专业合作社绩效

绩效是指效率与效能的总和，效率是投入与产出的比率，效能为实际成果与预期计划成本的比较（夏书章 等，1995）。与之相关联的概念还有"制度绩效"——指制度实施的效应、效果或功能，反映了制度在多大程度上达到了预期设计目标，这与效能的概念类似。制度有效性的评价需要考察制度效果在多大程度上实现了制度目标（罗必良，2005）。

农民专业合作社具有特殊形式的企业和"弱者的联合"共同体的双重

---

① 调查发现，产后环节服务主要为农产品销售服务。

属性（唐宗焜，2007；梁巧，白荣荣，2021）。现代合作社是一种企业形态，和其他企业形态一样是营利性企业，且具有独立的法人财产制度，有能力作为独立的民事主体行使民事权利和履行民事义务。但合作社在主体、目标、所有制结构、治理结构、分配制度上与企业存在鲜明差别（唐宗焜，2007）。一是在主体和目标上，企业的主体是股东，合作社的主体是社员；企业是资本的联合，投资的目标是实现资本增值、获得利润回报，合作社则是人的联合（人合），为社员服务是合作社的宗旨①。二是在所有制结构和治理结构上，企业是股东所有，其治理结构遵循的原则是股份权利平等；而合作社遵循的是成员权利平等，合作社不能由个人或少数人控制，实行社员民主控制，以确保社员作为合作社的所有者和使用者的权利。三是在分配制度上，企业按事先确定的股本分配，合作社事后按惠顾额分配（徐旭初，2003）。

因此，合作社要追求经济绩效，培育竞争优势，以保障自身生产与发展。合作社也要强调对社员提供俱乐部式的服务，维护社员利益。同时，按照1995年举办的国际合作社联盟第三十一届代表大会的声明，合作社建立在自助、自担责任、民主、平等、公平、团结等价值基础上，大会还明确"关心社区发展"是合作社的七大原则之一②。在我国，更加强调合作社对小农户的带动引领功能，使其作为促进小农户走上现代农业发展轨道的载体。因此，依据合作社的组织属性和组织目标，可以将合作社的绩效分为经济绩效和社会绩效两个方面，分别反映合作社在经济绩效和社会绩效目标上的实现程度。经济绩效是指在既定资源要素投入条件下的最大化产出；社会绩效是指合作社对于普通社员以及当地社区等的惠及程度。

---

① 对于合作社是否为"人的联合"（人合）存在争议，不同学者存在不同看法。徐旭初（2003）认为合作社很难说是人合，原因是合作社实行"按惠顾额分配盈余"，但惠顾额背后完全有可能是雇用劳动，因此，他认为合作社是一种交易的联合。但无论如何，合作社都不是资本的联合，在这一点上，合作社与企业存在本质性差异。

② 其他六大原则分别为自愿与开放的"社员资格""民主的社员控制""社员经济参与""自治与独立""教育、培训与宣告""合作社之间的合作"。引自：张晓山. 合作社的基本原则及有关的几个问题 [J]. 农村合作经济经营管理，1998（2）：7-9.

3 理论基础与分析框架

本章对研究中的主要理论进行概述，从理论层面阐释农民专业合作社产业链垂直整合、社员参与、合作社绩效三者之间的研究机理，最后提出全书分析框架。

3.1 主要相关理论

3.1.1 马克思主义的合作经济理论

合作经济思想由马克思、恩格斯在吸取空想社会主义思想和欧洲合作事件运动的合作成分基础上创立，是马克思科学社会主义思想和政治经济学的重要组成部分（苑鹏，2014）。马克思主义主要依据生产力与生产关系的基本原理阐释合作社的成因。在马克思和恩格斯看来，合作制度是在资本主义生产方式及其附属的工厂制度、信用制度等基础上产生的，"没有从资本主义生产方式中产生的工厂制度，合作工厂就不可能发展起来；同样，没有从资本主义生产方式中产生的信用制度，合作工厂就不可能发展起来"。

在合作社的功能上，马克思主义认为合作社作为一种先进的生产组织形式，是改造传统落后小农经营制度、把农民有效组织起来以适应社会化大生产的有效途径。《资本论》第一卷阐述了小农经营制度的典型特征："既排斥生产资料的积聚，也排斥协作，排斥同一生产过程内部的分工，排斥对自然的社会统治和社会调节，排斥社会生产力的自由发展。"《共产党宣言》曾指出，除了代表先进生产力前进方向的无产阶级，"其余的阶级都随着大工业的发展而日趋没落和灭亡"。"日趋没落和灭亡"的当然也包括资本主义农场主、小农户等阶层。小农经营制度导致小农户处于与社会割裂的"马铃薯式"的生存状态，因此，实现广泛而紧密的合作，才能适应时代发展潮流和改变自身命运，农民合作化和合作社的成立具有历史的必然性。

列宁继承了马克思、恩格斯关于改造小农经济的设想，将合作社理论运用到农业改造的实践之中。概括而言，列宁对于合作社的认识包括三个方面。第一，合作制是改造小农的手段。列宁非常重视在流通领域组建合作社，认为这对发展农村商品经济和提高生产力会起到巨大的、不可估量的作用。第二，列宁认识到改造小农具有长期性和艰巨性，推行合作制应当遵循农民意愿。1919 年《俄共（布）中央关于乌克兰苏维埃政权的决议》指出："在把农民联合成公社或劳动组合等方面，必须严格贯彻党的政策，不许有任何强迫行为。"第三，列宁提出了发展合作社所具备的条件。列宁认为发展合作社需要具备一定的物质和文化条件。列宁在俄共（布）第十次代表大会上明确指出："只有有了物质基础，只有有了技术，只有在农业中大规模地使用拖拉机和机器，只有大规模电气化，才能解决小农这个问题……才能根本地和非常迅速地改造小农。"列宁认为，要实现合作社就必须让小农具备相应的文化知识。他指出："如果没有整个'文化革命'，就不能去实现完全的合作化。"[①] 总体来看，列宁的农业合作制构想主张发展生产力与变革生产关系的有机协调，从而逐步让小农经济走向社会化、市场化（钟瑛，2017）。

马克思主义传入中国后，马克思主义的基本原理同中国具体实际不断结合，逐步形成了具有中国特色的马克思主义理论成果。在马克思主义中国化过程中，农民生产生活需求和经济发展需求是合作组织发展的重要原因。1925 年，毛泽东在第一次国内革命战争时期考察湖南农民运动时，指出农民合作社对于改善农民生活有着现实需求，指出"合作社，特别是消费、贩卖、信用三种合作社，确是农民所需要的"，合作社可以帮助农民避免在买进货物和卖出农产时受到商人的盘剥、在进行钱米借贷时受到重利盘剥者的盘剥。在国内革命战争中，合作社建设还是根据地推进经济建设的重要举措。1934 年，毛泽东在《我们的经济政策》一文中肯定了合作社的积极作用，并认为合作经济可以与国营经济、个体经济共同发展，助

---

① 列宁. 列宁全集：第 33 卷 [M]. 北京：人民出版社，1960：30.

力改善革命根据地财政状况。

步入改革开放时期，发展环境随之变化，邓小平在继承马克思主义合作经济理论和吸取我国合作化运动经验的基础上，丰富和深化了马克思主义合作经济理论。邓小平认为农业组织形式选择应当遵循农民意愿，"看哪种形式能够调动群众的积极性就采用哪种形式"。邓小平还提出了如何在家庭承包责任制基础上优化农业经营体制，具体提出了"两个飞跃"思想，即："第一个飞跃，是废除人民公社，实行家庭联产承包为主的责任制。这是一个很大的前进，要长期坚持不变。第二个飞跃，是适应科学种田和生产社会化的需要，发展适度规模经营，发展集体经济。"[①] 可见，发展合作经济是改进农业生产方式的重要手段。

结合马克思主义的合作经济理论可以看出，合作社是改进农业生产效率的重要手段，是适应科学种田、发展适度规模经营的内在要求。同时，合作社还有助于保护小农户利益。此外，合作社经济组织形式的构造与选择应当坚持实事求是、与时俱进的原则，结合当时生产力发展水平和农业生产环境，并遵循农民意愿、回应农民需求。

3.1.2 制度影响理论

"状态（situation）—结构（structure）—绩效（performance）"（SSP）分析范式由美国经济学家斯密德于1987年首先提出，其描绘了在不同的状态下不同权利结构如何影响制度选择并最终如何决定其相应的绩效，是分析制度结构与绩效的通用范式之一。斯密德从"人类相互依赖性"的角度出发考察制度设计与制度变迁。"状态"是指"与制度变量相互影响有关的一系列自变量中包含的制约人们相互依赖性的环境的那些方面"[②]。具体而言，"状态"包括个人、团体和物品的特性，其中，个人的特性主要包括偏好、价值观、追求的最终目标、有关规则和生产函数的知识以及信息处理及决策；团体特性包括参与决策的人数、团体内个人的偏好以及团体内的决策规则（王冰、李文震，2001）；物品特性包括不相容性（稀缺性）程度、排他成本、规模经济以及其他使用者的成本效应（共享）、信息成本等，物品特性部分地决定了人类的相互依赖性（斯密德，2004）。"结

---

① 邓小平. 邓小平文选：第3卷 [M]. 北京：人民出版社，1993：355.

② 斯密德. 制度与行为经济学 [M]. 刘璨，吴水荣，译. 北京：中国人民大学出版社，2004：12.

构"在 SSP 分析范式中处于核心地位，一般指"制度结构"，为"人们选择的制度方案"，实际选择的制度可能是非正式的和无意识的，也可以是正式的，选择的结果确定由各种技术条件的状态决定的相互依赖性。SSP 范式中的"绩效"反映交易各方的利益的实现程度。

在 SSP 分析范式中，斯密德[①]认为，绩效（performance）为在给定技术或状态（situation）的情况下，制度 X 或者制度 Y（structure）的函数。制度影响理论主要以静态研究为主，把涉及个人、团队和物品等的状态视为短期不变，探讨权利结构选择的影响。SSP 范式认为选择不同规则对不同的参与者有着不同的影响，制度的作用受制于它所应用的状态的影响（王冰、李文震，2001）。斯密德（2004）还将制度影响理论的原理用于解释厂商组织的可选择形式，其中，决策单位满足谁的利益以及单位内和单位之间的谈判中会出现什么样的次目标，自变量包括状态变量（不确定性程度、资产特性）等，也包括影响个人机会主义行为及参与的制度结构（市场模式或科层模式）。

制度影响理论（SSP 范式）具有较为广泛的应用。程言清（2005）利用 SSP 范式对不同的城市副食品供给制度（计划供给制度、"双轨制"供给制度、"菜篮子"工程供给制度、食品安全制度等）的绩效进行了对比分析。卓萍（2010）利用 SSP 范式考察了公共组织绩效差异的影响因素及根源，认为公共组织自身特性不同（即其提供公共物品或服务的状态不同）决定了公共组织制度选择的不同，进而致使公共组织出现相对固化的绩效水平差异。郭锦墉等（2017）利用 SSP 范式分析了农民专业合作社"农超对接"流通效率及其影响因素，指出外生给定的状况及内部主体自主选择的结构会对"农超对接"的流通效率产生影响。本书将结合斯密德（2004）关于厂商组织形式选择的论述，阐释在产业链垂直整合深化的背景下，合作社资产专用性、交易频率等"状态"（situation）变化，将如何影响合作社的制度"结构"（structure），进而会对合作社"绩效"（performance）产生什么样的影响。

3.1.3 交易成本理论

交易成本理论是现代产权经济学基本的、核心的概念，交易成本起因

---

① 斯密德. 制度与行为经济学 [M]. 刘璨，吴水荣，译. 北京：中国人民大学出版社，2004：13.

于私有财产的交易和分散的所有权。交易费用的概念首先由 Coase 在 1937 年所作的《企业的性质》一文中提出，他认为"市场的运行需要花费成本，通过成立组织和允许某个机构（'企业主'）指导资源配置，能节省某些市场成本"；同时，Coase 认为"企业的本质特征是对价格机制的替代"，企业的规模扩张边界的临界点是管理型交易费用等于市场型交易费用的点[①]。与传统经济学的交易成本为零的假设不同的是，Coase 认为交易成本普遍存在，这更加符合真实世界的特征。Coase 的观点得到了广泛认同，但缺陷是 Coase 并未对交易成本的准确性质予以准确界定（Hart，2009）。Williamson 进一步地分析了交易成本的产生根源于交易本身的特征——包括资产专用性程度、交易频率以及不确定性三个方面，这决定了交易成本的大小；同时，"人的因素"，即有限理性和机会主义行为也与交易成本的大小紧密相关。

不同学者对交易成本的概念进行了不同界定。汪丁丁（1995）回溯了新制度经济学的相关理论，认为交易成本是在协调人们在分工时发生的利益分歧所费的资源的价值。North（1990）将交易成本界定为制度契约所需的成本和执行契约所需的成本。Williamson（1979）对交易成本的分析较为详尽，交易成本包括搜寻成本、信息成本、议价成本、决策成本、监督成本以及违约成本。Williamson（1985）又进一步地将其分为事前交易成本和事后交易成本，其中，事前交易成本是指交易双方就签订契约、保障契约实施等进行谈判及因此开展的前期准备工作产生的成本；事后交易成本是指交易双方无法按照约定的契约内容执行所产生的成本。林毅夫（2000）将交易成本分为直接交易成本和间接交易成本。其中，直接交易成本包括为获取契约各方所需信息的成本、各方谈判的成本以及将规定传达给各方的成本；间接交易成本由各方介入所引致的机会行为，包括监督和实施契约的成本以及不履行契约所带来的产出损失。

交易成本的重要功能是为契约选择的分析提供了一个框架，也为制度选择分析提供了基础（林毅夫，2000）。在对合作社的研究中，交易成本理论被用于解释合作社的形成与演化，节约交易成本是合作社这一组织形式的重要成因（林坚、马彦丽，2006），农户加入合作社可以解决不完全

---

① 克罗茨纳，普特曼. 企业的经济性质［M］. 孙经纬，译. 上海：格致出版社，2015：75-89.

和非对称信息所带来的交易成本（韩国明、周建鹏，2008），而交易成本过高又导致合作社异化和"空壳社"的形成（张益丰、孙运兴，2020）。交易成本也会影响合作社经营策略的选择，资产专用性、不确定性所带来的交易成本是合作社推进纵向一体化的原因（刘洁，2011）。除此以外，交易成本还被用于分析合作社运行机制、成员参与意愿和行为、联合社的成因等（张琛、赵昶、孔祥智，2019；葛廷进、朱海东、丁宇，2021；孔祥智、黄斌，2021）。本书将运用交易成本理论分析在产业链垂直整合条件下交易属性变化所带来的农民专业合作社的交易成本变化情况，进而探讨交易成本变化如何影响合作社内部的契约治理结构选择和契约治理机制优化。

3.1.4 制度变迁理论

制度是"一个社会的博弈规则，一些人为设计、形塑人们互动关系的约束"，制度"构造了人们在政治、社会或经济领域里交换的激励"，制度的主要作用是"通过建立一个人们互动的稳定（但不一定是有效的）结构来减少不确定性"①。诺斯还认为，制度框架对于经济绩效具有决定性作用。林毅夫（1989）认为"制度可以被设计为人类对付不确定性和增加个人效用的手段"，制度可以提供一定的服务，例如安全功能（获得对风险和灾难的保障）、经济功能（规模经济和外部效果的收益），安全和经济是制度结构存在的基本原因②。

制度变迁是新的制度替代或转换原有制度的过程，通常由"对构成制度框架的规则、规范和实施的复杂结构的边际调整所组成"（North，1990）。制度变迁的结果是达到制度均衡状态，也即在各方谈判力量以及一系列构成经济交换的契约性谈判给定的情况下，任何一方都不可能通过改变契约而获益，制度均衡并非意味着每一方都对现行制度安排感到满意，而是意味着改变游戏的相对成本和收益对于已签约各方并不划算（North，1990）。如果又出现制度失衡，潜在外部利润出现，加之，交易成本不高，最为重要的是新制度的社会潜在净效益大于原有制度的社会净效益且新制度的个别潜在净效益大于原有制度的个别净效益时，制度变迁的

---

① 诺斯. 制度、制度变迁及经济绩效 [M]. 杭行，译. 上海：格致出版社，2014：3-6.
② 盛洪. 现代制度经济学：下卷 [M]. 2版. 北京：中国发展出版社，2009：268，272.

动机就又会存在，制度变革的发生又是从制度非均衡到制度均衡的转变和飞跃（张曙光，1992）。促使制度非均衡出现的成因包括对制度需求的变化（生产要素丰裕度的变化和生产技术）、与交易成本相关的技术、可行制度安排选择集的扩大或缩小（林毅夫，2000）。而 North（1990）认为，相对价格的根本性改变是制度变迁的最重要来源，相对价格的改变将改变人们的行为模式以及他们对行为标准的合理解释。

制度变迁与交易成本紧密相关。制度可以提供一定有用的服务，而制度性服务又需要支付一定的费用，因此，在技术条件不变的情况下，交易成本是社会竞争性制度安排选择的核心，用最低的交易成本提供定量服务的制度安排，将是理想的制度安排（林毅夫，1989）。而经济制度的演化历程也是人们作出努力以降低交易成本的过程，家庭以及企业内部的制度选择受到交易成本的结构的影响（汪丁丁，1992）。

按照制度变迁的方式，制度变迁可分为强制性制度变迁和诱致性制度变迁——前者由政府法令和法律引入与实行，后者由个人或组织为抓住获利机会而自发倡导和实行（洪银兴，2016）。在诱致性制度变迁中，需要满足一系列条件，包括制度不均衡产生获利机会、变迁的收益大于成本、变迁的收益份额分配比较均衡以及有诱发变迁的契机（谢治菊，2019），从而让获利的个人或团体感知到潜在利润，并愿意推进制度变迁与创新。

在对农民专业合作社的研究中，制度变迁理论被用于分析传统合作社原则向产权结构清晰化、分配形式多样化等组织制度演变的原因（刘洁、祁春节，2011），合作社的再联合的形成原因（张琛、赵昶、孔祥智，2019），中国农民合作经济组织的发展历程（陶冶 等，2021），合作社再组织化（包括纵向一体化和横向一体化）对合作社的增效机制（罗千峰、罗增海，2022）。本书将利用制度变迁理论分析农民专业合作社产业链垂直整合程度的提高如何改变制度非均衡状态、外部潜在利润的产生将如何产生，进而为分析合作社内部制度的调整提供依据。

3.1.5 契约治理理论

早期的契约理论假定契约是完全的，即缔约双方可以考虑到所有可能发生的情况并以可证实的条款写入合同之中，而且合同能够被第三方（如法院）无成本地强制实施。但交易成本经济学认为，现实中的契约通常是不完全的。由于有限理性，所有复杂的契约都不可避免地变得不完全了；机会主义又导致契约风险无处不在（Williamson，2009）。资产专用性加剧了契约执行中的不确定性风险。Klein et al.（1978）指出，如果契约是不完全的，而缔约双方又需要投入专用性资产，那么事后双方就会陷入双边垄断的锁定状态，此时一方会利用这种锁定状态对另一方敲竹杠（holdup），榨取对方的准租金。考虑到契约的不完全性，要构建契约自我履行机制，就需要选择相应的治理结构。

作为交易成本经济学的集大成者，Williamson 丰富和发展了 Coase 的思想。他把交易作为组织分析的基本单位，从不同交易单位固有的特征出发，讨论交易成本约束下的契约性治理结构的最优选择。他按照交易频率将契约分为一次性的契约、偶然的契约及经常性的契约三类；资产专用性也分为非专用的、混合式的以及高度专用性的三类。Williamson（1985）认为对于不同的交易属性和契约特征，应采取差异化的治理结构。这具体可表达为两横三纵的矩阵图：①如果是非专用交易，不论交易频率的大小，有效的治理结构应是市场治理；②如果交易频率较低，而不论资产是混合性的还是专用性的，交易行为符合新古典合同特征，应采取三方治理结构，当事人双方借助于第三方的帮助（仲裁）来解决纠纷；③如果交易频率较高、资产是非通用性的，在资产是混合性的情况下，有效的治理结构是双方治理；在资产是专用性的情况下，与之相匹配的有效治理结构是由一方当事人实行的统一治理（赵勇、齐讴歌，2010）。具体如表 3-1 所示。

表 3-1　有效率的治理

交易频率	投资特征		
	非专用型	混合型	专用型
偶尔发生	市场治理	三边治理 （新古典合同）	—
重复发生	（古典合同）	双边治理 （关系合同）	统一治理 （关系合同）

资料来源：克罗茨纳，普特曼. 企业的经济性质［M］. 孙经纬，译. 上海：格致出版社，2015：110-119.

市场治理、双边治理、统一治理各有利弊。在 Williamson（2002）看来，市场治理和统一治理均是较为极端的形式。市场治理对外部环境的适应主要通过价格机制来实现自动协调；统一治理是指"在有组织、有统一权威关系（纵向一体化）的企业内部进行交易"[①]。双边治理中交易双方存在长期合作的买卖关系。就买卖关系而言，主要采用的是自动协调；就长期合作关系而言，主要采用的是管理协调。表 3-2 比较了这三类治理结构。市场治理的官僚主义成本最低，由于其利用了市场的竞争性，激励强度最强，但很难进行有目的的管理协调。统一治理以权威关系安排交易，官僚主义成本最高、激励强度最弱，适用于有目的的管理协调。双边治理介于市场治理与统一治理之间。与市场治理相比，其牺牲了激励但有利于各交易方之间更高级的协作；与统一治理相比，其牺牲了协作，但有更大的激励强度。

表 3-2　三类治理结构的比较

	治理结构		
	市场治理	双边治理	统一治理
激励强度	强	一般	弱
官僚主义成本	低	一般	高
自动协调（适应 A）	强	一般	弱
管理协调（适应 C）	弱	一般	强

资料来源：威廉姆森. 治理机制［M］. 石烁，译. 北京：机械工业出版社，2016：106-107.

为便于理解治理结构的选择，引入 Williamson（2002）所提出的"简单缔约模式"示意图（图 3-1）。不同的交易类型有不同的契约风险，而契约风险又催生了交易保障措施（s）。k 代表资产专用性的衡量尺度。点 A 表示理想化市场，此时交易双方均没有依赖性（$k=0$），代表使用通用技术交易。点 B 表示存在契约风险，因为进行了专用投资（$k>0$），但却没有保障措施（$s=0$）。在点 C、点 D 处，提供了额外的契约支持；在点 C 处采取契约保护的方式，在点 D 处采取统一所有权的方式。

---

① 威廉姆森. 资本主义经济制度［M］. 北京：商务印书馆，2003：116-117.

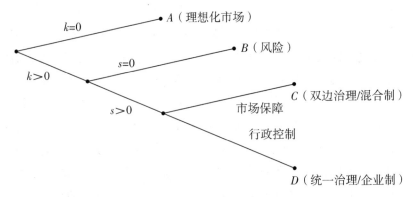

图 3-1　简单缔约模式

（资料来源：威廉姆森. 契约、治理与交易成本经济学［M］. 陈耿宣，译. 北京：中国人民大学出版社，2020：91-93）

综上，治理结构的选择需要权衡其在激励强度、官僚主义成本、协调性等方面的差异，并与交易属性所对应的治理结构相匹配，以节约交易成本、提高组织效率。引入契约治理理论，可以解释在农民专业合作社产业链垂直整合程度增加的背景下，随着专用性资产和交易成本的增加，合作社将如何选择最为适宜的治理结构（双边治理或统一治理），将如何影响社员参与；还可以解释合作社如何通过额外的保障措施，以优化合作社与社员的契约关系，防范契约风险。

3.2　理论分析

3.2.1　农民专业合作社产业链垂直整合的必要性

二战后，一些经济体纷纷将农业产业化作为改造传统农业的主要途径，农工商联合体和合作社构成了农业经营中普遍的组织形式。从现实来看，农业产业链垂直整合已成为农业经营趋势（张梅、邢蕾、颜华，2022）。首先，农业产业链垂直整合有利于提高农产品附加值、增加农民收入（韩喜艳、高志峰、刘伟，2019）。其次，农业产业链垂直整合有助于保障农产品质量。特定消费者群体通过中间商（或直接）与特定的生产者群体依照长期合约构建的供应渠道，有助于在生产者和经营者高度分散的背景下，解决"市场无法识别农产品信任特性"的问题（倪国华、郑风田，2014）。产前环节的农资统一购买、产中环节生产规程的统一实施以及产后环节的统一贴牌、运储，有助于实现农业标准化、专业化生产，保障农产品的质量安全（张学会，2014）。从理论视角来看，农民专业合作社产业链垂直整合的必要性体现在以下两个方面：

3.2.1.1　基于交易成本理论：降低交易成本

交易成本由 Coase（1937）在《企业的性质》一文中提出。他认为交易成本是交易主体通过市场机制组织交易所支付的成本，包括搜集信息、谈判、签约和履行契约的监督费用等。Coase 认为市场制和层级制是可以相互替代的资源配置方式，前者通过价格机制来实现资源配置，后者通过内部统一的、权威的命令来实现资源配置；当组织管理成本小于市场交易成本时，企业是合理的组织形式。Williamson（1985）认为交易成本与资产专用性、交易频率和不确定性三个方面息息相关，为适应不同交易应采用特定的规制结构，以达到降低交易成本、提高组织效率的目的。当资产专用性、交易频率和不确定性均很低时，应当选择纳入统一协调管理的层级制，这有助于防范套牢风险、降低交易成本。例如，少数经营实力较强的农民专业合作社采取发起企业的方式，增强了产业链后端加工、流通等环节控制，可以避免专用性资产"套牢"和准租金被占用，达到降低交易成本的目的[①]。

农民专业合作社实施产业链垂直整合有助于降低交易成本。首先，合作社与外部组织建立稳定联结或实行一体化经营等，降低了搜寻交易对象、信息获取、交易谈判等各项成本（陈超、徐磊，2020）；其次，合作社与其他各环节经营主体建立了相互信任关系，实现产业链生产、加工、流通环节的有机衔接，交易的不确定性大大减少，节省了契约执行监督成本，有助于增进产业链稳定性（张莹、肖海峰，2016）。

3.2.1.2　基于价值链理论：促进价值创造和竞争能力提升

Porter（1985）在《竞争优势》中提出价值链的概念，"企业的价值创造是通过一系列活动构成的，这些互不相同但又相互关联的生产经营活动，构成了一个不断实现价值增值的动态过程，即价值链"，而"每一个企业都

[①]　Klein（1978）在《垂直一体化、可被侵占的租金和竞争的合同过程》一文中明确了"准租金"的概念，即"潜在地可能被侵占的专用性部分，如果存在的话，是它的价值超过其他高价值认定用户所具有的价值的部分"，引自：克罗茨纳，普特曼. 企业的经济性质［M］. 孙经纬，译. 上海：格致出版社，2015：91.

是在设计、生产、销售、发送和辅助其产品的过程中进行种种活动的集合体。所有这些活动可以用一个价值链表示出来"。可见，价值链是产业链的内在价值形式，产业链是价值链的外在物理表现。

Porter（1985）解释说企业与企业的竞争，不只是某个环节的竞争，而是整个价值链的竞争，整个价值链的综合竞争力决定企业的竞争力。他认为："消费者心目中的价值由一连串企业内部物质与技术上的具体活动与利润所构成，当你和其他企业竞争时，其实是内部多项活动在进行竞争，而不是某一项活动的竞争"；"企业价值链与供应商价值链和渠道价值链之间也存在着关联"，这称为"纵向关联"；"供应商价值链和企业价值链之间的关联为企业提升自己的竞争优势提供了条件。"因此，任何经济组织仅能截取整个价值链上的一段，从事社会化分工体系下的某一部分活动，拥有局部环节优势，而不可能拥有全部优势，各个主体开展合作有助于达到共赢的协同效应（刘贵富，2006）。农业价值链建设要求将农产品产前供应体系、产中生产体系、产后加工和服务体系上的经营主体共同纳入一条关系链（何得桂、公晓昱，2021）。农民专业合作社推进产业链垂直整合，能与产业链上下游的企业、专业大户等形成良性协作关系，实现能力和优势互补，也能以较低成本购置农药、化肥等农业投入品，降低生产要素投入；还能以某种契约或一体化机制实现与加工环节、流通环节以及终端消费者的衔接，有针对性地根据需求变化组织生产，从而实现供需匹配，这有助于提升市场竞争力。

学者施振荣在1992年提出了产业微笑曲线理论。产业微笑曲线理论认为产业链前端的研发与设计环节、后端的营销与服务环节附加值更高，中端的生产制造环节可以获得的附加值较少。产业微笑曲线理论可用以解释价值链上不同环节的价值构成。许多学者认为农业领域同样存在价值链微笑曲线（桂寿平、张霞，2006；钟真、王舒婷、孔祥智，2017），生产环节的价值贡献度，位于"微笑曲线"的底端，技术研发、加工、物流和品牌营销的价值贡献度较高，位于"微笑曲线"的两侧。推进产业链垂直整合意味着农民专业合作社以契约联结、合资建设、自主建设等实现对农资、农产品加工、销售、品牌等环节的参与或占领，有助于实现对高额附加值部分的分享，摆脱在利润分享中仅处于生产环节的不利局面。

3.2.2 农民专业合作社产业链垂直整合与社员参与

本节分析了农民专业合作社产业链垂直整合如何影响社员参与，还分析了在产业链垂直整合深化背景下合作社与社员之间的相互依赖性的变化。本节具体从两个方面阐述:一是从合作社角度分析合作社对社员参与的需求是否会变化;二是从社员角度分析在合作社产业链垂直整合深化背景下,社员参与合作社的意愿是否会增强。

3.2.2.1 合作社对社员参与的需求

随着农民专业合作社产业链垂直整合程度的提升,合作社对社员的依赖会加深,合作社希望社员配合它的经营活动。具体而言,允分的社员参与可以满足合作社以下三个方面的需求:

1. 原料供应需求

农民专业合作社在完善产业链条、解决销售难题之后,稳定、优质的初级农产品供给成为其面临的新问题。在初级农产品供应上,因合作社难以具备家庭经营在生产中的灵活决策优势并解决监督困难、边际要素贡献难以衡量等问题(钟文晶、罗必良,2015),合作社难以摆脱对社员家庭经营的依赖,需要与社员建立密切的产品合作关系,从而保证充足、持续的农产品原料供给。除了保障农产品原料持续供应之外,还需要保障农产品供给的质量。因为一旦出现农产品质量问题,就会造成合作社前期投资的供应链渠道萎缩以及农产品品牌、商标、美誉度等无形资产的沉没,使合作社遭受损失。

因此,在合作社产业链垂直整合程度加深的情况下,合作社不仅需要加强与社员之间的产品合作,还需要通过投资合作、管理合作等附加手段来强化社员与合作社之间的长期、稳定的契约关系,防范机会主义行为(如交售违约、抬高价格、农产品质量安全隐患等)所导致的内生交易成本增长。如此,才能避免合作社遭遇加工原料不合格、销售渠道不畅、产品供应不稳定、质量安全等问题。

2. 风险防范需求

随着农民专业合作社产业链垂直整合程度加深,风险发生概率和风险冲击损失均同步增加。一方面,从风险发生概率来看,合作社所面临的风险种类会增加。由表3-3可见,以初级生产型合作社为例,其仅需承担生产环节的自然风险,而无须承担上游农资准备环节的道德风险;合作社主要通过类似于市场交易的方式实现产品销售,而产业链下游加工环节和存储环节的经营风险、运输环节的自然风险和意外风险、销售环节的市场风险和经营风险等也可由其他主体承担。而合作社产业链垂直整合程度一旦加深，上述风险将部分或全部由合作社承担。另一方面，风险冲击的损失更大。随着合作社产业链垂直整合程度加深，合作社经营的规模扩张，投资量加大，合作社面临的风险更加集中，风险可能给合作社造成的损害程度也加深。

表 3-3　合作社在农业产业链各环节面临的具体风险

农业产业链	具体环节	风险种类	具体表现	风险是否为新增
上游	农资准备	道德风险	种子、化肥、农药等假冒伪劣，环境污染风险	是
中游	生产	自然风险	自然灾害	否
下游	加工	经营风险	技术手段掌握不足	是
			加工原料不合格	是
	存储	经营风险	冷库设备环境风险	是
			作业规范风险	是
			库存管理风险	是
	运输	自然风险	自然灾害	是
		意外风险	交通限制、交通事故	是
	销售	经营风险	销售渠道和产品供应稳定性	是
			质量安全风险	否
			品质管理风险	是
		市场风险	市场价格波动	否

资料来源：张梅，邢蕾，颜华. 农业产业链下农民合作社风险机制研究：基于资产专用性的角度［J］. 农林经济管理学报，2022，21（1）：1-9. 有部分增删修改。

农民专业合作社产业链垂直整合程度加深及其所面临风险的增加将深刻影响合作社行为。合作社需要完善其与社员之间的风险共担机制，改变仅少数核心社员独担风险的局面，增强合作社应对风险冲击的能力。

3. 内源融资需求

随着农民专业合作社产业链垂直整合的深化，合作社统一安排农资供给以及仓储建设、商品化处理、加工等均需投入大量资金。资金门槛的跨越成为产业链垂直整合深化的先决条件。但是，多数合作社的外部融资明显受到约束。在金融机构看来，合作社更像是"领办人所有的企业"，其资金借贷在很大程度上取决于领办人的个人信誉、偿还能力、经济实力等（刘冬文，2018）；合作社外部融资还面临着缺乏足够的抵押物的约束（杨军、张龙耀，2013）。在外部融资受限的背景下，让普通社员投资合作社，拓展合作社的内源融资渠道是合作社的可行选择之一。资金需求量增大导致低门槛或无门槛条件入社无法满足合作社需求，抬高入社门槛成为合作社的合理选择。与此同时，一些合作社也会引导社员进行二次投资。

3.2.2.2　社员参与合作社的需求

社员参与合作社的需求主要源于合作社对社员的利益惠及度的增长。农户会基于自身利益作出行为选择。农户在"价值输入"的农业投入品购买和"价值输出"的农产品销售中均处于不利地位，小农户有与其他经营主体建立经济与社会联结、摆脱生产困境的动力（潘璐，2021）。小农户的合作需求产生于合作社组织形式对农业生产经营条件的改善；而合作社产业链垂直整合强化了合作社维护社员利益的能力。具体而言，合作社产业链垂直整合深化会从价值增值、长期契约两方面影响社员参与。

1. 价值增值

本节将引入数理模型，探讨在农民专业合作社产业链垂直整合度较高和产业链垂直整合度较低两种情况下社员收益变化及其对社员参与的影响情况。假设合作社与社员事先签订契约，社员承诺向合作社销售产品。在后续交易中，社员存在履约与违约两种选择。若在市场价格超过合作社收购价格，且合作社与社员之间的交易缺乏额外保障机制的条件下，社员极易选择违约。假定 P_i 为合作社收购社员所提供农产品的价格，P_m 为通过市场渠道的售价，Q 代表数量。则社员履约即通过合作社销售时的收益 π_{i0} 为：

$$\pi_{i0} = P_i \cdot Q \tag{3-1}$$

社员违约即通过市场销售产品时，其所获得的收益 π_{i1} 为：

$$\pi_{i1} = \eta \cdot P_i \cdot Q + (1 - \eta) \cdot P_m \cdot Q \tag{3-2}$$

其中，$\eta(0 \leqslant \eta \leqslant 1)$ 代表社员与合作社交易的比例，$1 - \eta$ 为社员通过市场销售的比例。则社员违约的收益为：

$$\omega_i = \pi_{i1} - \pi_{i0} = \eta \cdot P_i \cdot Q + (1 - \eta) \cdot P_m \cdot Q \tag{3-3}$$

接着讨论在产业链垂直整合条件下社员违约的收益变化情况。假定随着合作社产业链垂直整合程度提高，合作社销售渠道得以畅通，社员提供给合作社的农产品单位售价增长 Δp，其中 $\gamma(0 \leqslant \gamma \leqslant 1)$ 为社员从单位农产品溢价中获得的部分，$(1 - \gamma)$ 为合作社从单位农产品溢价中提取的公积金部分，则社员履约时的收益为：

$$\pi_{j0} = (P_i + \gamma \Delta p) \cdot Q \tag{3-4}$$

若社员通过市场销售的收益 π_{j1} 为：

$$\pi_{j1} = \eta \cdot (P_i + \gamma \Delta p) \cdot Q + (1 - \eta) \cdot P_m \cdot Q \qquad (3-5)$$

由此，社员违约收益为：

$$\omega_j = \pi_{j1} - \pi_{j0} = (\eta - 1) \cdot (P_i + \gamma \Delta p) \cdot Q + (1 - \eta) \cdot P_m \cdot Q$$
$$\qquad (3-6)$$

结合式（3-3）和式（3-6），对比在合作社产业链垂直整合程度较高和较低两种情况时的社员违约收益，即 $\omega_j - \omega_i$。经整理，可得：

$$\omega_j - \omega_i = Q \cdot [\gamma \cdot (\eta - 1) \cdot \Delta p - P_i] \qquad (3-7)$$

由前文 $0 \leqslant \eta \leqslant 1$，可知恒有 $\gamma \cdot (\eta - 1) \leqslant 0$，则恒有 $\omega_j - \omega_i < 0$。因此，可知在产业链垂直整合程度较高的情况下，社员违约所得的收益一定小于产业链垂直整合程度较低状态的收益。

2. 长期契约

农民专业合作社产业链垂直整合程度提高意味着合作社发展困境的摆脱，合作社发展的持续性增强意味着社员可以与合作社建立长期关系，合作社可以持续惠及社员。杨小凯和黄有光（1999）指出在长期重复博弈中，从自利角度出发的最优策略是永远合作下去，对长期信誉的考虑可以使非合作对策产生合作的结局。因此，合作社与社员之间的契约的长期性特征也会间接抑制社员的机会主义行为。

接下来，我们考察社员在考虑未来长期收益的条件下的行为选择。

如前文所述，社员一次履约收益为 $P_i \cdot Q$，其单次违约损失为 Θ，如果社员选择违约，则其损失为几次乃至于无数次博弈（交易）中的收益之和。则有：

$$\Theta = \lim_{n \to \infty} \sum_{t=0}^{n} \frac{P_i Q}{(1 + r)^t} = \left(1 + \frac{1}{r}\right) \cdot P_i Q \qquad (3-8)$$

其中，r 为贴现率，t 为博弈（交易）的次数，$t = 1, 2, \cdots, n$。则社员一次违约带来的收益为 $\left(1 + \frac{1}{r}\right) \cdot P_i Q$。对比社员违约收益和损失，可为：

$$\omega_i - \Theta = \eta \cdot P_i \cdot Q + (1 - \eta) \cdot P_m \cdot Q - \left(1 + \frac{1}{r}\right) \cdot P_i Q$$

$$= (\eta - 1) \cdot (P_i - P_m) \cdot Q - \frac{1}{r} \cdot P_i \cdot Q \qquad (3-9)$$

易知，在社员违约的条件下，一定有市场价格 P_m 大于合作社收购价

格 P_i，则必然有社员违约收益减去社员违约损失 $\omega_i - \Theta < 0$。因此，在长期契约条件下，出于对未来利益的考虑，谨慎选择违约、保持与合作社之间的良性契约关系是社员的合理选择。

综上，合作社产业链垂直整合程度提高，能够显著惠及社员。同时，除农产品营销获利、按惠顾额返还之外，合作社还能通过股份分红、务工工资等以及低价优质农资、技术培训等隐性方式惠及社员。社员若得到合作社的发展红利，将会与合作社建立密切信任、产生互惠行为，社员将服从农民合作社安排并投资合作社（刘宇翔，2012；王操，2020）。

合作社产业链垂直整合与社员参与的关系如图 3-2 所示。

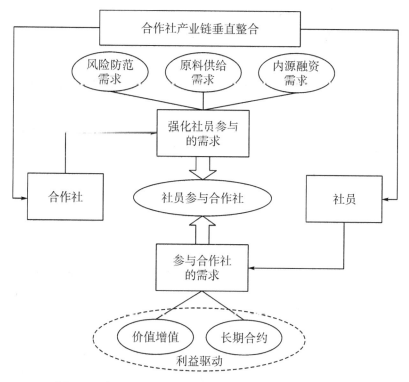

图 3-2　合作社产业链垂直整合与社员参与的关系示意图

回顾本节内容可以看出，随着农民专业合作社产业链垂直整合程度提高，合作社将产生原料供给需求、风险防范需求、拓展融资渠道需求，唯有社员充分参与才能满足合作社的上述三个方面的需求；同时，合作社产业链垂直整合极有可能带来对社员惠及程度的提升，驱使社员愿意惠顾合作社业务、参与合作社事务。借用 North（1990）的观点，"只要信守承诺对于双方都更为有利，契约就能自我实施"①。换言之，对于合作社而言，让社员参与合作社事务能满足合作社的一些发展需求，合作社也愿意让社员惠顾合作社业务、让社员投资合作社以及适度下放管理权利；对于社员而言，只要参与合作社有利可图，社员与合作社建立密切联结的意愿就会增强。

因此，本书提出如下假设：

H_1：合作社产业链垂直整合将促进社员参与。

H_{1a}：合作社产业链垂直整合将促进社员投资参与。

H_{1b}：合作社产业链垂直整合将促进社员产品参与。

H_{1c}：合作社产业链垂直整合将促进社员管理参与。

同时，如前文所述，收益增长是社员更加充分地参与合作社的动机，由此还可以提出以下假设：

H_2：社员收益增长在合作社产业链垂直整合对社员参与的影响中起正向中介效应。

H_{2a}：社员收益增长在合作社产业链垂直整合对社员投资参与的影响中起正向中介效应。

H_{2b}：社员收益增长在合作社产业链垂直整合对社员产品参与的影响中起正向中介效应。

H_{2c}：社员收益增长在合作社产业链垂直整合对社员管理参与的影响中起正向中介效应。

3.2.3 合作社产业链垂直整合、合作社制度变迁及社员参与

本节从交易成本的视角出发，分析随着产业链垂直整合程度提高，农民专业合作社内部的交易成本为什么会增加，合作社的制度为什么会出现变迁，合作社的制度安排会怎么变迁，以及合作社的制度变迁对社员参与产生什么样的影响。本书认为，合作社的制度变迁是完善合作社与社员之间不完全契约、增强交易关系稳定性的手段之一。

3.2.3.1 产业链垂直整合与合作社交易成本增加

农民专业合作社就是一种将农户外部交易内部化的治理结构（王礼力，2014）。

---

① 诺斯. 制度、制度变迁及经济绩效 [M]. 杭行, 译. 上海：格致出版社, 2014：66.

合作社这一组织形式创新的重要价值在于将市场主体之间的外部性交易转化为合作社与社员之间的非外部交易，降低了生产、流通环节等的交易成本（林坚、马彦丽，2006；韩国明、周建鹏，2008；蔡荣，2011）。合作社虽然降低了外部市场交易成本，但组织内部的交易成本依然存在①。例如，在信息不对称条件下，农业生产者可能为降低生产成本而牺牲农产品品质，或者为获取更高采购价格而不合理地夸大生产成本，或者在市场行情较好、外部交易价格更高的情况下，将产品销售给除合作社以外的其他主体（秦愚，2014）。

在合作社产业链垂直整合加强的过程中，合作社内部的交易成本呈增加趋势。引入交易成本经济学能够解释合作社内部的交易成本变化情况。Williamson（1979，1985）认为交易成本由交易属性决定，交易属性包括资产专用性、交易频率和交易不确定性②。合作社产业链垂直整合改变了合作社与社员之间的交易属性。具体分析如下：

第一，随着合作社产业链垂直整合的深化，合作社的专用性资产数量增加。在 Williamson（1971）看来，影响交易成本的首要因素为专用性资产。随着合作社产业链延伸，合作社将兴建仓储冷链厂房、购买和加工机器设备、建立营销渠道、购置农机服务设备等，从而形成大量物质专用资产。合作社管理人员也需要适应管理环节变化，更新和掌握生产管理、品质把控、产品营销乃至于争取外部社会资源等知识和技能，从而形成人力专用资产。生态产品稀缺性凸显，消费者对绿色生态农产品的需求增加，市场激励会诱导合作社投资产品标识、绿色生产技术等，形成无公害农产品、生态农产品、有机农产品，促使合作社形成农产品品质专用资产（特定用途的专用性资产）。可见，合作社产业链垂直整合程度加深，会造成合作社专用实物资产、专用人力资产以及品质认证专用性资产等的增加。若不能防范或减少社员的机会主义行为，合作社面临着更大的、潜在的套牢风险。

---

① 传统观点认为，企业是对市场的替代，交易成本不包括组织成本。Williamson 发展了交易成本思想，将企业组织成本也看作交易成本，这样就可以比较企业与市场的交易成本，进行企业结构的选择（张亚强，2011）。

② Williamson 所分析的"交易成本"为内生交易成本。Williamson 延续了 Coase"对人类行为的研究应当从现实中的人出发"的理念，认为人具有有限理性和机会主义行为的特征，加之，现实中的契约普遍为不完全契约，由此造成交易成本产生。这符合杨小凯、张永生（2019）的机会主义和利益争夺导致内生交易成本产生的理论解释。

第二，交易频率加快，社员机会主义行为发生概率加大。随着合作社产业链垂直整合的深化，产、加、销各环节之间的衔接得以加强，生产与市场之间的信息不对称问题得以缓解，流通环节交易成本得以压缩，这将带来合作社与产业链下游的企业和消费者的交易量扩大，相应地会要求合作社与社员之间的交易频率加快，以满足合作社日益增长的业务量需求。在交易频率加快的条件下，社员机会主义行为（例如交易违约、交易产品品质不合格等）的发生概率也会随之加大，从而带来交易成本的增长。

第三，交易不确定性依然存在，其带来的影响加大。Williamson（1979）认为，不确定性只是在一定条件下才会对经济组织产生影响。对于标准化的交易，无论不确定性有多大，市场治理均能有效地解决，而"一旦引入资产专用性这一概念，情况就会发生变化。这是因为，既然交易的连续性现在已具有重要作用，那么，随着有关不确定程度逐渐增大，通过'未雨绸缪'的治理结构来组织各种交易就变得日益迫切。如果专用资产的交易得不到治理结构的保护和支持，就会形成代价高昂、久拖不决、彼此格格不入的局面"[①]。换言之，在专用性资产较少或不存在的情况下，不确定性对经济组织的作用较小；而在专用性资产较多的情况下，不确定性对经济组织的作用较大。就合作社而言，合作社与社员签订的是不完全契约，同时，参与合作社的各方具有独立的资产和决策权，社员是独立的种养生产单位（Menard，2004），加之，传统小农户经营规模普遍小、收益水平低，违约带来的损失对其影响较小，导致其较少存在违约顾虑。当单个社员（单个生产者）与合作社（集体）之间存在利益不一致性，社员的机会主义行为就会发生。在合作社产业链垂直整合程度提高、合作社专用性资产增多的条件下，社员机会主义所带来的交易不确定性给合作社造成的损失大大增加，因此，合作社内部的交易成本大大升高（如图3-3所示）。

---

① 威廉姆斯. 资本主义经济制度 [M]. 北京：商务印书馆，2018：121.

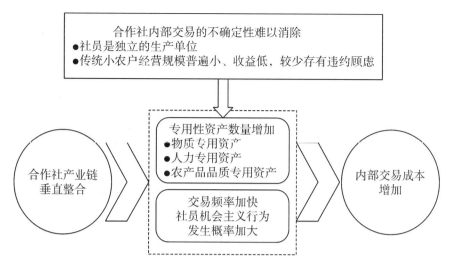

图3-3　产业链垂直整合背景与合作社内部交易成本

在合作社产业链垂直整合深化的背景下，专用性资产增加导致合作社被"敲竹杠"的风险的增加，频繁的交易导致社员机会主义行为发生的概率加大，如果不能有效保障合作社与社员之间的契约关系、减少或杜绝社员的机会主义行为，这一不确定性因素将给合作社造成产品交易阻滞损失。总体上，合作社交易成本呈增加态势。

3.2.3.2　合作社制度变迁的诱致动力

本书引入制度变迁理论阐释在产业链垂直整合深化背景下合作社组织变迁的动力机制。同时，产业链垂直整合更多的是改变了合作社的现有和潜在的盈利水平，因此，本书认为，产业链垂直整合所带来的是合作社制度安排和行动主体自发实施的诱致性制度变迁。

North（1981，1990）指出制度变迁源于制度不均衡条件下的潜在利润产生，而潜在利润主要来源于由规模经济所带来的效益、由外部经济内在化带来的利润、克服对风险的厌恶、对交易成本的降低和转移。据此，产业链垂直整合对农民专业合作社内部制度变迁的影响因素可归纳为以下四个方面：一是规模经济效益。紧密衔接的农业产业链条破解了生产端与需求端不畅通的问题，同时也带来了合作社内部交易量的增加，形成规模经济效益。二是外部经济内在化所带来的利润。产业链垂直整合通过压缩中间环节、提高谈判议价能力等方式，节省了外部市场交易成本，有助于提升合作社效益。三是转移和降低风险。如3.2.2.1节所述，合作社产业链向上、下游拓展意味着其所面临的风险增加，合作社需要优化内部制度和成员关系，以提高抵御风险的能力。四是降低交易成本。为降低社员机会主义行为带来的内生交易成本，合作社需要优化契约治理结构，强化对普通社员行为的激励与约束。

为进一步地分析产业链垂直整合对农民专业合作社制度的影响，特引入数理分析。在展开分析之前，提出以下三个假定条件：

第一，根据交易成本经济学，社员是具有机会主义和有限理性特征的"契约人"。有限理性加上状态依存下的机会主义，导致"所有复杂的契约都不可避免地变得不完全了（由于有限理性）""契约风险无处不在（由于机会主义）"[①]。社员希望改善自身处境并尽可能地增加收入，有可能出现追求自利的机会主义行为。

第二，合作社内部的社员构成具有异质性特征。社员大致可分为核心社员和普通社员——前者资源禀赋丰富、能力水平较强，参与合作社经营的程度较高；后者实力较弱，参与能力有限，参与合作社经营的程度偏低。为方便讨论，我们结合实际，假定合作社由少数核心社员和多数普通社员共同组成。

第三，合作社仅提供农产品销售这种最为常见的服务，且合作社仅销售一种农产品，所销售农产品无质量上的差异。

在上述三个假定的基础上，农民专业合作社的收益状况可以用如下函数来表示：

$$\pi_{j0} = u \cdot P \cdot Q - F \tag{3-10}$$

在式（3-10）中，π_{j0} 代表合作社的总利润；$u \cdot P \cdot Q$ 代表合作社从农产品销售服务中所获得的收益，其中 P 代表每一单位农产品销售中所获得的净收益，Q 代表合作社销售农产品的数量；u 为合作社从每一单位农产品销售中所获得收益的提取部分；$(1-u)$ 为社员从每一单位农产品销售中所获得收益部分；而 F 代表合作社内部的交易成本。

随着农民专业合作社产业链垂直整合程度的提高，合作社的收益函数就变为：

$$\pi_{j1} = u(P + \Delta P) \cdot (Q + \Delta Q) - (F + \Delta F) \tag{3-11}$$

---

① 威廉姆森. 契约、治理与交易成本经济学［M］. 陈耿宣，译. 北京：中国人民大学出版社，2020：121-122.

其中 π_{j1} 表示在产业链垂直整合程度提高后的合作社净利润。根据交易成本理论、价值链理论，产业链垂直整合有助于节约合作社与产业链上、下游经营主体之间的交易成本，增加合作社产生收益的环节，因此，ΔP 表示合作社从每一单位农产品销售服务所获收益额的增加量；由于产业链上、下游环节经营主体之间的壁垒得以突破，农产品滞销问题得以解决或缓解，合作社销售量会增加，ΔQ 代表合作社农产品销售量的变化；ΔF 表示合作社交易属性（专用性资产、交易频率等）变化所带来的交易成本增加。综合式（3-10）和式（3-11），合作社的净利润增长 $\Delta \pi_j$ 为：

$$\Delta \pi_j = u \cdot \Delta P \cdot (P + Q + \Delta Q) - \Delta F \qquad (3\text{-}12)$$

式（3-12）表明：①合作社的利润取决于是否存在 $u \cdot \Delta P \cdot (P + Q + \Delta Q) \geqslant \Delta F$，当 ΔP、ΔQ 较大而 ΔF 较小时，产业链垂直整合给合作社带来的好处较多，且所带来的交易成本增长幅度较小，合作社的盈利水平较高；②ΔP、ΔQ 是合作社推进内部制度变迁的动力，ΔP 来源于外部收益内在化，ΔQ 来源于规模经济效益；③降低交易成本（即降低 ΔF）是合作社实施制度变迁的重要目的之一。

3.2.3.3　合作社产业链垂直整合、契约治理结构调适与社员参与

上节得出了降低交易成本是合作社实施制度变迁的目的之一的结论。本节将探讨降低交易成本，合作社与社员之间的契约治理结构将朝着何种方向变化，契约治理结构变化又会对社员参与产生什么影响。根据 Williamson 所提出的契约治理理论，随着专用性资产和交易成本增加，农民专业合作社既有可能采取统一治理结构，也可能选择继续优化双边治理结构。接下来，我们对这两种情况分别予以讨论：

1. 情况一：合作社采取统一治理结构，将排斥社员参与

Williamson 所提出的契约治理结构理论指出，当资产专用性、交易频率、不确定性均较高时，合作社适宜采取统一治理结构。Williamson（2010）具体解释道："对于那些涉及大量专用性资产投资而且（由于有限理性）受到契约不完全性限制的交易，可以预见，随着双方在交易中相关利益的增加，双方的合作一定会出现缺陷，一旦遇到重大干扰，双方就有可能产生背离行为。对于这种交易，通过引进层级制（统一治理结构）实现统一所有权来实施协调性适应将会非常有效。"[1]

---

① 威廉姆森. 契约、治理与交易成本经济学［M］. 陈耿宣，译. 北京：中国人民大学出版社，2020：14-15.

合作社产业链垂直整合将带来专用性资产增加和交易频率加快，若社员的机会主义行为不能得到抑制，交易不确定性较大，则合作社宜采取统一治理结构，从而排斥普通社员投资，导致合作社产权集中度增加。同时，结合当前合作社发展现实，将剩余控制权配置给专用性资产较多的主体（一般为少数核心社员），有助于降低专用性资产投资主体再谈判时被"敲竹杠"的风险，避免专用性资产投资激励扭曲；同时，对于专用性资产投资更多的一方，也倾向于获取更多剩余控制权（张梅、邢蕾、颜华，2022）。

因此，随着专用性资产增加、交易成本加大，合作社将采取统一治理结构。相应地，合作社在产权结构、运行机制等方面向投资者导向企业转变，合作社的共有产权特征被弱化，合作社排斥普通社员的投资参与，同时削弱普通社员的剩余控制权，并组织内部统一的生产安排替代合作社与社员之间的产品交易，可见，社员的产品参与和管理参与也会随着社员投资参与的被排斥而同步弱化。本书提出如下假设：

H_3：资产专用性在合作社产业链垂直整合对社员参与的影响中起负向中介效应。

H_{3a}：资产专用性在合作社产业链垂直整合对社员投资参与的影响中起负向中介效应。

H_{3b}：资产专用性在合作社产业链垂直整合对社员产品参与的影响中起负向中介效应。

H_{3c}：资产专用性在合作社产业链垂直整合对社员管理参与的影响中起负向中介效应。

2. 情况二：合作社采取双边治理结构，将强化社员参与

选择统一治理结构的代价是额外官僚成本的增加。Williamson（1998）认为统一治理结构存在以下问题：①内部组织（大企业）无法在激励强度方面效仿小企业（市场收购）的经验；②永远保持干预但只有正当理由（的选择性干预）的协议是愚蠢的，因为它没有强制执行力[1]。简而言之，统一治理结构能够取得更高的效率需要满足两个条件：一是具有较高的激励强度，二是具有较强的控制能力。但这两个条件在农业生产中均较难实现：第一，农业以动植物为生产对象，产出依赖于光照、土壤、水源等自

---

① 威廉姆森. 契约、治理与交易成本经济学 [M]. 陈耿宣，译. 北京：中国人民大学出版社，2020：154-155.

然条件，生产过程难以标准化，导致劳动边际贡献难以衡量，监督成本高昂。采用统一治理结构很难对劳动贡献进行精准激励，易出现逆向激励、"磨洋工"现象。因此，"组织具有较高的激励强度"条件不满足。第二，农事活动必须根据生物需要指令展开，内生出灵活的信息决策机制的需求，决定了与之相对应的经济组织不可能是大规模的，却与家庭经营的灵活性特征相容（罗必良，1999），因此，"组织较强的控制能力"这一条件也不满足。

综上，若采用统一治理结构（合作社转化为投资者企业），会导致生产激励不足、经营灵活性不够、官僚主义成本增加等诸多问题，无法适应农业产业特点。因此，在农业生产中，即便是在合作社专用性投资较大、交易频率较高的条件下，统一治理结构难以取代双边治理结构，这也能解释为什么大型农场多以订单或合同的形式并借助小农家庭及其辅助性劳动力来为其进行农业生产（黄宗智，2012）。而在资产专用性强化了双边依赖（Williamson，1998）的条件下，通过完善交易保障措施、优化双边治理结构，实现高能激励与有效控制兼容，从而确保契约顺畅、持续执行则不失为一项合理选择①。

3.2.3.4 合作社产业链垂直整合、契约保障机制优化与社员参与

Williamson（2010）指出，契约交易的额外保障措施包括信息披露和审计、争议解决机制以及抵押品等，这些形成可信的承诺，避免与交易相关的契约风险泛滥。罗必良（2020）提出"以契约治理契约"的思想，即匹配新的契约，使原有不完全契约得以执行。为增强合作社与社员之间的契约的稳定性，这就需要启动契约关系治理机制，在契约中嵌入激励与行为约束机制，同时增强交易的可置信承诺。根据交易成本经济学，合作社与社员之间的契约保障机制包括以下两个方面：

1. 设置抵押品：强化社员行为约束

设立抵押品是重要的契约保障措施之一。Williamson（1985）认为"抵押品的各种经济等价物被广泛用于支撑可信承诺"，"抵押品既能发挥事前（甄别）作用又能发挥事后（担保）作用"②。在 Williamson（1985）

---

① 如 3.1.5 节 "图 3-1 简单缔约模式" 所示，为降低契约风险，点 C、点 D 处提供了额外的契约支持。若点 D 处面临激励不足、管理协调不力等问题，也可以通过选择点 C 处的双边治理结构。

② 威廉姆森. 治理机制［M］. 石烁，译. 北京：机械工业出版社，2016：123-125.

构建的抵押模型中，抵押品专门用于中间品的交易，其作用在于承诺自己将信守合同，否则，抵押的价值对方将不予认可。抵押品在不否定经济主体自主性的条件下，抑制当事人的机会主义行为，为交易行为长期化奠定基础。在市场机制中，抵押品被描述为互惠交易或需求方和生产方互相向对方的专用性资产投资，而在合作社这一中间性组织中，社员的投资可以视作一种抵押品。社员投资既包括社员直接投资以作为"人质"，也包括提取社员经营活动中所产生的部分盈余收益作为合作社公积金（秦愚，2014）。下面，将分别进行阐释：

（1）抵押品Ⅰ：社员直接投资

契约双方共同投资专用性资产，可以达到锁定契约双方的功能（Lohtia，Brooks，and Krapfel，1994；胡丹婷，2008；Wang，Huo，and Tian，2021）。一旦交易双方进行了专用性资产投资，在某种程度上，交易双方关系便实现了套牢（Hart，1989）。为稳定合作社与社员之间的交易关系，合作社可以选择促使社员投资共同的专用性资产。Milgrom & Roberts（1990）认为让契约方对自身专用性资产（如工厂）进行投资，能够抵消自身所承担的风险，防止自身被侵占准租金。罗必良（2012）认为农户专用性投资相当于设置了退出契约的高门槛，有助于维护契约稳定性。杨丹和刘自敏（2017）认为农户专用性投资有助于形成紧密的农社关系。因此，若社员投入专用性资产，其机会主义行为（如交易违约、抬高售价、农产品品质不达标等）将造成自身投资的损失，从而形成社员机会主义行为的反向约束，有助于增强合作社与社员之间的相互依赖性和合作稳定性（蔡四青，2005）。同时，社员对专用物质资产的投资，还可以减轻合作社的融资压力。

需要说明的是，社员对合作社专用性资产的投资，不仅包括物质或资金投资，也包括专用技术、特定农产品品种等投资。让社员投资合作社，密切了合作社与社员之间的利益关系，会连带驱使社员更多地惠顾合作社业务、参与合作社管理，从而驱使社员更加充分、全面地参与合作社。因此，本书提出如下假设：

H$_4$：资产专用性在合作社产业链垂直整合对社员参与的影响中起到正向中介效应。

H$_{4a}$：资产专用性在合作社产业链垂直整合对社员投资参与的影响中起到正向中介效应。

H_{4b}：资产专用性在合作社产业链垂直整合对社员产品参与的影响中起到正向中介效应。

H_{4c}：资产专用性在合作社产业链垂直整合对社员管理参与的影响中起到正向中介效应。

（2）抵押品Ⅱ：设立公积金

设立公积金可以被视作合作社的抵押品制度安排之一。《农民专业合作社法》（2017 年修订）第四十二条规定："农民专业合作社可以按照章程规定或者成员大会决议从当年盈余中提取公积金。公积金用于弥补亏损、扩大生产经营或者转为成员出资。"可见，公积金来源于社员对合作社的业务惠顾，是社员所创造盈利的一部分。虽然《农民专业合作社法》（2017 年修订）第二十八条也规定"成员资格终止的，农民专业合作社应当按照章程规定的方式和期限，退还记载在该成员账户内的出资额和公积金份额"，但社员仍然承担了资金存放合作社所带来的机会成本损失和利息损失。较多的实际情况是，合作社普遍难以退还全部公积金，这是由于公积金用于弥补亏损、扩大生产经营等，将形成流动生产成本、固定资产等，资产形态上的不可分性导致社员在退社时很难带走其在公积金中的全部贡献份额。在公积金设立的情况下，社员机会主义行为会造成自身投资的损失，机会主义行为的实施成本被加大。缴纳公积金是社员可信承诺的体现。因此，可以提出如下假说：

H_5：设立公积金在农民专业合作社产业链垂直整合对社员参与的影响中起负向中介效应。

H_{5a}：设立公积金在合作社产业链垂直整合对社员投资参与的影响中起正向中介效应。

H_{5b}：设立公积金在合作社产业链垂直整合对社员产品参与的影响中起正向中介效应。

H_{5c}：设立公积金在合作社产业链垂直整合对社员管理参与的影响中起正向中介效应。

2. 制度性信任：强化社员信赖激励

交易成本经济学认为，有效的交易在信赖得到可信承诺支持的情况下才能实现。契约双方需作出可信承诺，合作社承诺维护而非排斥或挤占普通社员利益；社员需要承诺不因一己私利而罔顾整体利益，从而避免合作社内部信任危机。从农民专业合作社发展现实来看，多数合作社内部联结松散，社员对合作社的关注度偏低，完善合作社与社员之间的契约关系需要重塑或增强社员对合作社的信任。Williamson（1993）将信任分为计算性信任、个人信任和制度性信任[1]，其中，制度性信任是指"契约所嵌入的社会和组织环境"，"交易总是在考虑制度条件（环境）的基础上被组织起来的"。

正式、规范的制度也是一种长期承诺，有助于使合作社赢得社员的信赖（Huber et al.，2013；席莹、吴春梅，2017），有助于提振合作意愿弱的社员的合作信心，取得良好的激励效果。合作社制度还类似于 Klein et al.（1978）所介绍的"隐性长期合同""终止预期会给对方造成资本损失的业务"，若合作社中止契约或违约将造成制度建设的"沉没成本"损失[2]。因此，合作社的制度是不完全契约得以有效执行的补充机制，也是增强合作社的可置信性承诺。本书将制度界定为决策、监督、分配、生产管理、销售管理五个方面。其中，让社员参与合作社的民主决策、赋予社员民主监督权力、完善盈余分配制度等，是合作社"民有、民建、民受益"原则的体现；完善的生产管理制度和销售管理制度，则是合作社良好服务能力的体现。因此，本书可提出假设：

H_6：制度建设在合作社产业链垂直整合对社员参与的影响中起正向中介效应。

H_{6a}：制度建设在合作社产业链垂直整合对社员投资参与的影响中起正向中介效应。

H_{6b}：制度建设在合作社产业链垂直整合对社员产品参与的影响中起正向中介效应。

H_{6c}：制度建设在合作社产业链垂直整合对社员管理参与的影响中起正向中介效应。

合作社产业链垂直整合、制度变迁以及社员参与的机理如图 3-4所示。

---

[1] 计算性信任和制度性信任被 Williamson 界定为"作为行为模式的信任"，个人信任被界定为"作为热情的信任"。具体而言，计算性信任是指"为控制其他主体或代理人的自由度，而或多或少有意识的选择性策略"（Dunn，1988）；个人信任具有缺乏监督、往好处想或宽容倾向以及分立性等特征，"家庭、朋友和爱人这些特殊的关系"属于典型的信任。引自：威廉姆森. 契约、治理与交易成本经济学 [M]. 陈耿宣，译. 北京：中国人民大学出版社，2020：121-122.

[2] 克罗茨纳，普特曼. 企业的经济性质 [M]. 孙经纬，译. 上海：格致出版社，2015：94-96.

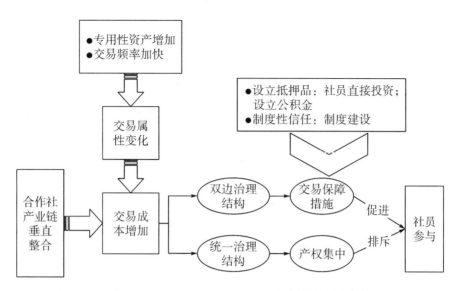

图 3-4 合作社产业链垂直整合、制度变迁以及社员参与机理图

图 3-4 显示了农民专业合作社产业链垂直整合通过契约治理结构调适、契约保障机制优化影响社员参与的情况。随着合作社产业链垂直整合程度的提高，专用性资产增加，交易频率加快，为抑制内部交易成本的增加，以统一治理结构代替双边治理结构，合作社将转化为企业，这会排斥社员参与。但统一治理结构具有"低度激励+高度控制"的特征，在农业生产中，劳动者的生产贡献极难精准量化，可能导致生产激励不足；高度控制又意味着难以适应农业的灵活生产特点，因此，延续双边治理结构、完善交易保障机制来弥补不完全契约缺陷是一项合理选择，能降低交易成本。完善民主决策、监督、分配、生产管理、销售管理等制度有助于增强社员对合作社的信任，取得良好的激励效果；而设立公积金则形成了社员向合作社投资的抵押品，社员机会主义行为会造成自身利益的损失，机会主义行为的实施成本被加大。

3.2.4 农民专业合作社产业链垂直整合对合作社绩效的影响

农民专业合作社产业链垂直整合在一定程度上是对外部农业产业链整合趋势的应对。合作社产业链垂直整合会对合作社绩效产生以下四个方面的影响：第一，根据交易成本理论，农民专业合作社产业链垂直整合以更有效率的契约安排或一体化机制来解决不完全契约问题，减少产业链上、下游环节不同市场主体的机会主义的侵害，在一定程度上免除内生交易成本；同时，合作社产业链垂直整合还降低了信息沟通、交易对象搜寻、谈判、契约签订等外生交易成本[①]。第二，根据价值链理论，产业链垂直整合程度越深，合作社所参与的价值链向两端延伸的环节就越多，高附加值环节被囊括纳入合作社有助于提升合作社盈利能力（钟真、张琛、张阳悦，2017）。第三，产业链垂直整合还具有市场效应。一些学者注意到，产业链垂直整合会改变上、下游行业的市场结构。例如，当上游生产商对下游销售实施并购时，上游可以将竞争对手挤出销售网络，或者提高对手销售成本（冯晗，2016）。尽管农产品市场具有产品差异度较小、进入和退出门槛低等近似于完全竞争市场的特征，市场集中度较低，但农民专业合作社产业链垂直整合仍具有提高自身市场势力、改善自身不利地位的作用。例如，在产前的农资采购环节和产后的农产品营销环节以数量规模扩增来提升其博弈能力、议价能力。第四，产业链垂直整合还具有整合产业链上、下游资源的作用。产业链上、下游采取一致性的经营策略来实现供需衔接、整合异质性的知识和信息、实施协同创新等，能够更好地应对未来技术和市场的不确定性等（汪建、周勤、赵驰，2013）。产业链整合还可以实现产业链上、下游资源的合理配置和利用效率提升（李宇、王俊倩，2014），并将各方合作伙伴的核心能力进行整合（例如小农户的生产优势、合作社的组织优势、营销企业的渠道优势等），从而形成和提升竞争优势（刘贵富，2006）。

农民专业合作社产业链垂直整合程度的深化将从直接和间接两个维度影响合作社的社会绩效。

从直接维度来看，农民专业合作社产业链垂直整合程度的深化，将改变合作社资本和劳动的相对重要性和相对价格，从而对合作社绩效产生重要影响。在合作社产业链垂直整合取得重要进展、合作社有了一定积累之后，为确保产业链上、下游的有序运转，合作社需要充足、优质的农产品原料供给，在实施统一治理结构面临高昂的管理成本困境的条件下，家庭

---

① 杨小凯和张永生（2019）在《新兴古典经济学与超边际分析》一书中介绍了内生交易成本和外生交易成本。其中，内生交易成本由机会主义行为（欺骗、不可置信承诺等）引起，这导致分工的好处不能被充分利用，或使资源分配产生背离帕累托最优的歪曲。外生交易成本是指在交易过程中发生的费用，商品运输中所耗去的资源是一种直接外生交易成本；生产设施、通信以及交易过程中的交易设施（计算机、汽车、信用卡）等是一种间接外生交易成本。

经营模式的独特优势更加凸显，小农户劳动力的重要性更为突出，劳动力相对价格提升，这将倒逼合作社与社员农户建立紧密的契约联结，乃至于通过让渡部分管理权利、开放所有权结构、分享合作剩余来达到这一目的，这将带来合作社社会绩效的提升（马太超、邓宏图，2022）。如图 3-5 所示，若原有的平衡点为 E_0，当合作社产业链垂直整合程度提高时，劳动力的重要性日益增长，劳动力相对价格提升，合作社将强调公平价值、增加社员利益，社会绩效 s_0 曲线向右偏移，但这将导致合作社损失一部分经济绩效，经过无数次的利益权衡和利益博弈后，合作社最终达成"纳什均衡"状态，社会绩效曲线向右偏移至 s_1，最终的均衡点为 E_1。

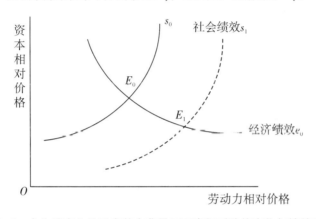

图 3-5 合作社产业链垂直整合背景下要素相对价格变化与绩效平衡

从间接维度来看，农民专业合作社产业链垂直整合意味着合作社经营领域的拓展，合作社能够为社员提供更多种类的服务，其服务功能得以增强，从而惠及当地社区、普通社员；合作社还能通过按交易额返还、股份分红等盈利价值反馈的方式将合作收益反馈给普通社员。

因此，可以提出如下假设：

H_7：合作社产业链垂直整合对合作社绩效具有正向影响。

H_{7a}：合作社产业链垂直整合对合作社经济绩效具有正向影响。

H_{7b}：合作社产业链垂直整合对合作社社会绩效具有正向影响。

3.2.5 产业链垂直整合和社员参与对合作社绩效的影响

本节将首先探讨社员参与对农民专业合作社绩效的影响，接着再分析社员参与在合作社产业链垂直整合对合作社绩效的影响中发挥什么作用。

3.2.5.1 社员参与对合作社绩效的影响

罗必良（2005）认为，影响经济组织绩效的因素包括内部参与者之间的相互协调与合作、调动经济组织内部各个参与者之间的积极性[①]。农民专业合作社的可持续发展也依赖于社员参与（梁巧、董涵，2019）。具体而言，社员参与对合作社绩效有着以下两个方面的影响：一是有助于促进内部资源的整合。分工和专业化深化带来经济组织各个参与者的知识均具有专用性，只有专用知识形成聚合力才能实现经济组织效率目标（罗必良，2005）。例如，合作社在市场、技术、政策等方面具有比较优势；社员在农业生产环节中具有比较优势。社员参与有利于整合合作社和社员各自的专用性知识，从而将社员的生产能力与合作社的技术、加工能力、市场渠道等有机结合，发挥各自优势，产生协同效应。二是有助于促进合作社运行效率的提高。充足的社员参与体现了社员的合作意愿与内部信任，能降低合作社管理成本，提高管理效率（邵科、黄祖辉，2014）。普通社员参与合作社事务，有助于增强其内部话语权，形成了对少数精英主导合作社事务状况的约束，可以避免组织决策和组织行为偏离组织目标。因此，社员参与有助于提升合作社绩效。

3.2.5.2 社员参与作为中介效应的分析

结合农民专业合作社产业链垂直整合对合作社绩效的影响，社员参与起到了以下两个作用：其一，社员参与通过帮助合作社拓展价值链来改进绩效。Alchian 等（1972）将企业作为一组契约、长期契约看待，而将市场作为多组契约、短期契约看待。合作社以章程、合同来约束社员，也是一组契约安排（刘骏 等，2018），社员参与合作社事务体现了社员对其与合作社之间契约的履行。社员如果按照合作社的农事操作要求、技术标准开展生产，依据合作社反馈的市场信息调整和优化生产安排，还能够起到升级产品结构、优化产品质量等作用，这有助于合作社与产业链上、下游各环节的经营主体建立稳固的联系。其二，社员参与通过帮助合作社获得市场势力来改进绩效。在生产规模的合理区间，社员在农资采购、产品销售等方面惠顾合作社业务，有利于合作社取得规模经济效应、提高市场势力。综上，可提出以下假设：

[①] 罗必良（2005）在《新制度经济学》一书中指出，影响经济组织绩效的因素还包括：投资项目带动选择、经济组织的目标定位、实现目标的战略以及相应的组织结构与环境的相容性、企业家能力及其发挥。

H_8：社员参与在合作社产业链垂直整合对合作社总体绩效的影响中起中介效应。

H_{8a}：社员参与在合作社产业链垂直整合对合作社经济绩效的影响中起中介效应。

H_{8b}：社员参与在合作社产业链垂直整合对合作社社会绩效的影响中起中介效应。

3.2.5.3 合作社产业链垂直整合与社员参与的交互效应分析

社员参与对农民专业合作社产业链垂直整合具有正向影响。这表现在：第一，降低了交售产品违约或不及时、交售产品不合格等社员机会主义行为发生的概率，有利于合作社把控原料获取渠道，有利于价值流在产业链上、下游各环节的顺畅流动和产业链上、下游环节之间的协同，也有助于保障农产品质量安全。第二，充足的社员参与有助于在合作社内部形成风险共担机制，有助于合作社分散风险、增强风险抵御能力。第三，充足的社员参与为通过一定的机制设计和构建来整合农户闲散资金、为合作社跨越投资障碍提供了有利条件。结合前文关于合作社产业链垂直整合、社员参与以及合作社绩效三者的关系之间的分析，可提出以下假设：

H_9：合作社产业链垂直整合与社员参与在对合作社总体绩效的影响中起交互效应。

H_{9a}：合作社产业链垂直整合与社员参与在对合作社经济绩效的影响中起交互效应。

H_{9b}：合作社产业链垂直整合与社员参与在对合作社社会绩效的影响中起交互效应。

3.3 全书分析框架

本书利用制度影响理论的"状态—结构—绩效"（SSP 范式）构建"农民专业合作社产业链垂直整合—合作社制度变迁—社员参与—合作社绩效"的分析框架。本书之所以选择 SSP 范式构建分析框架，主要是出于以下考虑：首先，制度影响理论本身较为成熟，具有极强的权威性和可靠性，也具有较为广泛的应用，其逻辑链条较为完整，能够准确反映组织状态、组织结构、组织绩效三者之间的关系。其次，制度影响理论具有较好的适用性。作为制度影响理论的开创者，斯密德（2004）将该范式用于分析厂商组织形式选择。他认为资产专用性、不确定性以及制度结构等影响厂商绩效的实现，因此，应将制度影响理论用于分析厂商组织形式的选择。应若平（2005）利用 SSP 范式分析了合作社所处的基本状态、制度结构、经济主体的行为选择等对合作社运行绩效的影响因素；刘洁（2011）利用 SSP 范式分析了合作社契约模式选择的影响因素、契约模式选择对合作社绩效的影响；刘颖娴（2015）利用 SSP 范式分析了合作社纵向一体化的影响因素，以及合作社纵向一体化对合作社绩效的影响。

制度影响理论的 SSP 范式所要表达的含义是，在给定技术或状态（situation）的情况下制度 X 或者制度 Y（structure）对绩效（performance）的影响（斯密德，2004）。其中，"状态"（situation）是指"影响人们相互依赖的环境与产品的内在特性"（斯密德，2004）。在本书中，"状态"是指合作社产业链垂直整合程度的提高所带来的合作社与社员之间交易特性的变化，具体包括资产专用性、交易频率、不确定性等；交易特性不仅决定了交易成本的大小，也决定了人的相互依赖性以及行为选择，还决定了合作社的制度演进选择。"结构"（structure）是指"人们选择的制度方案"，结构是人们选择的结果，也"描述了人们之间的相互关系，界定了他们行为的相对机会约束"，"这些相互分享的、系统的结构"决定了人们可以选择的行动以及对他人行动的预期（斯密德，2004）。在斯密德（2004）看来，结构可以体现为正式法律（正式制度）或者人们的习惯（非正式制度）。在本书中，"结构"（structure）被界定为合作社的正式制度，具体为契约治理结构和契约的补充治理机制，是合作社为应对交易成本上升所选择的制度方案。"绩效"是指利益相关者或利益共享者对于福利的衡量和评价。在本书中，"绩效"（performance）是指合作社的绩效，根据合作社的本质性规定，具体分为经济绩效和社会绩效。

由斯密德所创立的制度影响理论（SSP 范式）仅是一般性的理论，具体到本书所研究的农民专业合作社，本书进行了以下调整。第一，加入"行为"（conduct）变量。"行为"（conduct）变量代表普通社员的参与行为，反映了合作社的凝聚力和黏合程度大小。其逻辑依据体现在：首先，人的相互关系是制度影响理论的分析出发点，加入人的"行为"（conduct）变量将人的相互关系具象化。"状态"（situation）从技术特性上决定了人们的相互依赖性，"结构"（structure）决定了人们的行为选择，代表"行为"（conduct）的普通社员参与行为是合作社"状态"（situation）即人们相互依赖性的具体体现，反映了社员对合作社的依赖和合作社对社员的吸引，同时，普通社员参与行为也是合作社"结构"（structure）选择的结果。其次，具体到合作社，社员行为模式在很大程度上又由合作社的组织结构和运行方式所决定（赵昶、董翀，2019），因此，组织（合作社）层面的状态变化必然会影响个体层面（社员）的选择。因此，在 ssp 范式中加入"行为"（conduct）变量代表普通社员的参与行为具有逻辑上的自洽性。第二，立足于交易成本经济学，引入交易成本理论、契约治理理论，将如何降低交易成本、促进契约履行作为合作社调适内部制度、处理社员关系的出发点。因此，本书简化的分析框架如图 3-6 所示。

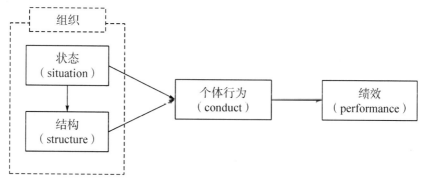

图 3-6　简化的分析框架

本书结合"状态（situation）—结构（structure）—绩效（performance）"（SSP 范式），构建了"合作社产业链垂直整合—合作社制度变迁—社员参与—合作社绩效"的分析框架，基本逻辑线索为：

第一，分析合作社产业链垂直整合对普通社员的参与行为（conduct）的影响。一方面，分析合作社产业链垂直整合对社员参与的直接影响。合作社产业链垂直整合通过惠及社员、带动社员增收形成促进普通社员积极参与合作社的诱导激励。另一方面，分析合作社产业链垂直整合对社员参与的间接影响。分析合作社产业链垂直整合将如何带来交易属性（situation）的变化，解释为何在产业链垂直整合深化的条件下合作社内部的交易成本会增加，进而解释合作社推进制度变迁的诱致性动力。再结合交易成本经济学的契约治理理论等，围绕如何降低交易成本、解决不完全契约问题探讨合作社产业链垂直整合如何影响合作社制度变迁（structure）

（合作社的制度变迁具体包括契约治理结构选择和契约的补充治理机制建设），进而分析制度变迁对普通社员参与（conduct）的影响。

第二，分析合作社产业链垂直整合对合作社绩效（performance）的影响。结合交易成本理论、价值链理论，利用计量分析和案例分析，探讨合作社产业链垂直整合对合作社绩效的影响。

第三，分析合作社产业链垂直整合对普通社员参与行为（conduct）及合作社绩效（performance）的影响。一方面，探讨普通社员参与行为是否在合作社产业链垂直整合对合作社绩效的影响中起到中介效应；另一方面，探讨在对合作社绩效的影响中，合作社产业链垂直整合和社员参与之间是否存在交互效应。

本书较详细的分析框架如图 3-7 所示。

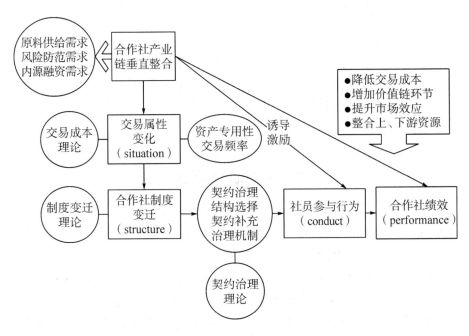

图 3-7　全书分析框架

3.4　本章小结

本章总结了全书所用的主要理论，分析了合作社产业链垂直整合、社员参与、合作社绩效三者之间的关系，主要利用制度影响理论（SSP 范式）构建了全书"合作社产业链垂直整合—制度变迁—社员参与—绩效"的分析框架。

全书理论分析的具体步骤为：第一，利用交易成本理论、价值链理论等，重点从理论角度分析农民专业合作社产业链垂直整合的必要性。第二，分析合作社产业链垂直整合对社员参与的直接影响。一方面，从合作社的角度分析，即随着产业链垂直整合程度的提高，合作社为什么需要强化社员参与；另一方面，从社员的角度分析，即在产业链垂直整合程度提高的条件下，社员为什么愿意参加合作社。第三，分析合作社产业链垂直整合如何间接影响社员参与。引入合作社与社员之间的不完全契约问题，结合交易成本理论、契约治理理论，分析如何通过合作社契约治理结构选择、契约的补充治理机制影响社员参与。第四，分析合作社产业链垂直整合如何影响合作社绩效。第五，分析合作社产业链垂直整合和社员参与如何共同影响合作社绩效。

4 我国农民专业合作社发展判识及合作社产业链垂直整合现状

本章将分析改革开放以来我国农民专业合作社的演进历程、发展趋势以及面临的主要问题等。同时，从宏观数据、调研数据两个方面分析合作社产业链垂直整合现状。

4.1 我国农民专业合作社发展判识

4.1.1 农民专业合作社的发展历程

新中国成立以前，我国合作社就有了初步发展。因此，从长时段的历史来看，可以将我国合作社发展划分为三个阶段：一是新中国成立以前（1949 年以前）。晏阳初、梁漱溟等倡导乡村建设运动，建设合作社的功能是向农民传递生产技术、教授知识和重构社会组织形式，以改变农村落后的面貌、扭转破败的状态。同时，合作社运动也是中国共产党领导的新民主主义革命的组成部分。毛泽东同志 1927 年在《湖南农民运动考察报告》中肯定了消费、贩卖、信用三种合作社在改善农民生活中的积极作用；毛泽东同志 1934 年在《我们的经济政策》中将合作经济与国营经济、个体经济相并列，指出三者的共同互补发展可以改善根据地财政与经济状况。二是新中国成立后至改革开放以前（1949—1978 年）。新中国成立后实施了铲除封建剥削制度、消灭地主阶级使农民获得土地的土地改革。在农业生产中，农户感到势单力孤，缺乏耕畜、农具等，农户有着强烈的合作需求，"一家一户"的小农经营模式也难以为工业化提供积累。因此，在社会主义改造阶段，在政府的引导下，开始实施农业合作化运动，互助组和初级社因顺应了生产力对生产关系的要求，解决了新中国成立初期农户生产资料短缺的困难，因而促进了农业生产率的提高。但随着高级社和人民公社的建立，从事一线生产的农户被剥夺了部分生产决策权和剩余价值索取权，农民的生产积极性被严重挫伤。三是改革开放后至今（1979年至今）。联产承包、责任到户使农户重新掌握了剩余控制权和剩余价值索取权，农户的生产积极性大大提高。同时，家庭经营主体的地位的确立，使得农业微观经营主体得以灵敏掌握信息和组织生产，农业生产效率大幅提高。但随着社会主义市场经济体制的确立，小农生产的局限性日益凸显——不仅要素投入的密度、质量和层次与要求相去甚远，小农户与大市场衔接的矛盾也日益显现，农户的合作需求增强，合作社应运而生，并持续成长发展。易知，我国目前的合作社在所处发展环境、合作需求产生等方面与前两个阶段的合作社大相径庭，因此，本书仅分析改革开放后这一阶段的农民专业合作社演进发展历程。

考虑到合作社是国家强制嵌入农村社会的制度安排（肖荣荣、任大鹏，2020），政府的制度输入和政策支持是合作社成长发展的重要原因（樊红敏，2011），本书以国家制度、法律和政策变化等作为时间临界点的划分依据，将合作社划分为初始成长阶段（20世纪70年代末—2006年）、规范发展阶段（2007—2016年）、深化发展阶段（2017年至今）三个阶段。下文将分析三大阶段的制度环境、政策供给以及合作社产业链垂直整合、社员参与等方面的变化情况。

4.1.1.1 初始成长阶段（20世纪70年代末—2006年）

农民专业合作社的发展环境变化包括以下三个方面：

从制度环境来看，人民公社解体，统购统销制度取消，取而代之的是家庭联产承包责任制。以计划经济体制和集体经济制度为基础的农村科技推广体系、农村金融服务体系等出现了与分散的农村家庭生产经营全面脱节的现象，由此部分专业大户和种田能手发起成立技术协会，开展技术交流和服务、解决生产中的实际困难，成为我国合作社的雏形。1980年，我国第一家农村专业技术协会成立，到1992年，农村专业技术协会发展到12万多家（全国人大农业与农村委员会课题组，2004）。

从国家政策来看，社会各界对于农民专业合作社的认知处于不断深化之中，逐步将地区性的合作经济组织（农村集体经济组织）与经营性、专业性的合作经济组织区分开来。1987年1月，中共中央通过的《把农村改革引向深入》肯定了合作社的积极功能，"目前大量涌现的农户之间组成的小型经济联合体……是发展商品生产的一种尝试，应当给以鼓励""农工商之间、城乡之间、地区之间自愿组成的各种经济联合，打破了地区和所有制界限，代表着一种横向联合的新方向，应该大力提倡"。1994年，农业部完成了《农民专业合作社组织示范章程》的起草；2003年，《中华人民共和国农业法》规定"农民专业合作组织应当坚持为社员服务的宗旨，按照加入自愿、退出自由、民主管理、盈余返还的原则，依法在其章程规定的范围内开展农业生产、经营和服务活动"。伴随着概念的厘清和认识的深化，合作社的政策支持力度呈现出不断增强趋势。自2000年开始，国家层面加大了对农民专业合作社的组织支持力度，这集中地体现在中央相关政策、法令和法规的相继出台（井世洁、赵泉民，2017），合作社的"无机构服务指导、无政策法制环节、无资金项目支持"的"三无"状态得以改变（赵泉民、刘纪荣，2022）。2004年中央"一号文件"提出"中央和地方要专门安排资金，支持农民专业合作社组织开展信息、技术、培训、质量标准与认证等服务""推动金融机构对农民合作经济组织给予支持"。2005年4月，原农业部印发《关于支持和促进农民专业合作组织发展的意见》，明确了税费减免、绿色审批通道、农资供应、用地用电、注册登记等对合作社的较为全面的扶持措施。

从市场环境来看，农产品市场由卖方格局向买方格局转变，农业外贸开放度加大，大量国外农产品涌入中国市场，对国内农产品市场构成了严重冲击。但同时，以家庭经营为主的一家一户分散经营模式导致的农业生产经营者与市场衔接不畅成为农业经营中的重要约束，普遍出现农产品"优质低价"、中间商盘剥较多等现象。有研究认为，这一时期农产品在流通环节的损失超过200亿元（文雷，2016），市场风险高于自然风险所造成的农产品价格损失达14%（曹利群、张岸元，2001）。

农村基本经营制度变革和市场环境变化驱动合作需求产生和农民专业合作社成长，加之，国家扶持政策的力度加大，合作社得以显著发展。据统计，到2006年，全国农民专业合作经济组织达到15万个，其中，合作社约占35%（中国社科院农村发展研究所等，2005），入社农户为3 486万户，带动非社员农户5 000多万户（李玉勤，2008）。在该阶段，村集体在"统"的层面功能弱化，市场需求趋于多元化，需要解决小农户与大市场之间的衔接困难，因此，农民专业合作社成为联结市场主体和小农户的重要组织载体，"龙头企业+合作社+农户"成为农业产业化进程中的普遍形式。

在该阶段，虽然农民专业合作社在全国兴起，但尚处于初步阶段，整体发展水平不高。从发展能力维度来看，因发展基础薄弱、积累有限，合作社的经营内容主要以浅层次、低成本的技术、信息服务为主，向农资供给、产品销售等产后领域的扩展不足；多数合作社不具备实体化经营能力，而且合作社产业链垂直整合主要通过与外部主体如企业、其他合作社等契约合作来实现，较少有合作社主导推进产业链垂直整合。从社员参与维度来看，龙头企业、专业大户、村干部以及公益性基层涉农机构发起成立的农民专业合作经济组织，存在显著的成员异质性特征，内部合作稳定性不足、凝聚力较弱。特别是在龙头企业、大户发起或主导的合作社中，合作社内部社员联结较为松散，民主决策机制、民主监督机制、盈余分配机制等不规范，这引发了关于"真假合作社"、合作社的"名"与"实"等问题的争论。

4.1.1.2 规范发展阶段（2007—2016 年）

2007 年 7 月 1 日，《中华人民共和国农民专业合作社法》正式实施。专业合作社法的出台起到了以下三重作用：一是进一步地厘清了社会各界对农民专业合作社的认知。法律对合作社进行了清晰的定义，对注册登记、运行管理等作出了明确规定。同时，法律具有绝对的权威性和广泛的传播度，使得社会公众对合作社的成员民主控制、成员的经济参与、资本报酬有限等原则有着更为清晰的认知。二是规范作用。法律的刚性约束促进了合作社的规范化发展，普通成员的民主权利在一定程度上被尊重，经济利益也得到了一定的保护。三是扶持作用。《农民专业合作社法》明确指出政府应当扶持合作社发展，中央和地方财政、国家政策性金融应当对合作社发展予以支持，同时，合作社可以承接国家支持农业农村发展的建设项目。《农民专业合作社法》颁布实施之后，对合作社的政策扶持力度大幅度增强。据农业农村部统计，2007—2008 年，省级财政扶持合作社的款项达到 8 亿元（文雷，2016）。

这一时期，在政策供给上，国家明确了农民专业合作社作为新型经营主体和服务主体的定位。2009 年，中央"一号文件"从名称上规范了"农民专业合作社"的称谓，将"农民专业合作组织"改为"农民专业合作社"。2014 年，中央"一号文件"将农民专业合作社界定为新型经营主体，提出要加强合作社能力建设，加强社际合作。

该阶段是我国农民专业合作社的加速发展阶段。这体现在：一是合作社数量、社员规模呈增加趋势。表4-1反映了部分年份我国登记注册合作社数量、社员总数以及合作社平均社员数。合作社数量、社员数量分别由2007年的2.60万户、34.00万名增加至2016年的156.30万户、6 441.00万名，单个合作社的平均社员数量总体上也在不断增加。二是合作社的发展能力持续增强。合作社的业务范围不断拓展，服务水平和服务质量也在持续提升。三是合作社日益规范健全。合作社的设立与登记程序得以规范，一些"空壳社"被逐步清退，合作社的监督制衡制度、财务公开制度、议事决策制度等不断健全。但同时，这一阶段农民专业合作社的发展依然面临着人才、资金等要素的制约，普遍存在着规范运行程度差、发展效益低等问题。

表4-1　2007—2016年部分年份全国合作社和合作社社员数量①

	年份						
	2007	2008	2009	2010	2011	2012	2016
合作社数量/万户	2.60	11.09	24.64	36.00	52.17	68.90	156.30
社员数/万人	34.00	134.00	2 100.00	2 800.00	—	—	6 441.00
合作社平均社员数量/人	13.08	12.08	85.23	77.78	—	—	41.21

4.1.1.3　深化发展阶段（2017年至今）

2017年10月，党的十九大召开，提出实施乡村振兴战略。同年，全国人大常委会于12月27日修订《农民专业合作社法》，于次年7月1日起施行。前者反映了合作社发展的宏观政策背景变化，会对合作社这一组织形式产生新的制度需求；后者反映了制度供给适应持续变化的外部环境所进行的适宜性调整。两者共同表明合作社进入了新的深化发展阶段。

在该阶段，合作社发展的经营制度环境、政策环境以及市场环境均发生重要变化。一是在经营制度环境方面，2016年，中共中央办公厅、国务院办公厅印发《关于完善农村土地所有权承包权经营权三权分置的意见》，

---

① 数据通过原农业部和工商行政管理机关公布数据整理而得。因2013—2015年数据存在缺失，未予列示。

提出实施农村承包土地的集体所有权、农户承包权和经营权的"三权分置",放活承包地经营权流转,推动土地适度规模经营。管制放松和制度建立使得家庭农场、专业大户、龙头企业等规模经营主体得以快速成长,也导致合作需求增长。二是在政策环境方面,一方面,政策对合作社的支持力度加大。合作社被置于与家庭农场同等的地位,国家对合作社的支持政策更加全面、系统,例如,一些地区在脱贫攻坚验收考核中明确要求贫困村至少成立 1 家合作社。另一方面,强调合作社的规范发展和质量提升的政策导向。2018 年 10 月,国家启动合作社质量提升整县试点;2020 年 9 月,中央农办、农业农村部等 11 个部门联合印发《关于开展合作社规范提升行动的若干意见》,提出对合作社实施"清理整顿一批、规范提升一批、扶持壮大一批"的"三个一批"方略,以分类施策提升合作社的规范化水平,从而提升合作社的发展质量。三是在市场环境方面,消费需求趋向于高附加值和日益细分,需要生产端灵敏把握细分消费群体、有所预见地掌握消费特征变化动态,从而有序安排组织生产,分散式、简单化的小农生产模式的局限性更加凸显,需要组织化地改造传统小农。

需要说明的是,推进农民专业合作社产业链垂直整合成为国家促进合作社质量提升的重要举措。2019 年 9 月,农业农村部印发的《关于开展农民合作社规范提升行动的若干意见》指出:"鼓励农民合作社加强农产品初加工、仓储物流、技术指导、市场营销等关键环节能力建设。鼓励农民合作社延伸产业链条,拓宽服务领域,由种养业向产加销一体化拓展。"[①]2021 年 3 月,农业农村部办公厅印发的《关于开展 2021 年农民合作社质量提升整县推进试点工作的通知》提出:"鼓励农民合作社加强农产品初加工、仓储物流、技术指导、市场营销等能力建设,向产加销 体化拓展。"[②]

在这一阶段,农民专业合作社数量继续增加,从 2017 年的 175.4 万家增加到 2020 年的 201.2 万家,年均增幅为 7.10%;合作社中的农民成员数由 2017 年的 5 677.9 万人增加到 2020 年的 6 024.9 万人,年均增幅为 3.01%(如表 4-2 所示)。同时,合作社在合作内容、经营策略、组织形

---

① 关于开展农民合作社规范提升行动的若干意见 [EB/OL]. (2020-01-21) [2024-07-16]. http://www.moa.gov.cn/nybgb/2019/201909/202001/t20200109_6334652.htm.

② 农业农村部办公厅关于开展 2021 年农民合作社质量提升整县推进试点工作的通知 [EB/OL]. (2021-03-05) [2024-07-16]. http://www.gov.cn/zhengce/zhengceku/2021-03/08/content_5591475.htm.

式等方面的变化，主要体现在：一是覆盖领域进一步增加。在覆盖粮棉油、肉蛋奶、果蔬菜茶等主要农产品生产领域的同时，成立了一些从事农机服务、乡村旅游、休闲农业等的合作社。2017 年新修订的《农民专业合作社法》取消了合作社的同业联合的规定，适应了合作社的综合化发展趋势。二是跨社联合增多。一些合作社为突破单体发展的局限，通过共同出资、共创品牌等方式发起成立联合社，实现资源整合和服务共享。到 2019年 10 月底，全国共成立联合社 1 万多家。三是组织性质进一步分化。合作社发起主体包括普通农户、村组干部、企业、家庭农场等多元主体。据农业农村部统计，2019 年，合作社由农户、企业、村组干部发起的占比分别为 85.8%、2.1%、12.0%；农户、企业、家庭农场、其他团体占社员的比重分别为 95.4%、0.4%、3.1% 以及 1.1%（如表 4-3 所示）。企业、大户等更为强调个体利益的满足，其所发起和主导的外生型合作社更有可能在运行机制、利益分配上违背"资本报酬有限"的原则，进而在组织性质上向投资者控制企业转变。而村干部、村集体发起或农户自发合作的合作社更强调社区服务带动、构建内部和谐社员关系和维护全体社员的利益。

表 4-2　2017—2020 年部分年份全国合作社和合作社社员数量

	年份			
	2017	2018	2019	2020
合作社数量/万家	175.4	189.2	193.5	201.2
社员数量/万人	5 677.9	5 904.4	6 372.3	6 024.9
合作社平均社员数量/人	32.37	30.68	32.93	29.45

资料来源：根据农业农村部和工商行政管理机关公布数据整理。

表 4-3　2019 年全国合作社发起主体结构与成员结构

	发起主体		成员类型	
	数量/万	占比/%	数量/万	占比/%
农户	164.4	85.8	6 372.3	95.4
企业	4.1	2.1	28.3	0.4
村组干部	23.0	12.0	—	—
家庭农场	—	—	210.2	3.1
基层农技服务组织	0	0	—	—
其他团体	—	—	72.0	1.1

资料来源：根据农业农村部网站公布数据整理。

4.1.2 农民专业合作社的发展现状

分析改革开放以来合作社发展历程，我们可以发现我国农民专业合作社呈现出以下三大基本发展趋势。

4.1.2.1 合作社的组织规模呈扩大趋势

农民专业合作社的规模扩大化是合作社萌芽、成长以及深化发展演化的自然体现。同时，合作社规模的扩大与农业生产效率提升等之间存在紧密的联系，合作社规模化与区域特色农业产业规模化和集群化发展、新型职业农民成长等表现出较高的同步性，合作社带动特色农业产业发展，特色农业产业发展又进一步促进合作社孵化培育和发展壮大。相当部分合作社逐步摆脱"小而弱"的状态。从成员体量来看，我国合作社平均农户成员数由2007年的13.08人增加到2019年的32.93人，12年间约增长了1.52倍。从资产体量来看，企业、家庭农场和专业大户等具有资源优势、规模经营优势的主体逐步成为合作社的重要发起主体，突破了普通农户的资金劣势和人力资本劣势、有利于聚集更多的要素投入合作社发展，形成更多的资产积累和更强的盈利能力。

4.1.2.2 成员异质性特征依然明显，但少数合作社也出现社员结构趋同化现象

普通农户在能力、资源等方面处于弱势地位，加上集体行动困境的存在，个体合作收益小于合作成本，决定了小农户很难成为合作社的发起主体和控制主体。因此，我国目前存在的合作社多为大户、企业以及村集体发起成立的外生型合作社。按照要素贡献程度，大户、企业等成为合作社的核心成员，普通农户多采取跟随行为，成员异质性问题突出。成员异质性将导致合作社与其"理想形态"相偏移（吴彬，2014），成员异质性结构下"少数核心社员+多数普通社员"的"狼羊同穴"格局，使得少数核心社员过度占有合作剩余，进而极有可能让低资源禀赋的普通成员产生相对被剥夺感，导致农户的直接退社、隐性退社或不配合行为。

但同时，合作社成员结构的趋同化现象初步显现。一方面，随着新型农业经营主体的成长发育，"家庭农场/专业大户+合作社"的合作社组织形式的数量日益增多。例如，在我国合作经济发展较快的浙江、山东、江苏等地，专业农户正取代普通的兼业农户而成为主体，农户进入合作社的门槛正在提高（张晓山、苑鹏，2009）。在由多个家庭农场或专业大户共

同发起和实际管理控制的合作社中，因成员间拥有相近的发展能力、共同的利益，行为步调往往能够保持一致，从而降低合作社的非规范化运作、核心社员主导控制和收益的发生概率。另一方面，一些合作社的核心成员出于降低组织成本、获得额外收益以及争取组织合法性认可的考虑，主动让渡部分剩余控制权利和剩余价值索取权利；也有一些合作社在成长中变革组织结构，对合作社成员进行再筛选，以二次联合使合作社的各个社员成为利益一致的联盟。因此，未来合作社的主导形态可能既不是"强者主导"亦不是"弱者联合"，而是"强强联合"或强者有所收敛和约束的"强弱互补"，合作社的成立与发展更加强调以共同利益需求为基础。但同时，成员异质性所带来的内部社员联结松散、合作不稳定以及运行不规范等仍是合作社发展中面临的突出问题。

4.1.2.3 股份合作形式日益普遍

传统的合作制在实践中已经被打破，同时，较为松散的协会组织数量减少，股份合作制已经成为农民专业合作社的主流形式。合作社采取按交易额返还与按股分红相结合的分配方式，对内部社员实行按交易额返还的盈余分配方式，对外来的非社员资本则实行有限定比例的股份分红（文雷，2016）。股份合作制在合作社中的推行范围扩大，原因包括以下三个方面：一是股份合作制解决了传统合作制仅采取内部社员融资的方式所带来的融资困难问题，大大扩展了资源要素聚集的空间，促进了稀缺资本的开放性流入。二是股份合作制同样也吸纳内部社员注资，将促进社员与合作社建立紧密联系，促进生产环节与后端其他环节的衔接。三是股份合作制既能在较大程度上保证要素贡献较多的核心成员的决策权（如附加表决权）、收益权等，也能通过收益保底的灵活分配机制满足普通成员的利益诉求，实现多方利益兼容。

4.1.3 农民专业合作社发展面临的主要问题

我国农民专业合作社发展始于改革开放，相对于西方国家近两百年的合作社发展历史，我国合作社发展历程较短，其总体上处于初级阶段。合作社在展现出良好发展势头、取得显著成效的同时，仍然存在着一系列问题。概括起来，这些问题主要体现在发展能力和组织黏合度两个维度上。

一是部分农民专业合作社发展能力不足。合作社呈现出"大群体、小规模"特征,合作社数量虽然众多,但单体规模小①。合作社的产业链垂直整合程度不够,合作社在组织农民融入大市场时存在着产业链各环节衔接不够紧密、加工流通能力不强、品牌影响不够等问题②,导致合作社无法将高附加值的产业环节囊括纳入经营体系。一些合作社的服务供给比例较低,或仅能依附于村庄资源,提供协助农资购买等简单、单一内容的服务(朱哲毅,2017;刘欣,2021)。

二是些农民专业合作社的内部黏合度较低。社员内部联结分散,少数核心社员希望获取高额的资本性收益,进而掌控合作社的决策权、管理权和收益权,普通社员身份边缘化、普通社员投资被存款化。重要原因是:①要素贡献差异和风险承担差别导致合作社内部出现社员地位差异;②多数合作社运行不规范,缺少对核心社员的制衡机制。多数合作社的民主决策、社员监督、财务审计等制度不健全,民主治理流于形式;一些合作社未设置理事会、监事会或者理事会、监事会不能发挥应有的职能;利益分配机制不健全,社员责权利不清晰(黄博,2020;汪恭礼、崔宝玉,2022)。

综上所述,实现农民专业合作社发展质量提升应当坚持发展能力提升、组织黏合度增强和社员参与增进并重的路径。进一步地,农民专业合作社产业链垂直整合程度提高对于增强合作社发展能力、壮大合作社实力具有至关重要的作用。合作社产业链垂直整合程度的提高,能够确保合作社与产业链上、下游环节有机衔接,加快农业产业化进程;同时,合作社将高附加值的产业环节囊括纳入经营体系,能有效应对外部市场的竞争压力,实现可持续、更多的盈利;此外,随着合作社效益改善,合作社对社员的服务带动和价值反馈增多,有助于增强社员的合作愿望、提高组织黏合度。

---

①② 农业农村部:中国农民合作社呈现大群体、小规模特征 [EB/OL]. (2019-04-19) [2024-07-16]. https://baijiahao.baidu.com/s? id=1631211049404432149&wfr=spider&for=pc.

4.2 农民专业合作社产业链垂直整合现状

4.2.1 农民专业合作社产业链垂直整合现状分析
——基于宏观数据

20 世纪后期，世界农产品供应链不断加快从生产到终端用户的链式发展。我国农民专业合作社萌芽于"分田到户"的家庭联产承包责任制改革和农业产业化交叉叠加推进的背景下，合作社成立的主要目的是促进生产环节与营销环节衔接，保障初级产品生产者（农民）的利益（张晓山，1998）。合作社要获取竞争优势就不能再延续过去的"生产在家、服务在社"的经营模式，仅实施单一化的农业经营活动，而是需要不断延伸农业产业链条（张红宇 等，2017）。

据农业农村部统计，到 2018 年，全国拥有合作社 189.19 万家，比 2017 年增长 7.9%。其中，从事产加销一体化服务的合作社数量为 101.10 万家，约占合作社总数的 53.44%，比 2017 年增长 8.6%；以仓储服务为主、以运销服务为主的合作社数量分别为 1.61 万家、3.87 万家，分别约占合作社总数的 0.9%、2.0%，比 2017 年增长 2.7%、2.9%①。

到 2019 年，全国拥有合作社 193.53 万家，比 2018 年约增长 2.3%。其中，实行产加销一体化服务的合作社为 104.24 万家，约占合作社总数的 53.86%；以运销、加工服务为主的合作社达到 8.41 万家、6.01 万家，分别占合作社总数的 4.35%、3.11%，分别比 2018 年增长 117.5%、57.1%。创办加工、流通、销售等实体的合作社达 6.77 万家，约占合作社总数的 3.50%。拥有注册商标的合作社有 10.60 万家，约占合作社总数的 5.48%。

到 2020 年，全国拥有合作社 201.16 万家，比 2019 年增长 3.94%。其中，实行产加销一体化服务的合作社 107.14 万家，比 2019 年约增长 2.78%，约占合作社总数的 53.26%；以运销、加工服务为主的合作社数量分别达到了 9.19 万家、6.67 万家，分别约占合作社总数的 4.57%、

---

① 2018 年度数据来源于农业农村部农村合作经济指导司、政策与改革司主编的《中国农村经营管理统计年报（2018）》；2019 年和 2020 年度数据来源于农业农村部农村合作经济指导司主编的《中国农村合作经济统计年报（2019）》《中国农村合作经济统计年报（2020）》。

3.32%，分别比 2019 年增长 9.3%、11.0%。创办加工、流通、销售等实体的合作社达 9.31 万家，约占合作社总数的 4.63%。拥有注册商标的合作社有 10.77 万家，约占合作社总数的 5.35%。

具体如图 4-1 所示。

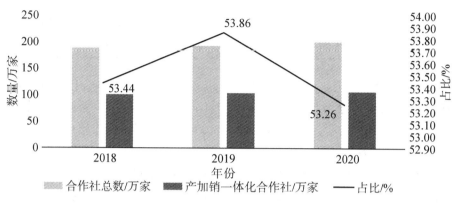

图 4-1　合作社总数与产加销一体化合作社数量对比

上述数据说明，多数农民专业合作社已突破单一的技术服务、农资供给服务等经营业务状态，并较为广泛地延伸到加工、流通以及营销等产业链上的其他各个环节。

从合作社产业链垂直整合的发生路径并结合实地调查情况来看，多数合作社通过与产业链上、下游经营主体建立长期稳定的契约关系，实现了产业链上、下游环节的畅通联结。少数合作社通过一体化机制将加工、仓储、营销等环节纳入一个经营主体内部，其中，较为常见的是由企业发起成立合作社或与合作社建立合作产权和治理关系，利用企业较为健全的农产品销售渠道和分销网络，再逐步向一般以合作社为主导的生产环节延伸，掌控农产品的原材料供给，从而实现产业链上、下游环节的协作整合；由合作社主导实施向加工营销环节延伸的前向一体化等情况较少，一般要求合作社具备较强的经营实力。

4.2.2　农民专业合作社产业链垂直整合现状分析
——基于调查数据

表 4-4 反映了 331 家农民专业合作社覆盖产前服务、农业生产、加工仓储、销售渠道、品牌建设共 5 大领域的数量。分别有 95 家、83 家、64 家合作社覆盖了上述三个环节、四个环节以及五个环节，占比分别为

28.70%、25.08%、19.34%。多达242家合作社从事三个及三个以上经营环节，占比达73.11%。这表明多数合作社具有较高的产业链延伸程度。

表4-4　331家样本合作社产业链垂直整合的总体情况

环节数量	一个环节	两个环节	三个环节	四个环节	五个环节
数量/家	24	65	95	83	64
占比/%	7.25	19.64	28.70	25.08	19.34

从具体环节来看，在产前的农资供应环节，216家样本合作社提供农资供应服务，占比约为65.26%。在农业生产环节，多达309家样本合作社提供农业生产服务，占比约为93.35%；多达224家样本合作社自建有生产基地，占比约为67.67%。

在加工仓储环节，存储保鲜、商品化处理、机械化搬运3类设施中，多达114家样本合作社为零项，占比为34.44%；104家合作社拥有其中一项，占比约为31.42%。两者之和共218项，占比为65.86%。这说明多数合作社没有或拥有少量加工仓储设施，这在一定程度上反映了合作社固定资产投资整体偏少，多数合作社存在资本短缺的弱势。

在产品销售环节上，共286家样本合作社与产业链下游环节建立了稳定的合作关系，占比约为86.40%。其中，主要为订单契约的有147家，占比约为44.41%；其次为线上电商，有95家，占比约为28.70%；最少的为商超直供，有44家，占比约为13.29%。

在品牌建设环节上，331家样本合作社中，共181家合作社无商标，占比约为54.68%。在有商标的150家合作社中，仅拥有普通商标的有136家，占比约为90.67%。这说明多数样本合作社的品牌建设程度较低。

具体情况如表4-5所示。

表4-5　331家样本合作社产业链垂直整合的具体情况

类别	项目	数量/家	占样本合作社总数的比例/%
产前服务	农资供应	216	65.26
农业生产	自建基地	224	67.67
	生产服务	309	93.35

表4-5(续)

类别	项目	数量/家	占样本合作社总数的比例/%
加工仓储	零项	114	34.44
	一项	104	31.42
	两项	72	21.75
	三项	41	12.39
销售渠道	无稳定销售渠道	45	13.60
	订单契约	147	44.41
	商超直供	44	13.29
	线上电商	95	28.70
品牌建设	无商标	181	54.68
	普通商标	136	41.09
	省市商标	10	3.02
	驰名商标	4	1.21

由于在农资生产、农产品销售等农业产业链下游和下游环节多以企业等形式开展经营,所以可以通过合作社与企业的合作紧密度来判断合作社产业链垂直整合的紧密度。一般而言,合作社与企业仅开展长期契约合作,但在一些情况下,合作社与企业之间也可以通过建立产权合作(如相互交叉持股,也包括合作社发起成立企业或企业发起成立合作社)、治理合作(如合作社与企业的管理人员互相兼任,或企业指导帮助合作社完善相关制度)等深层次合作机制,使合作社产业链垂直整合的紧密度度得以提高。依据表4-6,202家样本合作社与企业建立了合作机制,占比约为61.03%;176家样本合作社与企业建立了长期契约合作,占比约为53.17%;此外,分别有7家、11家、8家样本合作社分别与企业建立治理合作、产权合作、治理合作和产权合作,占比分别为2.11%、3.32%、2.42%。

表4-6 331家样本合作社产业链垂直整合紧密度

	数量/家	占样本合作社总数的比例/%
无合作	129	38.97
长期契约合作	176	53.17
治理合作	7	2.11
产权合作	11	3.32
治理合作和产权合作	8	2.42

综上所述，331 家样本合作社产业链垂直整合已经有了一定程度的发展，这与基于全国宏观数据所得出的结论一致。相较而言，样本合作社在加工仓储环节和品牌建设环节较为薄弱，原因在于多数样本合作社的资金聚集能力较弱，难以负担建设加工仓储设施所需的资金；同时，超过一半的样本合作社无商标，反映了合作社在品质把控、产品推介等方面较为薄弱。从合作社产业链垂直整合强度来看，样本合作社整体处于一般水平，过半数样本合作社仅与处于产业链上游和下游的企业建立业务层面的长期契约合作。

4.3 本章小结

本章分析了改革开放以来中国农民专业合作社在不同阶段的演进历程，阐明了合作社发展趋势，并基于全国宏观数据和 331 家样本合作社的调查数据，分析了合作社产业链垂直整合现状。本章的内容总结如下：

第一，当前，我国农民专业合作社组织规模扩大，成员异质性特征依然明显，但少数合作社也呈现出社员结构趋同、股份合作形式日益普遍等现状特征。

第二，农民专业合作社面临着发展能力不足和社员联结松散的双重约束。农民专业合作社产业链垂直整合程度提高对于增强合作社发展能力具有至关重要的作用。通过产业链垂直整合程度提高，合作社能将高附加值的产业环节囊括纳入经营体系，有效应对外部市场的竞争压力，实现可持续、更大程度的盈利；还能间接地以服务带动和盈余分配等方式增加社员收益，从而增强社员的合作愿望、密切组织内部的社员联结。

第三，综合宏观数据和微观调查数据来看，农民专业合作社产业链垂直整合已取得一定程度的发展，多数农民专业合作社已突破单一的技术服务、农资供给服务等经营业务状态，并较为广泛地延伸到加工、流通以及营销等产业链上的其他环节。

5 农民专业合作社产业链垂直整合对社员参与的影响的分析

根据前文 3.2 节的理论分析，随着农民专业合作社产业链垂直整合程度提高，合作社的普通社员参与程度将提高，本章将验证这些理论假设。具体而言，本章将利用回归模型验证合作社产业链垂直整合对普通社员参与的影响，再利用替代关键变量法、倾向得分匹配法（PSM）进行稳健性检验；同时，利用依次检验法和自助法进行中介效应检验，验证产业链垂直整合对普通社员参与的影响机理。

5.1 变量选取与模型设定

5.1.1 变量选取

5.1.1.1 被解释变量

结合农民专业合作社所有者、惠顾者、管理者相统一的本质性规定，确定被解释变量为社员投资参与、社员产品参与、社员管理参与。社员投资参与是指普通社员是否以资金和土地、果树等生产资料加入合作社，以及在加入合作社以后是否存在持续投资行为，其赋值方式为：普通社员无门槛入社或缴纳少许费用＝0；普通社员股份入社＝1；普通社员股份入社且具有再投资行为＝2。社员产品参与反映社员在多大程度上按照合作社要求组织生产、通过合作社获取农资和销售产品，按照"接受合作社所提供的产前、产中服务的普通社员比例×0.5＋接受合作社所提供的产后环节服务的普通社员比例×0.5"来计算。社员管理参与反映社员是否参与合作社决策、人事、财务、生产等各项管理以及参与程度，按照普通社员参与合作社组织和举行的近一年社员大会的比例来衡量。

5.1.1.2　核心自变量

结合第2章，合作社产业链垂直整合程度用合作社覆盖至产前服务（农资供应）、生产支持（是否自建生产基地、是否提供产中技术或劳务服务）、加工仓储（是否建设商品化处理、运输、初加工等供应链设施）、销售渠道（是否通过开展农产品电商、农超衔接、社企合作等建立稳固的销售链条）、品牌建设（是否创立农产品商标）五大环节的数量来衡量。若合作社覆盖其中1个环节，赋值为1；若覆盖其中2个环节，则赋值为2；若覆盖其中3个环节，则赋值为3；其余以此类推。

5.1.1.3　中介变量

如3.2.3节所述，中介变量包括社员收益增长、专用性资产、设立公积金以及制度建设四个方面。社员收益增长是指近三年来社员与合作社相关联的收入是否增长，其中小幅下降＝1、没有变化＝2、有所增长＝3、大幅增长＝4，取至少社员在该选项上的均值。结合Williamson（1971）对专用性资产的定义，本书将专用性资产分为物质专用资产、农产品品质专用性资产（为Williamson所说的特定用途的资产）：前者利用合作社的固定资产投资额度来表示，单位为万元，作对数化处理；后者利用农产品的品质认证程度来衡量，其中，无认证＝0、绿色农产品认证＝1、有机农产品认证＝2，是合作社投入人力、资金、技术等改进农产品品质、争取消费者认同的体现。设立公积金是指合作社是否按照成员大会的决议提取公积金，若实际提取＝3、规定提取但因合作社未产生盈利而实际未提取＝2、规定提取但执行不到位＝1、没有规定是否提取＝0。设立公积金是社员向合作社提供的抵押品，社员向合作社承诺履行契约。制度建设包括民主议事、财务监督、盈余分配、生产管理、销售管理[①]，根据5项制度建设建立的个数来衡量：建立1项，赋值为1；建立2项，赋值为2；以此类推。

5.1.1.4　控制变量

借鉴张学会（2014）、李道和和陈江华（2014）、刘颖娴等（2015）等已有研究，最终选择的控制变量包括以下三个方面：一是合作社特征。合

[①]　结合调查情况，生产管理制度包括投入品使用、农事档案管理、技术指导、养殖的卫生防疫以及产品的标志、包装、贮存等制度；销售管理包括农产品销售卫生、农产品安全自查等制度。

作社特征包括以下四项：①成立年限，按调查时间与工商注册登记的年份之差计算；②社员规模，按实际人数计算，进行对数化处理；③理事长学历，初中及以下＝1、高中/中专＝2、专科＝3、本科＝4、硕士及以上＝5；④理事长身份，理事长为村干部＝1，不为村干部＝0。二是不确定性。将不确定性分为：①自然不确定性，分为平原、丘陵、山地三大类地形，变量设置为虚拟变量。其中，平原＝1、非平原＝0；丘陵＝1、非丘陵＝1。②价格不确定性，按照主营产业类型，分为粮油、果蔬、养殖、桑茶药四大类，变量设置为虚拟变量，其中，粮油＝1、非粮油＝0，果蔬＝1、非果蔬＝0，养殖＝1、非养殖＝0。三是外部支持。外部支持包括：①政府支持，以合作社所得到的财政支持资金金额表示，以万元为单位；②与企业合作，若与企业建立长期购销合作、相互持股等稳固合作机制，赋值为1，反之，赋值为0；③与科研机构合作，若与高校、科研机构等建立合作机制，赋值为1，反之，赋值为0；④与村集体合作，若得到村集体的资产入股、资金借贷、治理协助等支持，赋值为1，反之，赋值为0。

综上，本书变量包括被解释变量、核心自变量、中介变量、控制变量共四大类。表5-1显示了描述性统计分析结果。社员投资参与均值为1.214 5，标准差为0.781 9，说明多数合作社要求普通社员以一定资产或资金加入合作社，无门槛入社情况较少，但也表明仅有少数合作社存在社员再投资的情况。社员产品参与均值为62.244 7，大于社员管理参与均值61.056 2，社员产品参与标准差为37.921 0，小于社员管理参与的标准差39.161 5，这说明在总体上社员产品参与程度大于社员管理参与程度，且不同合作社之间的产品参与的差异较小。

表 5-1 变量描述性统计结果

变量类型	变量名称	均值	标准差	最小值	最大值
	社员投资参与	1.214 5	0.781 9	0.0	2.0
因变量	社员产品参与	62.244 7	37.921 0	0.0	100.0
	社员管理参与	61.056 2	39.161 5	0.0	100.0
核心自变量	产业链垂直整合程度	3.302 1	1.185 5	1.0	5.0

表5-1(续)

变量类型	变量名称	均值	标准差	最小值	最大值
中介变量	物质专用性资产	3.628 2	2.438 2	-1.204 0	8.006 4
	农产品品质专用性资产	0.507 6	0.619 7	0.0	2.0
	社员收益增长	2.214	1.199	1.0	4.0
	设立公积金	0.770 4	1.039 4	0.0	3.0
	制度建设	3.813	1.573	0.0	5.0
	财务公开制度	0.703 9	0.507 5	0.0	2.0
控制变量	成立年限	6.190	3.655	0.0	17.0
	社员规模	3.977 9	1.449 1	1.609 4	7.286 2
	理事长学历	2.078 8	1.058 8	1.0	5.0
	理事长身份	0.314 2	0.464 9	0.0	1.0
	平原	0.320 2	0.467 3	0.0	1.0
	丘陵	0.126 9	0.333 4	0.0	1.0
	粮油	0.039 3	0.194 5	0.0	1.0
	果蔬	0.558 9	0.497 3	0.0	1.0
	养殖	0.178 2	0.383 3	0.0	1.0
	政府支持	45.384 0	113.535 0	0.0	1 000.0
	与企业合作	0.613 3	0.487 7	0.0	1.0
	与科研机构合作	0.468 3	0.499 7	0.0	1.0
	与村集体合作	0.371 6	0.484 0	0.0	1.0

5.1.2 模型设定

5.1.2.1 基准模型

本章运用有序 LOGIT 回归模型和多重线性回归模型（MLR），检验合作社产业链垂直整合程度与合作社社员投资参与、产品参与以及管理参与之间的影响。其模型设定如下：

$$\text{parti}_i = \alpha_i + \beta_i X + \gamma_j C_j + \varepsilon_i \qquad (5-1)$$

其中，parti_i(i = 1, 2, 3)为因变量，表示合作社社员的投资参与、产品参与以及管理参与。X 为核心解释变量，表示合作社产业链垂直整合程度；C_j(j = 1, …, 13)为控制变量，包括合作社成立年限、社员规模、理事长学历、理事长身份、是否为平原、是否为丘陵、是否为粮油产业、是否为果蔬产业、是否为养殖产业、政府支持、与企业合作、与科研机构合作、与村集体合作。α_i 表示常数项，β_i、γ_j 分别表示核心自变量和控制变量的系数，ε_i 表示随机扰动项。

5.1.2.2 中介效应检验

温忠麟等（2004）意识到，如果检验结果都显著，则依次检验法的结果强于 Sobel 检验结果，所以，他们认为应当先进行依次检验，结果不显著后再进行 Sobel 检验。随着 Sobel 法被 Bootstrap 法取代，温忠麟和叶宝娟（2014）提出了新的中介效应的分析流程（详见图 5-1），认为应当先采取依次检验法，而后采取 Bootstrap 法。因此，为确保结果的稳健性，本书采用依次检法和 Bootstrap 法检验中介效应。由于依次检验法检验效力较低，对于依次检验法结果不显著但通过 Bootstrap 法检验的情形，则认为中介效应检验成立。

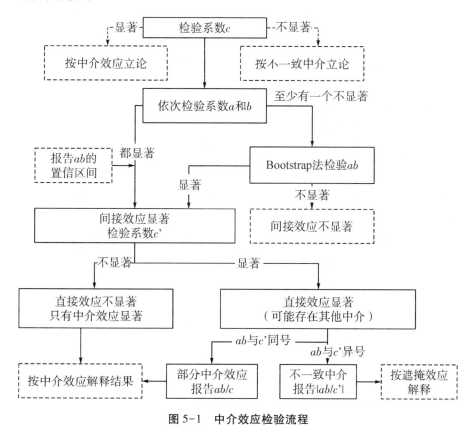

图 5-1　中介效应检验流程

资料来源：温忠麟，刘红云. 中介效应和调节效应方法及应用［M］. 北京：教育科学出版社，

2020：103~104。

1. 依次检验法

最常用的检验中介效应方法是依次检验法，即通过逐步检验回归系数来判定中介效应是否存在（Baron and Kenny，1986；温忠麟等，2004）。其公式为：

$$\text{parti}_i = \alpha_i + \beta_i X + \gamma_j C_j + \varepsilon_i \tag{5-2}$$

$$M_k = \alpha_k + \beta_k X + \gamma_j C_j + \varepsilon_k \tag{5-3}$$

$$\text{parti}_i = \alpha_{ik} + \beta_{ik} X + \delta_k M_k + \gamma_j C_j + \varepsilon_{ik} \tag{5-4}$$

其中，X 为核心自变量，即合作社产业链垂直整合程度；$M_k(k = 1，\cdots，6)$ 为中介变量，包括社员收益增长、物质专用性资产、农产品品质专用性资产、设立公积金（代表 3.2.3 节的抵押品 II）、制度建设（代表 3.2.3 节的制度性信任）等，δ_k 为中介变量的系数；parti_i 为因变量，包括社员投资参与、社员产品参与、社员管理参与；C_j 为控制变量，γ_j 为控制变量的系数；β_i、β_k、β_{ik} 为待估系数；α_i、α_k、α_{ik} 为常数项，ε_i、ε_k、ε_{ik} 为随机误差项。式（5-1）表示合作社产业链垂直整合对社员参与的影响；式（5-2）表示合作社产业链垂直整合对各个中介变量的影响；式（5-3）表示合作社产业链垂直整合、各中介变量共同对社员参与的影响。若 β_i、β_k、β_{ik}、δ_k 等均显著，则存在部分中介效应；若仅 β_i、β_k、δ_k 显著，β_{ik} 不显著，则存在完全中介效应（图 5-2）。按照温忠麟、刘红云（2020）的研究，相对效应量为路径系数的乘积除以总效应，计算公式为 $(\beta_k \times \delta_k)/\beta_i$。

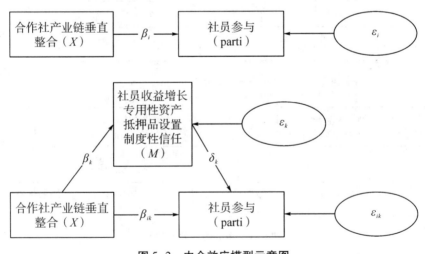

图 5-2　中介效应模型示意图

2. Bootstrap 法

在检验中介效应的各种方法中，依次检验方法是效力最低的，依次检验不容易真正检验到中介效应，因而需要其他方法作为补充。Bootstrap 法实质上是模拟了从总体中随机抽取大量样本的过程。该方法得到的参数分布能够完全获得取样的变异性，即使数据非正态，用 Bootstrap 方法得到的参数区间也往往优于用其他方法获得的区间估计（Chan，2008）。温忠麟、刘红云（2020）也认为在中介模型检验中用该方法计算系数乘积的置信区间有更高的检验力。

5.2 农民专业合作社产业链垂直整合对社员参与影响的实证分析

5.2.1 基准模型检验结果

本书采用稳健标准误进行估计，以防止异方差的影响。由表 5-2，通过对模型（2）和模型（3）的方差膨胀因子（VIF）检验发现，最高值为 1.63，均值为 1.25，小于 10，不存在明显的多重共线性影响。模型（1）的 Wald χ^2 值为 45.449 3，模型（2）和模型（3）的 F 值分别为 9.860 2、2.515 1，且均在 1% 的统计水平上显著，可见模型整体解释效力较好。合作社产业链垂直整合程度对社员投资参与、产品参与、管理参与均在 1% 的显著性水平上呈正向影响。从回归系数来看，社员产品参与的系数为 11.682 5，高于社员管理参与系数的 6.542 4，可见，合作社产业链垂直整合程度对社员参与的影响程度高于社员管理参与。

根据控制变量的回归结果，在因变量为社员投资参与时，社员规模的系数为负，且在 1% 的统计水平上显著，说明社员规模对于社员投资参与具有负向影响，合作社人数越少，越能够开展内部融资。理事长身份在 5% 的显著性水平上对社员管理参与呈正向影响，可能的原因是当合作社理事长为村干部时，其政治身份的履职履责和长于社会治理的能力属性促使其注重合作社的规范运行，注重引导社员参与合作社的管理事务。丘陵地区在 1% 显著性水平上对社员产品参与、管理参与呈正向影响，且系数均高于平原地区，可能原因是在交通不便的区域，单个农户衔接市场的难度越大，就越需要合作社解决生产经营中的实际困难，其合作需求也就越强烈。合作社与科研机构建立合作关系在5%的显著性水平上对社员产品参与呈正向显著影响,可能的原因是合作社与科研机构建立合作关系,能够促进自身技术改进,在生产指导上对社员农户给予更多的帮助。

表 5-2　基准模型检验结果

	（1）OLOGIT 投资参与	（2）MLR 产品参与	（3）MLR 管理参与
产业链垂直整合程度	0.329 9***	11.682 5***	6.542 4***
	(0.105 8)	(1.620 4)	(1.861 5)
成立时间	0.020 1	−0.325 5	−0.860 8
	(0.035 1)	(0.561 1)	(0.621 8)
社员规模	−0.311 2***	2.301 6	−2.854 5
	(0.086 3)	(1.575 2)	(1.881 2)
理事长学历	−0.009 0	−2.170 3	0.453 7
	(0.101 3)	(1.906 5)	(2.143 3)
理事长身份	0.237 4	3.723 8	11.233 1**
	(0.237 1)	(4.122 2)	(4.465 7)
平原地形	0.019 6	−2.758 2	10.001 0**
	(0.244 6)	(4.504 8)	(5.068 2)
丘陵地形	−0.460 4	15.761 4***	16.227 7***
	(0.479 3)	(4.942 1)	(5.832 9)
粮油	1.023 5	−1.111 7	−13.876 8
	(0.855 5)	(11.075 9)	(9.533 0)
果蔬	−0.109 1	−1.547 5	−3.863 5
	(0.247 0)	(4.508 0)	(5.196 9)
畜禽	−0.168 9	−7.550 2	−3.273 8
	(0.341 4)	(5.625 9)	(7.154 6)
政策支持	0.003 0*	−0.014 1	0.021 8*
	(0.001 6)	(0.016 8)	(0.013 0)
与村集体合作	−0.323 4	−6.349 3	−0.062 5
	(0.233 2)	(3.939 2)	(4.490 0)
与企业合作	0.372 9*	0.301 8	−2.862 4
	(0.224 4)	(4.025 6)	(4.552 1)
与科研机构合作	0.168 8	10.065 8**	4.804 7
	(0.245 2)	(3.962 0)	(4.558 7)

表5-2(续)

	(1) OLOGIT 投资参与	(2) MLR 产品参与	(3) MLR 管理参与
常数项		19. 109 4 **	48. 228 4 ***
		(8. 172 0)	(10. 778 7)
N	331	331	331
Pseudo R^2	0. 065 1		
R-sq		0. 254 3	0. 089 2
Wald χ^2	45. 449 3 ***		
F		9. 860 2 ***	2. 515 1 ***

注：*、**、*** 分别表示在10%、5%、1%的水平上显著，括号内数值为稳健标准误。下同。

5.2.2 稳健性检验

本书采取替代核心解释变量和倾向得分匹配法（PSM）来开展稳健性检验。

5.2.2.1 替换关键变量

本书选择是否建设有加工仓储设施作为合作社产业链垂直整合程度的替代变量，阐释其对社员参与的影响。按照合作社拥有存储保鲜、商品化处理、机械化搬运等三类设施设备的数量来测度，若都不拥有，则赋值为0；若拥有一类，则赋值为1；依此类推。之所以选择加工仓储设施作为替代的核心解释变量，一是因为该环节与产业链上、下游环节具有较大的关联性，合作社唯有建立加工仓储设施，才能够紧密衔接生产环节、有效掌握农产品原料供给以及建设有稳固的农产品销售渠道，合作社才具有建设加工仓储设施的必要。二是因为加工仓储设施属重资产，需要大量资金投入；加工仓储设施建成之后，要求合作社具有相应的管理能力、管理层具有一定的人力资本积累，因此，加工仓储设施建设成为合作社产业链垂直整合过程中所需跨越的关键环节。

对模型（2）和模型（3）的方差膨胀因子（VIF）检验发现，最高值为1.60，均值为1.24，小于10，不存在明显的多重共线性影响。根据表5-3，模型（1）的 Wald χ^2 值为66.523 4，模型（2）和模型（3）的 F 值分别为5.087 5、2.016 2，且均在1%的统计水平上显著，可见模型整体解释效力较好。合作社产业链垂直整合程度对社员投资参与在1%的显著性水平上呈正向影响，合作社产业链垂直整合程度对社员产品参与、管理参与均在5%的显著性水平上呈正向影响。这证明了基准回归模型结果的稳健性。

表 5-3 稳健性检验结果

	（1）OLOGIT 投资参与	（2）MLR 产品参与	（3）MLR 管理参与
加工仓储设施建设	0.803 4 ***	4.497 3 **	4.573 2 **
	(0.140 6)	(1.979 1)	(2.224 4)
成立时间	−0.002 4	−0.061 6	−0.819 9
	(0.035 0)	(0.603 9)	(0.626 9)
社员规模	−0.263 9 ***	3.580 3 **	−2.003 8
	(0.087 1)	(1.612 5)	(1.878 7)
理事长学历	−0.007 8	−2.560 6	0.249 2
	(0.099 9)	(2.034 1)	(2.151 3)
理事长身份	0.261 4	2.148 3	10.612 0 **
	(0.234 3)	(4.297 9)	(4.516 1)
平原地形	0.136 4	−2.589 4	10.409 7 **
	(0.253 5)	(4.798 7)	(5.121 2)
丘陵地形	−0.482 4	18.912 9 ***	17.748 6 ***
	(0.502 1)	(5.175 8)	(5.834 2)
粮油	1.041 8	1.302 9	−13.093 8
	(0.800 4)	(11.369 8)	(10.055 5)
果蔬	0.066 6	3.220 8	−1.090 2
	(0.249 0)	(4.774 5)	(5.304 0)
畜禽	0.144 1	−2.606 6	0.061 0
	(0.331 1)	(6.039 5)	(7.139 5)
政策支持	0.002 9 *	−0.015 0	0.020 9 *
	(0.001 6)	(0.018 5)	(0.012 3)
与村集体合作	−0.390 4 *	−5.915 1	−0.072 9
	(0.233 2)	(4.172 5)	(4.500 5)
与企业合作	0.204 2	2.972 5	−2.191 1
	(0.226 9)	(4.346 5)	(4.684 8)
与科研机构合作	0.169 4	14.339 2 ***	6.827 0
	(0.245 2)	(3.962 0)	(4.558 7)
常数项		39.373 3 ***	57.879 0 ***
		(8.652 2)	(10.141 9)

表5-3(续)

	(1) OLOGIT 投资参与	(2) MLR 产品参与	(3) MLR 管理参与
N	331	331	331
Pseudo R^2	0.113 5		
R-sq		0.156 4	0.069 2
Wald χ^2	66.523 4***		
F		5.087 5***	2.016 2**

5.2.2.2 倾向得分匹配法（PSM）检验

因为合作社产业链垂直整合程度是其"自选择"过程，其选择会受到自身组织特征的影响，而这些因素又会对合作社的社员参与产生影响，忽视"自选择"将会导致参数估计结果偏差，因此，本书采取倾向得分匹配法（PSM）进行稳健性检验，解决样本"自选择"所带来的内生性问题。倾向得分匹配（PSM）的基本思想是将产业链完整型合作社和产业链不完整型合作社进行匹配，使得两类样本处于均衡可比较状态，然后对比其社员参与程度的差异。其步骤包括以下两步：第一步，利用Logit模型估计影响合作社产业链垂直整合程度的因素，计算建有完整产业链的合作社的倾向得分；第二步，使用估计的倾向得分来匹配产业链完整型合作社和产业链不完整型合作社，计算平均处理效应ATT：

$$\text{ATT} = E\{E[Y_{1i} \mid M_i = 1, P(Z_i)] - E[Y_{0i} \mid M_i = 0, P(Z_i)]\}$$

$$(5-5)$$

在式（5-5）中，如果合作社覆盖产业链中产前服务、生产支持、加工仓储、销售渠道、品牌建设中的4个或5个环节，则视为产业链完整，$M_i = 1$；反之，$M_i = 0$。Z_i代表合作社组织特征、不确定性、外部支持等方面的匹配变量。采用近邻匹配、半径匹配、核匹配、马氏匹配来计算ATT。其步骤如下：

1. 共同支撑区域与平衡性检验

倾向得分匹配（PSM）的适用性要以满足共同支撑假设和平衡性检验为前提。图5-3为共同支撑的条形图，显示了倾向得分匹配的共同取值范围，易见绝大部分观测值在取值范围内。同时，通过近邻匹配、半径匹配、核匹配、马氏匹配四种匹配方法的逐一平衡性检验发现，样本损失量最多的为5个，可见，样本损失量较少。倾向得分匹配法（PSM）具有较高的适用性。

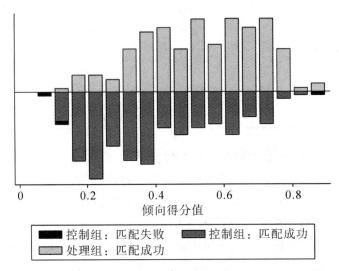

图5-3　倾向得分匹配的共同取值范围

为保证匹配结果的可靠性，还需进行平衡性检验。表5-4为匹配前后各匹配变量的平衡性检验结果。Pseudo R^2 由匹配前的0.112下降为0.010~0.029，LR值由51.10下降至4.29~12.09，均值偏差由21.8%下降至5.0%~12.0%，中位数偏差由19.3%下降至2.5%~12.9%。可见，匹配结果通过了平衡性检验。

表5-4　匹配前后解释变量的平衡性检验

	Pseudo R^2	LR 值	P 值	均值偏差/%	中位数偏差/%
匹配前	0.112	51.10	0.000	21.8	19.3
近邻匹配（$k=4$）	0.018	7.53	0.873	6.4	4.5
半径匹配（$r=0.03$）	0.015	6.10	0.942	5.7	2.5
核匹配	0.010	4.29	0.988	5.0	5.6
马氏匹配	0.029	12.09	0.520	12.0	12.9

2. 平均处理效应估计结果

本书使用平均处理效应（ATT）估计农民专业合作社产业链垂直整合对社员参与的影响。如表5-5所示，产业链完整型合作社的社员投资参与、产品参与、管理参与程度均高于产业链不完整型的合作社,且 ATT 至少在 5% 的显著性水平上通过检验。通过控制组和 ATT 均值计算,相对于产业链不完整型合作社,产业链完整型合作社的社员投资参与、产品参与、管理参与分别增长 41.33%、28.94%、21.95%。这也证明了基准模型检验结果的稳健性。

表 5-5　倾向得分匹配法的估计结果

分类	匹配方法	处理组	控制组	ATT	变化率/%	t 值
社员投资参与	近邻匹配（k=4）	1.357 6	0.875 8	0.481 8*** (0.131 8)	55.01	4.62
	半径匹配（r=0.03）	1.349 0	0.887 0	0.462 0*** (0.128 2)	52.09	4.44
	核匹配	1.353 3	0.989 3	0.364 1*** (0.108 5)	36.80	3.74
	马氏匹配	1.357 6	1.081 1	0.276 5*** (0.106 5)	25.58	2.70
	均值	1.354 4	0.958 3	0.396 1	41.33	
社员产品参与	近邻匹配（k=4）	76.007 0	61.945 6	14.061 4** (4.951 4)	18.50	2.84
	半径匹配（r=0.03）	75.852 7	61.524 2	14.328 4** (5.594 0)	23.29	2.91
	核匹配	75.847 0	58.507 7	17.339 3*** (4.474 4)	29.64	3.79
	马氏匹配	76.007 0	53.569 5	22.437 4*** (4.845 1)	41.88	4.56
	均值	75.928 4	58.886 8	17.041 6	28.94	
社员管理参与	近邻匹配（k=4）	67.958 5	55.670 8	12.287 7** (5.359 3)	22.07	2.29
	半径匹配（r=0.03）	68.490 1	55.422 1	13.068 1** (5.724 5)	23.58	2.45
	核匹配	68.233 5	57.035 8	11.197 7** (5.067 8)	19.63	2.27
	马氏匹配	67.958 5	55.434 8	12.523 7** (5.120 1)	22.59	2.75
	均值	68.160 2	55.890 9	12.269 3	21.95	

注:括号内数值为通过自助法 800 次重复抽样得到的标准误。

3. 敏感性测度

由于 PSM 方法主要依据可观测变量进行测量，忽视不可测变量选择会带来"隐藏偏差"的问题。因此，使用 Rosenbaum et al. （1983）所提出的边界方法（Rosenbaum Bounds）来检验 PSM 估计结果对隐藏偏差的敏感性。在该方法中，Γ 是对隐藏偏差的敏感性的测量。Γ 越接近于 1，表示研究结果对可能存在的隐藏偏差越敏感；Γ 越接近于 2，表示研究结果对可能存在的隐藏偏差越不敏感。表 5-6、表 5-7、5-8 分别列示了以社员投资参与、产品参与、管理参与作为因变量时半径匹配、核匹配的敏感性分析结果。

由表 5-6 可知，当 $\Gamma = 2$ 时，半径匹配和核匹配依然在 5% 的置信水平上显著，说明产业链垂直整合对社员投资参与的估计结果没有受到不可观测因素的影响。由表 5-7 可知，当 $\Gamma = 2$ 时，半径匹配依然在 10% 的置信水平上显著，核匹配依然在 1% 的置信水平上显著，说明产业链垂直整合对社员产品参与的估计结果没有受到不可观测因素的影响，倾向得分匹配（PSM）的估计结果是稳健的。由表 5-8 可知，当 $\Gamma = 1.75$ 时，半径匹配在 10% 的置信水平上不再显著；当 $\Gamma = 1.55$ 时，核匹配在 10% 的置信水平上不再显著，说明产业链垂直整合对社员管理参与的估计结果在一定程度上受到了不可观测因素的影响，倾向得分匹配（PSM）的估计结果不够稳健。

表 5-6　敏感性分析结果（社员投资参与为因变量）

伽马系数 Γ	半径匹配		核匹配	
	sig+	sig-	sig+	sig-
1	9.60E-09	9.60E-09	1.20E-07	1.20E-07
1.1	1.50E-07	4.40E-10	1.60E-06	7.10E-09
1.2	1.40E-06	2.00E-11	0.000 0	3.90E-10
1.3	9.30E-06	8.70E-13	0.000 1	2.00E-11
1.4	0.000 0	3.70E-14	0.000 3	1.00E-12
1.5	0.000 1	1.60E-15	0.001 0	5.30E-14
1.6	0.000 5	1.10E-16	0.002 7	2.60E-15
1.7	0.001 4	0.000 0	0.006 4	1.10E-16
1.8	0.003 3	0.000 0	0.013 4	0.000 0
1.9	0.006 8	0.000 0	0.025 1	0.000 0
2.0	0.012 8	0.000 0	0.043 1	0.000 0

表 5-7　敏感性分析结果（社员产品参与为因变量）

伽马系数 Γ	半径匹配		核匹配	
	sig+	sig-	sig+	sig-
1	6.30E-07	6.30E-07	sig+	sig-
1.1	6.90E-06	4.20E-08	8.50E-10	8.50E-10
1.2	0.000 0	2.70E-09	1.70E-08	3.10E-11
1.3	0.000 2	1.70E-10	1.90E-07	1.10E-12
1.4	0.000 9	1.00E-11	1.40E-06	3.90E-14
1.5	0.002 7	5.90E-13	8.00E-06	1.30E-15
1.6	0.006 7	3.40E-14	0.000 0	0.000 0
1.7	0.014 7	1.90E-15	0.000 1	0.000 0
1.8	0.028 6	1.10E-16	0.000 4	0.000 0
1.9	0.050 1	0.000 0	0.000 9	0.000 0
2.0	0.080 9	0.000 0	0.002 1	0.000 0

表 5-8　敏感性分析结果（社员管理参与为因变量）

伽马系数 Γ	半径匹配		核匹配	
	sig+	sig-	sig+	sig-
1	0.000 0	0.000 0	0.000 3	0.000 3
1.1	0.000 2	2.30E-06	0.001 6	0.000 0
1.2	0.000 9	2.10E-07	0.006 4	4.70E-06
1.3	0.003 3	1.90E-08	0.018 8	5.40E-07
1.4	0.009 6	1.60E-09	0.044 5	6.00E-08
1.5	0.022 9	1.30E-10	0.088 5	6.50E-09
1.55	0.033 3	3.70E-11	0.118 2	2.10E-09
1.6	0.046 8	1.10E-11	0.153 0	6.70E-10
1.7	0.084 2	8.30E-13	0.236 5	6.70E-11
1.75	0.108 6	2.3E-13	0.283 7	2.10E-11
1.8	0.136 6	6.40E-14	0.333 6	6.70E-12
1.9	0.203 2	4.90E-15	0.437 1	6.50E-13
2.0	0.281 3	3.30E-16	0.539 6	6.20E-14

4. 偏差校正的匹配估计量

在第一阶段倾向得分匹配中，估计倾向得分会存在不确定性，难以消除模型设定的主观性，加上非精确匹配，所以一般会存在偏差。Abadie & Imbens（2011）提出了偏差校正的方法，通过回归的方法来估计偏差，得到"偏差校正匹配估计量"。从表 5-9 可以看到，社员投资参与、社员产品参与、社员管理参与的估计值分别为 0.262 3、21.557 5、12.110 7，与偏差校正前的 ATT 值相当，且至少在 5% 的水平上显著，证明研究结论的稳健性。

表 5-9　偏差校正匹配估计量

变量名	社员投资参与	社员产品参与	社员管理参与
合作社产业链垂直整合程度	0.262 3**	21.557 5***	12.110 7***
	(0.108 0)	(4.520 6)	(4.651 4)
其他变量	控制	控制	控制

注：括号内数值为标准误。

5.2.3　异质性分析

研究认为，理事长的个人特质会影响社员参与（孙天合、马彦丽、孙永珍，2021）；社员规模会影响社员信任（蔡荣、郭晓东、马旺林，2015）；合作社的产业类型、生产不确定性和市场不确定性将影响合作社产业链垂直整合程度（刘颖娴、徐旭初、郭红东，2015）。同时，产业链垂直整合紧密度也可能对社员参与程度产生差异化影响。因此，本书从合作社理事长身份、社员规模、合作社成立时间、合作社从事的产业类型以及产业链垂直整合紧密度共五个方面探讨合作社产业链垂直整合对社员参与的差异性影响。

如表 5-10 所示，从合作社理事长身份来看，在理事长不为村干部的合作社分组中，合作社产业链垂直整合均在 1% 的显著性水平上对社员投资参与、产品参与呈正向影响。同时，较之于理事长为村干部的合作社，理事长不为村干部的合作社分组的社员投资参与、产品参与的系数值分别高 0.285 8、3.071 2，可能原因是理事长不为村干部的合作社多为龙头企业、家庭农场、专业大户等发起，经营能力较强，给社员带来的收益更多，因而更能吸引社员参与。但在社员管理参与上，理事长为村干部的分组的系数值较理事长不为村干部的分组的系数值高 2.359 1。

从合作社社员规模来看，在较小社员规模的合作社分组中，合作社产业链垂直整合至少在5%的显著性水平上对社员投资参与、产品参与、管理参与呈正向影响。相对于较大社员规模的合作社分组，较小社员规模的合作社分组的社员投资参与、产品参与、管理参与的系数值分别高0.229 6、2.278 8、1.878 1，这与已有研究认为社员规模越大、社员更难形成对合作社的信任的结论一致（Hansen，Morrow，and Batista，2002；Nilsson，Kihlén，and Norell，2009）。这也表明促进合作社发展应避免片面强调社员数量规模，相反应注重合作质量。

从合作社成立时间分组来看，在成立时间较短的合作社分组中，合作社产业链垂直整合均至少在5%的显著性水平上对社员投资参与、产品参与、管理参与呈正向影响。同时，成立时间较短合作社分组的社员投资参与、产品参与、管理参与的系数值分别较成立时间较长分组高0.094 2、3.989 5、1.079 9。这说明在成立时间较短分组中，合作社产业链垂直整合对社员参与的影响更为显著。

从合作社从事产业类型分组来看，在高风险产业分组中，合作社产业链垂直整合均在1%的显著性水平上对社员投资参与、产品参与、管理参与呈正向影响。同时，从事高风险产业分组合作社的社员投资参与、产品参与、管理参与的系数值较低风险产业分组分别高0.416 0、1.511 7、5.939 6。这说明在高风险产业分组中，合作社产业链垂直整合对社员参与的影响更为显著。可能的原因是高风险往往也伴随着高收益，降低风险、获取更高的利润将驱动社员更多地参与合作社。

从合作社产业链垂直整合紧密度来看，在产业链垂直整合紧密度较高的分组中，合作社产业链垂直整合对社员投资参与、产品参与、管理参与的影响程度更高，较产业链垂直整合紧密度较低的分组分别高0.786 3、8.791 6、11.456 2①。这说明合作社产业链上、下游衔接更紧密，合作社产业链垂直整合对社员参与的影响更为显著。

---

① 考虑到在农资生产、农产品销售等农业产业链下游和下游环节多以企业等形式开展经营，如合作社与企业建立产权合作和治理合作（包含合作社发起成立企业或企业发起成立合作社的统一治理结构的情形），则视作产业链垂直紧密度较高，能够避免一般契约关系所带来的契约履行不稳定问题；若合作社与企业建立一般层次的长期契约合作或未建立合作关系，则视为产业链垂直紧密度较低。

表 5-10 异质性样本的估计结果

按理事长身份分组

	理事长为村干部			理事长不为村干部		
	(1) OLOGIT	(2) MLR	(3) MLR	(1) OLOGIT	(2) MLR	(3) MLR
	投资参与	产品参与	管理参与	投资参与	产品参与	管理参与
产业链垂直整合程度	0.120 6	10.298 8***	8.004 8***	0.406 4***	13.370 0***	5.645 7**
	(0.161 7)	(2.699 6)	(2.729 6)	(0.139 5)	(2.074 9)	(2.541 1)
控制变量	控制	控制	控制	控制	控制	控制
常数项		2.229 9	42.269 1**		23.317 5**	55.051 2***
		(16.068 4)	(19.613 6)		(9.440 3)	(13.079 6)
N	104	104	104	227	227	227
Pseudo R^2	0.093 2			0.097 9		
R-sq		0.283 3	0.175 9		0.278 3	0.079 5
Wald χ^2	16.296 8			36.771 0***		
F		4.267 9***	1.538 2		9.070 1***	1.856 9**

按社员规模分组

	较小社员规模的合作社 （小于或等于 110 人）			较大社员规模的合作社 （大于 110 人）		
	(1) OLOGIT	(2) MLR	(3) MLR	(1) OLOGIT	(2) MLR	(3) MLR
	投资参与	产品参与	管理参与	投资参与	产品参与	管理参与
产业链垂直整合程度	0.416 3**	12.497 2***	6.537 4**	0.186 7	10.218 4***	4.659 3
	(0.165 4)	(2.296 8)	(2.753 9)	(0.151 8)	(2.483 7)	(2.829 2)
控制变量	控制	控制	控制	控制	控制	控制
常数项		18.245 4*	39.839 3***		1.584 2	61.438 7
		(10.197 2)	(13.867 5)		(32.437 2)	(40.796 8)
N	181	181	181	150	150	150
Pseudo R^2	0.087 1			0.099 2		
R-sq		0.302 5	0.110 1		0.264 4	0.118 4
Wald χ^2	23.364 3*			402.498 1		
F		9.325 4***	1.803 5**		5.273 6***	1.494 4

表5-10(续)

按合作社成立时间分组

	成立时间6年及以下的合作社			成立时间超过6年的合作社		
	(1)OLOGIT	(2)MLR	(3)MLR	(1)OLOGIT	(2)MLR	(3)MLR
	投资参与	产品参与	管理参与	投资参与	产品参与	管理参与
产业链垂直整合程度	0.322 8**	13.754 2***	7.336 7***	0.228 6	9.764 7***	6.256 8**
	(0.150 0)	(2.278 8)	(2.666 3)	(0.149 9)	(2.557 5)	(2.913 4)
控制变量	控制	控制	控制	控制	控制	控制
常数项		13.186 2	51.645 9***		45.554 6**	51.949 0**
		(10.336 6)	(13.444 1)		(19.785 4)	(24.428 3)
N	189	189	189	142	142	142
Pseudo R^2	0.080 1			0.098 1		
R-sq		0.269 1	0.155 9		0.316 1	0.074 9
Wald χ^2	34.487 0***			27.625 1**		
F		6.669 6***	2.815 1***		4.753 6***	0.727 2

按合作社从事的产业类型分组

	从事低风险（粮油、果蔬）产业的合作社			从事高风险（养殖、蚕药茶）产业的合作社		
	(1)OLOGIT	(2)MLR	(3)MLR	(1)OLOGIT	(2)MLR	(3)MLR
	投资参与	产品参与	管理参与	投资参与	产品参与	管理参与
产业链垂直整合程度	0.172 1	11.078 5***	4.185 3*	0.588 1***	12.590 2***	10.124 9***
	(0.138 9)	(2.304 1)	(2.384 5)	(0.182 3)	(2.174 9)	(3.178 7)
控制变量	控制	控制	控制	控制	控制	控制
常数项		23.672 2**	48.273 2***		9.186 7	40.679 0**
		(10.934 0)	(12.935 1)		(11.979 0)	(17.273 9)
N	198	198	198	133	133	133
Pseudo R^2	0.083 8			0.115 2		
R-sq		0.205 4	0.087 3		0.398 4	0.125 3
Wald χ^2	31.794 8***			28.581 4***		
F		4.984 7***	1.801 4***		10.677 7***	1.865 1**

表5-10(续)

按合作社产业链垂直整合紧密度分组					
产业链垂直整合紧密度较高			产业链垂直整合紧密度较低		
(1) OLOGIT	(2) MLR	(3) MLR	(1) OLOGIT	(2) MLR	(3) MLR
投资参与	产品参与	管理参与	投资参与	产品参与	管理参与
产业链垂直整合程度	1.096 0	19.998 3***	17.762 7*	0.309 7***	11.206 7***	6.306 5***
	(0.921 0)	(6.521 3)	(9.740 2)	(0.108 9)	(1.688 3)	(1.943 7)
控制变量	控制	控制	控制	控制	控制	控制
常数项		32.521 9***	93.568 0***		19.117 7***	45.541 0***
		(38.915 6)	(29.321 3)		(8.565 2)	(11.374 0)
N	26	26	26	305	305	305
Pseudo R^2	0.530 8			0.058 9		
R-sq		0.616 2	0.627 5		0.245 7	0.082 5
Wald χ^2	252.02***			37.71***		
F					8.86***	2.39***

5.3 农民专业合作社产业链垂直整合对社员参与影响路径的实证分析

为验证3.2.2节和3.2.3节提出的合作社产业链垂直整合对社员参与的影响机理，本书采取依次检验法和自助法两种方法进行中介效应检验。依次检验法估计结果如表5-11至5-15所示，Bootstrap法估计结果如表5-16所示。在Bootstrap法中，有四种95%的置信区间结果：正态分布的置信区间（N）、百分位的置信区间（P）、偏差校正的置信区间（BC）以及偏差校正与加速的置信区间（BCa）。一般认为，偏差校正与加速的置信区间（BCa）更为可靠（Efron & Tibshirani，1993）。因此，本书采用偏差校正与加速的置信区间（BCa）。

表5-11 合作社产业链垂直整合对社员参与影响路径的实证分析结果（社员收益增长为中介变量）

	投资参与			产品参与		管理参与	
	（1）OLOGIT	（2）MLR	（3）OLOGIT	（4）MLR	（5）MLR	（6）MLR	（7）MLR
	投资参与	社员收益增长	投资参与	产品参与	产品参与	管理参与	管理参与
产业链垂直整合程度	0.329 9*** (0.105 8)	0.302 5*** (0.056 2)	0.296 3*** (0.112 7)	-1.682 5*** (1.620 4)	9.767 2*** (1.715 1)	6.542 4*** (1.861 5)	4.472 7** (1.936 0)
社员收益增长			0.105 4 (0.105 8)		6.331 9*** (1.742 9)		6.842 3*** (2.110 2)
控制变量	控制	控制	控制	控制	控制	控制	控制
常数项		0.649 9** (0.287 8)		19.109 4** (8.172 0)	14.994 5* (7.852 5)	48.228 4*** (10.778 7)	43.781 8*** (10.881 0)
Pseudo R^2	0.065 1		0.066 6				
R-sq		0.256 8		0.254 3	0.284 1	0.089 2	0.121 9
Wald χ^2	45.449 3***		46.927 0***				
F		10.502 0***		9.860 2***	11.441 6***	2.515 1***	3.345 5***

表 5-12 合作社产业链垂直整合对社员参与影响路径的实证分析结果（物质专用资产为中介变量）

	投资参与			产品参与		管理参与	
	(1) OLOGIT 投资参与	(2) MLR 物质专用资产	(3) OLOGIT 投资参与	(4) MLR 产品参与	(5) MLR 产品参与	(6) MLR 管理参与	(7) MLR 管理参与
产业链垂直整合程度	0.329 9*** (0.105 8)	0.610 7*** (0.114 3)	0.298 6*** (0.109 9)	11.682 5*** (1.620 4)	12.754 2*** (1.762 9)	6.542 4*** (1.861 5)	6.053 3*** (1.982 7)
物质专用资产			0.102 1** (0.045 8)		-1.623 3* (0.920 8)		1.120 6 (1.041 2)
控制变量	控制	控制	控制	控制	控制	控制	控制
常数项		0.812 2 (0.602 5)		19.109 4** (8.172 0)	20.439 6*** (8.488 2)	48.228 4*** (10.778 7)	45.645 0*** (10.819 1)
Pseudo R^2	0.065 1		0.074 8				
R-sq		0.201 4		0.254 3	0.262 5	0.089 2	0.093 7
Wald χ^2	45.449 3***		47.496 8***			—	—
F	—	6.939 2***	—	9.860 2***	8.633 2***	2.515 1	2.258 9

表 5-13　合作社产业链垂直整合对社员参与影响路径的实证分析结果（农产品品质专用资产为中介变量）

	投资参与			产品参与		管理参与	
	(1) OLOGIT 投资参与	(2) OLOGIT 农产品品质专用资产	(3) OLOGIT 投资参与	(4) MLR 产品参与	(5) MLR 产品参与	(6) MLR 管理参与	(7) MLR 管理参与
产业链垂直整合程度	0.329 9*** (0.105 8)	0.617 6*** (0.110 4)	0.284 7** (0.112 9)	11.682 5*** (1.620 4)	11.296 2*** (1.783 0)	6.542 4*** (1.861 5)	5.288 6*** (2.012 3)
农产品品质专用资产			0.137 5 (0.106 9)		1.212 0 (2.123 8)		3.934 1 (2.428 5)
控制变量	控制	控制	控制	控制	控制	控制	控制
常数项				19.109 4** (8.172 0)	20.436 3*** (8.653 6)	48.228 4*** (10.778 7)	52.535 5*** (10.757 7)
Pseudo R^2	0.065 1	0.212 5	0.067 2				
R-sq				0.254 3	0.255 1	0.089 2	0.097 4
Wald χ^2	45.449 3***	228.255 1***	48.209 4***				
F				9.860 2***	9.235 6***	2.515 1***	2.540 4***

表 5-14 合作社产业链垂直整合对社员参与影响路径的实证分析结果（设立公积金为中介变量）

	投资参与			产品参与		管理参与	
	(1) OLOGIT 投资参与	(2) OLOGIT 公积金制度	(3) OLOGIT 投资参与	(4) MLR 产品参与	(5) MLR 产品参与	(6) MLR 管理参与	(7) MLR 管理参与
产业链垂直整合程度	0.329 9*** (0.105 8)	0.181 5** (0.090 9)	0.295 1*** (0.110 5)	11.682 5*** (1.620 4)	11.097 6*** (1.628 1)	6.542 4*** (1.861 5)	5.724 1*** (1.853 1)
设立公积金			0.288 2** (0.121 0)		5.710 5*** (1.939 0)		7.989 5*** (1.817 9)
控制变量	控制	控制	控制	控制	控制	控制	控制
常数项				19.109 4** (8.172 0)	20.319 4** (8.186 7)	48.228 4*** (10.778 7)	49.921 4*** (10.797 6)
Pseudo R^2	0.065 1	0.048 8	0.074 6				
R-sq				0.254 3	0.275 9	0.089 2	0.128 9
Wald χ^2	45.449 3***	34.478 0***	50.505 0***				
F				9.860 2***	10.859 5***	2.515 1***	4.137 0***

农民专业合作社产业链垂直整合、社员参与及绩效

表 5-15　合作社产业链垂直整合对社员参与影响路径的实证分析结果（制度建设为中介变量）

	投资参与			产品参与		管理参与	
	(1) OLOGIT 投资参与	(2) OLOGIT 制度建设	(3) OLOGIT 投资参与	(4) MLR 产品参与	(5) MLR 产品参与	(5) MLR 管理参与	(7) MLR 管理参与
产业链垂直整合程度	0.329 9*** (0.105 8)	0.401 8*** (0.092 9)	0.272 4** (0.109 1)	11.682 5*** (1.620 4)	9.741 3*** (1.659 6)	6.542 4*** (1.861 5)	5.407 9*** (1.930 9)
制度建设			0.175 3** (0.073 6)		5.851 6*** (1.180 2)		3.419 9** (1.599 6)
控制变量	控制	控制	控制	控制	控制	控制	控制
常数项				19.109 4** (8.172 0)	6.494 9 (8.102 4)	48.228 4*** (10.778 7)	40.856 0*** (11.322 4)
Pseudo R^2	0.065 1	0.066 0	0.073 4				
R-sq				0.254 3	0.304 1	0.089 2	0.105 2
Wald χ^2	45.449 3***	57.559 0***	50.000 3***				
F				9.860 2***	13.140 6***	2.515 1***	2.861 0***

表 5-16 Bootstrap 法检验结果

序号	因变量	Effect	Boot SE	Boot CI 下限	Boot CI 上限	相对效应量 /%
社员收益增长为中介变量						
（1）	投资参与	0.036 3***	0.014 6	0.013 5	0.074 6	43.27
（2）	产品参与	2.934 6***	0.737 5	1.652 3	4.672 6	31.67
（3）	管理参与	1.343 9**	0.653 5	−0.005 8	2.666 8	16.42
物质专用资产为中介变量						
（4）	投资参与	0.016 7***	0.006 1	0.007 0	0.034 5	31.77
（5）	产品参与	1.759 2***	0.441 9	1.014 7	2.747 4	—
（6）	管理参与	0.834 9***	0.319 0	0.294 6	1.541 4	42.69
农产品品质专用资产为中介变量						
（7）	投资参与	0.046 2***	0.017 2	0.014 0	0.089 0	42.94
（8）	产品参与	4.515 2***	0.998 7	2.932 1	7.005 6	78.84
（9）	管理参与	2.113 9**	0.887 9	0.260 4	3.689 2	34.95
设立公积金为中介变量						
（10）	投资参与	0.015 4*	0.008 4	0.003 4	0.039 3	12.38
（11）	产品参与	1.376 0**	0.641 5	0.270 8	2.748 0	19.42
（12）	管理参与	0.709 7*	0.397 2	0.085 3	1.755 6	8.16
制度建设为中介变量						
（13）	投资参与	0.019 4**	0.008 1	0.005 8	0.040 0	21.13
（14）	产品参与	1.700 7***	0.438 7	0.963 0	2.749 0	22.52
（15）	管理参与	0.944 1**	0.397 1	0.243 2	1.891 0	21.63

注：①采用自助法 800 次重复抽样计算；②采用偏差校正与加速的置信区间（BCa）。

5.3.1 社员收益增长

从表 5-11 可见，在方程（1）、（2）以及（4）-（7）中，各变量均至少通过 5% 水平上的显著性检验，说明社员收益增长在合作社产业链垂直整合对社员产品参与、管理参与的影响中起到部分中介效应；从表 5-16可见，经 Bootstrap 法检验，社员收益增长在合作社产业链垂直整合对社员产品参与、管理参与影响的置信区间不包括 0，中介效应成立。经计算，社员收益增长在合作社产业链垂直整合对投资参与、产品参与影响中的相对效应量分别为43.27%、31.67%。

从表5-11可见，在方程（3）中，当因变量为社员投资参与时，社员收益增长未通过显著性检验，但由于依次检验法检验效力较低（温忠麟、刘红云，2020），还需进行 Bootstrap 检验。由表5-16的第（3）行，经Bootstrap法检验，社员收益增长在合作社产业链垂直整合对社员管理参与影响的置信区间不包括0，社员收益增长可以被视为起到显著中介效应，相对效应量为16.42%。综上，社员收益增长在合作社产业链垂直整合对社员投资参与、产品参与、管理参与的影响中起到显著中介效应，假设 H_2、H_{2a}、H_{2b}、H_{2c} 得到验证。

5.3.2 专用性资产

如3.2.3节所述，专用性资产在很大程度上决定了交易属性以及治理结构选择。同时，交易双方共同向专用性资产投资是重要的补充契约治理机制，有助于对交易者的机会主义行为进行反向约束。

首先，分析物质专用资产在农民专业合作社产业链垂直整合对社员参与影响中是否存在中介效应。从表5-12可见，在方程（1）-（3），各变量均至少通过5%水平上的显著性检验，说明物质专用资产在合作社产业链垂直整合对社员投资参与的影响中起到部分中介效应；根据表5-16，经Bootstrap法计算，其相对效应量为31.77%。可见，随着合作社产业链延伸，合作社的投资额度和附带风险也随之增加，合作社更希望增进与社员之间的利益共享关系，以防止被套牢所带来的风险。在表5-11的方程（4）、（5）中，各变量均至少通过10%水平上的显著性检验；但当因变量为社员产品参与时，物资专用资产的系数为负，且 β_{ih} 的绝对值大于 β_i 的绝对值。据温忠麟和刘红云（2020）的研究，可判定物质专用资产在合作社产业链垂直整合对社员产品参与的影响中起到遮蔽效应。可能的原因是，当物质专用资产用以投资时，合作社为克服与社员契约关系的不稳定性以及小农户滥用投入品、生产技术掌握不够等所带来的农产品质量问题，倾向于通过自建生产基地的方式保障原料供给。在方程（7）中，当因变量为社员管理参与时，物资专用资产未通过显著性检验，但经 Bootstrap 法检验，由表5-16的第（6）行可知，物质专用资产在合作社产业链垂直整合对社员管理参与影响的置信区间不包括0，物质专用资产可以被视为起到显著中介效应，相对效应量为42.69%。

其次，分析农产品品质专用资产在合作社产业链垂直整合对社员参与影响中是否存在中介效应。从表5-13可见，在方程（3）、（5）、（7）中，当社员参与作为因变量时，农产品品质专用资产均未通过显著性检验。考虑到依次检验法的检验效力较低，需进行Bootstrap法检验。由表5-16的第（7）、（8）、（9）行可见，农产品品质专用资产在合作社产业链垂直整合对社员投资参与、产品参与、管理参与影响的置信区间均不包括0，可以认为农产品品质专用资产的中介效应成立，其在社员投资参与、产品参与、管理参与中所发挥的相对效应量分别为42.94%、78.84%、34.95%。

综上，假设H_3、H_4均部分得证。其中，假设H_{3b}得以证实，随着合作社产业链垂直整合带来专用性资产增加，合作社将排斥社员的产品参与。这与实地调查的情况一致，随着产业链延伸，专用性资产增多，合作社为确保农产品品质，会选择自建生产基地或仅收购农户手中的优质农产品，从而导致社员的产品参与程度下降。同时，假设H_{4a}、H_{4c}得以证实，随着合作社产业链垂直整合深化、专用性资产增加，社员的投资参与将得到强化，这不仅是合作社内源性融资的需求，也可以通过社员投资专用性资金解决契约不稳定的问题、降低契约相关的风险，还说明多数合作社仍选择双边治理结构，而非转变为统一治理结构。

5.3.3 抵押品设置

如3.2.3节所述，抵押品反映社员为稳定其与合作社之间的契约关系所作出的可置信承诺。抵押品除社员直接投资之外，还包括经民主表决的合作社公积金。由表5-14可见，在方程（1）-（7）中，各变量均至少通过5%水平上的显著性检验，说明抵押品设置（设立公积金）在合作社产业链垂直整合对社员投资参与、产品参与、管理参与的影响中起到部分中介效应。由Bootstrap法检验，从表5-16的第（10）-（12）行可见，抵押品设置（设立公积金）在合作社产业链垂直整合对社员投资参与、产品参与、管理参与影响的置信区间均不包括0，同样证明抵押品设置（设立公积金）的中介效应成立，其在社员投资参与、产品参与、管理参与中所发挥的相对效应量分别为12.38%、19.42%、8.16%。综上，假设H_5、H_{5a}、H_{5b}、H_{5c}得证。

5.3.4 制度性信任

制度性信任利用合作社的制度建设完整程度来表示，反映合作社为稳定交易关系所作出的可置信承诺。首先，分析制度建设在合作社产业链垂直整合对社员参与影响中是否存在中介效应。从表 5-15 可见，在方程（1）-（7）中，各变量均至少通过 5% 水平上的显著性检验，说明制度建设在合作社产业链垂直整合对社员投资参与、产品参与、管理参与的影响中起到部分中介效应。由 Bootstrap 法检验，从表 5-16 的第（13）-（15）行可见，制度建设在合作社产业链垂直整合对社员投资参与、产品参与、管理参与影响的置信区间均不包括 0，同样证明制度建设的中介效应成立，其在社员投资参与、产品参与、管理参与中所发挥的相对效应量分别为 21.13%、22.52%、21.63%。综上，假设 H_6、H_{6a}、H_{6b}、H_{6c} 得证。

基于上述分析，可得到以下两条启示：

第一，在考虑资产专用性的情况下，农民专业合作社产业链垂直整合对社员参与有着既吸纳又排斥的双重关系。一方面，唯有合作社与社员之间建立充分的信任关系和稳定的长期契约，才能防止专用性资产增长伴生的"敲竹杠"风险，从而确保合作社与产前、产后各环节经营主体在产品交易上衔接，拓展合作社的内源融资渠道，增强合作社的风险防范能力。从这个意义上来说，合作社产业链垂直整合对社员有着吸纳关系。另一方面，随着专用性资产增加，合作社也倾向于通过自建基地、仅选取收购优质农产品等方式，达到防范社员机会主义行为风险所导致的原料供应不及时、农产品质量不达标等目的，从而避免对外形象受损导致前期的专用性资产沉没，这在一定程度上排斥了社员产品参与。由此可见，合作社产业链垂直整合对社员参与既吸纳又排斥，这一看似自相矛盾的现象均源于合作社保障农产品原料供给的目的。

第二，农民专业合作社产业链垂直整合往往伴随着合作社内部变革加深。合作社产业链垂直整合深化带来了社员关系的紧密化。合作社产业链垂直整合还进一步地带来了合作社制度变革。一方面，产业链垂直整合深化意味着通过健全制度来保障合作社与社员之间契约稳定性的需求的增加；另一方面，随着合作社经济绩效增加、资金积累和知识积累增长，合作社也能负担制度建设成本。因此，合作社产业链垂直整合将引发合作社成员关系变革、制度变革等一系列连锁反应，这有助于合作社突破"散、乱、弱"的发展困境。

综合依次检验法和 Bootstrap 法估计结果，可得出表 5-17 的中介效应检验结果。易知，社员收益增长、农产品品质专用资产、设立公积金、制度建设等均在合作社产业链垂直整合对普通社员的投资参与、产品参与以及管理参与的影响中起到显著的中介效应。另外，物质专用资产在合作社产业链垂直整合对社员投资参与、管理参与的影响中起到显著的中介效应，在合作社产业链垂直整合对社员产品参与的影响中起遮蔽效应。

表 5-17　中介效应检验结果一览

编号	中介效应传导路径	是否存在中介效应
1	合作社产业链垂直整合→社员收益增长→社员投资参与	存在
2	合作社产业链垂直整合→社员收益增长→社员产品参与	存在
3	合作社产业链垂直整合→社员收益增长→社员管理参与	存在
4	合作社产业链垂直整合→物质专用资产→社员投资参与	存在
5	合作社产业链垂直整合→物质专用资产→社员产品参与	遮蔽效应
6	合作社产业链垂直整合→物质专用资产→社员管理参与	存在
7	合作社产业链垂直整合→农产品品质专用资产→社员投资参与	存在
8	合作社产业链垂直整合→农产品品质专用资产→社员产品参与	存在
9	合作社产业链垂直整合→农产品品质专用资产→社员管理参与	存在
10	合作社产业链垂直整合→设立公积金→社员投资参与	存在
11	合作社产业链垂直整合→设立公积金→社员产品参与	存在
12	合作社产业链垂直整合→设立公积金→社员管理参与	存在
13	合作社产业链垂直整合→制度建设→社员投资参与	存在
14	合作社产业链垂直整合→制度建设→社员产品参与	存在
15	合作社产业链垂直整合→制度建设→社员管理参与	存在

注：根据表 5-11 至表 5-16 汇总而得。

5.4　本章小结

本章验证了农民专业合作社产业链垂直整合对社员参与的影响以及具体的影响机理。我们可以得出如下主要研究结论：

第一，合作社产业链垂直整合对社员投资参与、产品参与具有显著正向影响，假设 H_{1a}、H_{1b} 得证。合作社产业链垂直整合对社员管理参与的影响通过 MLR 基准模型、替代关键变量稳健性检验、倾向得分匹配法（PSM）均得到证明，但 PSM 的敏感性分析结果显示，合作社产业链垂直整合对社员管理参与影响的估计结果受到隐藏变量的影响，可见，假设 H_{1c} 勉强得证。

第二，从异质性分析来看，在理事长不具有村干部身份、社员规模较大、成立时间更短、产业风险更高的合作社中，合作社产业链垂直整合对社员参与的影响更为显著。在产业链垂直整合紧密度较高的合作社分组中，合作社产业链垂直整合对社员投资参与、社员产品参与以及社员管理参与的促进作用均更为明显。

第三，收益增长是普通社员在更大程度上参与合作社的激励动机。社员收益增长在合作社产业链垂直整合对社员投资参与、产品参与、管理参与的影响中均起到显著的中介效应。假设 H_2 以及 H_{2a}、H_{2b}、H_{2c} 得证。

第四，物质专用资产在合作社产业链垂直整合对社员投资参与、管理参与的影响中起到显著的中介效应；农产品品质专用性资产在合作社产业链垂直整合对社员投资参与、产品参与、管理参与的影响中起显著的中介效应，H_{4a}、H_{4c} 得以证实。这说明尽管专用性资产增加，多数合作社仍选择双边治理结构，而非转变为统一治理结构（投资者控制企业）。同时，物质专用资产在合作社产业链垂直整合对社员产品参与的影响中起到遮蔽效应，假设 H_{3b} 得以证实。可能的原因是合作社为保证产品品质，会选择自建生产基地以供应部分高端市场的产品，或仅收购社员农户手中的优质农产品，导致社员产品参与下降。

第五，抵押品设置（设立公积金）反映社员为稳定其与合作社之间的交易关系所作出的可置信承诺。实证分析表明，设立公积金在合作社产业链垂直整合对社员投资参与、产品参与、管理参与的影响中起到显著的中介效应。假设 H_5 以及 H_{5a}、H_{5b}、H_{5c} 得证。

第六，制度建设可视作合作社为稳定其与社员之间的契约关系的补充治理机制，制度具有强化社员信赖认同的功能。实证分析表明，制度建设在合作社产业链垂直整合对社员投资参与、产品参与、管理参与的影响中起到显著的中介效应。假设 H_6、H_{6a}、H_{6b}、H_{6c} 得以证明。

6 农民专业合作社绩效评价及农民专业合作社产业链垂直整合对绩效的影响的实证分析

第 5 章探讨了农民专业合作社产业链垂直整合对社员参与的影响及影响机理，本章将分析合作社产业链垂直整合对合作社绩效的影响。本章分成以下两个部分：在第 1 个部分中，建立绩效评价指标体系，利用熵值法对合作社绩效进行评价测度；在第 2 个部分中，利用多重线性回归模型（MLR）和似不相关回归模型（SUR），分析合作社产业链垂直整合对绩效的影响，并进行稳健性和异质性分析。

6.1 农民专业合作社绩效评价

本节根据合作社的组织性质、原则，将绩效划分为经济绩效和社会绩效两个方面。采用对四川省共 12 县（区）实地调研所形成的 331 家合作社样本数据，设计测度合作社绩效的指标体系，利用熵权法进行指标赋权，计算合作社绩效评价结果。

6.1.1 绩效评价指标选取

6.1.1.1 指标选取原则

农民专业合作社的组织绩效是对其发展水平和质量的量化反映。在评价合作社绩效时，一方面，指标选择要对应相关理论基础、契合合作社质性规定，尽可能地全面选取与合作社组织绩效相关的各个指标，根据各项指标之间的逻辑关系建立分层逻辑结构；另一方面，要符合合作社的现实特征，保证指标的可获取性、简单明了，从而全面、科学、规范地反映合作社发展水平与效益。

因此，合作社绩效评价指标选取应当遵循以下三大原则：一是选取依据充分且科学。指标体系构建和每一个指标选取都应该具有相应的理论依据，契合合作社的定义、价值和原则，指标体系的设计应逻辑严密、层次清晰。二是全面性特征。反映合作社发展水平的重要指标不能缺失。具体而言，合作社具有成员共同体和经营制企业的双重属性，其指标设计既要反映经济绩效的好坏，又要反映合作社是否符合"民有、民建、民受益"的本质性规定，是否承担社会责任、实现社员利益，指标内容应当包括经济绩效和社会绩效。三是可操作性原则。指标体系的设计应当思路简洁、便于理解，指标释义应当清楚。重点选取具有代表性、可比性和信息量较大的指标，确保指标数据易采集、易计算且结果可靠。

6.1.1.2 指标选取依据

本章从农民专业合作社的制度特性、既有研究两个方面探讨合作社绩效评价指标体系的选择依据。

从农民专业合作社的制度特性来看，组织是寻求某一个或几个目标而形成的共同体，组织绩效是相对于组织目标而言的，反映了组织目标的实现程度（罗必良，2015）。农民专业合作社是社员联合自助成立起来的企业，并在经济活动中实现其社会功能，兼具特殊形式企业和"弱者的联合"的共同体的双重属性（唐宗焜，2007）。一方面，合作社是特殊形式的企业，在市场环境中需要持续盈利来保障组织运行、回馈社员利益诉求，因此，获取更多利润是合作社的重要目标之一；另一方面，合作社又是"弱者的联合"的共同体，要兼顾满足成员共同的社会与文化需求。公平、团结、民主以及服务社区是合作社的重要价值旨趣，同时，促进社员福利改善、服务社区发展也是合作社的组织目标之一。

从表6-1可见，从既有的对农民专业合作社绩效评价的研究来看，目前尚没有权威认定、一致性采纳的合作社绩效评价标准。各位学者均从各自研究的角度探讨合作社绩效评价标准，但多数学者综合考虑了收入表现、交易改善、社员规模等多重影响。社员满意度或社员收入、内部管理制度等均是合作社承担社会责任的体现，可被纳入社会绩效范畴；盈余总额、成员总数、转入土地面积、财务绩效、成长能力等是合作社盈利水平的体现，可被纳入经济绩效范畴。

综上所述，本书结合前期研究，溯源合作社的组织性质、目标以及运行原则，建立包括经济绩效和社会绩效在内的综合性的绩效评价指标体系。

表6-1　已有研究关于农民专业合作社绩效评价指标的选择

分类	评价标准及作者、发表年份
单一评价维度	合作社盈余总额、人均盈余总额（梁巧、白荣荣，2021）；盈余额、成员总数、转入土地面积（周振、孔祥智，2015）
多个评价维度	经济绩效和社员满意度（张颖、赵翠萍、王礼力，2021）；社员满意度、内部管理制度、财务业绩、成长能力（文雷，2016）；核心成员收入绩效、普通成员收入绩效、交易绩效和社会绩效（崔宝玉、简鹏、王纯慧，2016）

6.1.1.3　指标选取设置

基于指标选取的理论依据、原则，结合农民专业合作社发展现实，我们将指标体系的准则层分为经济绩效、社会绩效。

经济绩效反映合作社的盈利能力，包括合作社总收入、合作社净利润、资产收益率三个指标。具体来说，总收入为合作社近三年销售额的均值；净利润为近三年合作社总收入减去生产成本、缴纳税费所得的净收入的均值；资产收益率为合作社税后收益（包括利息）与合作社总资产的比率，它是用来衡量每单位资产创造多少净利润的指标[1][2]。

社会绩效反映合作社对社员福利的改善作用程度和其社会责任履行程度，包括社员收益增长、社区带动、社会公益、政府认定四个指标。社员收益增长是指合作社社员近年来收入增长程度，通过社员问卷获取数据。在选项设计上，收入下降＝1、收入没有变化＝2、收入有所增长＝3、收入大幅增长＝4，将若干名被调查普通社员收益增长评价的均值作为"社员收益增长"指标的评价结果。社区带动是指合作社是否为非合作社成员提供生产性服务，按照所提供服务类型的数量赋值，比如仅提供一项＝1，两项＝2，以此类推，反映了合作社对非社员农户的带动情况。社会公益是指合作社

---

[1]　合作社总收入、合作社净利润、资产收益率等相关数据通过合作社年度财务报表获得。

[2]　资产收益率＝净利润/平均资产总额；平均资产总额＝（本年期初总资产＋本年期末总资产）/2×100%（期初总资产和期末总资产，见资产负债表）。

是否通过捐赠、赞助、提供公共服务等形式在社区开展相关公益活动，比如是=1，否=0。政府认定反映合作社的社会形象，用合作社自成立以来获得的来自各级政府授予的荣誉、奖励（除示范社评定以外的奖励和荣誉）来衡量，在选项设计上，县级=1、市级=2、省级=3、国家级=4。

指标选取如表6-2所示。

表6-2　农民专业合作社绩效评价指标

目标层	准则层	指标层	编号
合作社的绩效	经济绩效（EP）	总收入/万元	E1
		净利润/万元	E2
		资产收益率/%	E3
	社会绩效（SP）	社员收益增长（得分）	S1
		社区服务	S2
		社会公益	S3
		政府认定	S4

6.1.1.4　指标描述性统计分析

表6-3显示了331家农民专业合作社绩效评价各项指标的描述性统计分析结果。合作社资产收益率均值为5.881 9%，其离散度为5项指标与1偏离最大的指标；其次为合作社净利润，均值为15.883 2万元，离散度为2.786 8；再次为合作社总收入，离散度为1.949 4。这说明不同合作社的盈利能力存在较大差异，同时合作社的盈利能力总体上不强。

表6-3　合作社绩效各评价指标的描述性统计结果

指标		均值	标准差	离散度	最小值	最大值
经济绩效（EP）	总收入/万元	214.364 1	417.886 7	1.949 4	0.00	3 190.18
	净利润/万元	15.883 2	44.262 8	2.786 8	-203.74	322.73
	资产收益率/%	5.881 9	41.714 7	7.092 0	-227.57	465.90
社会绩效（SP）	收入增长程度（得分）	2.213 6	1.199 3	0.541 8	1.00	4.00
	社区服务	1.465 3	1.134 0	0.773 9	0.00	3.00
	社区带动	0.492 4	0.500 7	1.016 9	0.00	1.00
	政府认定	1.036 3	1.368 0	1.320 1	0.00	4.00

6.1.2 基于熵值法的合作社绩效评价过程

6.1.2.1 熵值法介绍

熵最初是热力学的状态变量，而后被引入信息论，用来度量信息发出的不确定性程度（赵恒勤，2016）。按照信息论基本原理，熵是系统无序程度的度量。某项指标的信息量越大，不确定性就越小，熵值就越小；相反，熵值就越大。由于熵的上述特性，我们能够通过计算各个指标的离散程度判断反馈信息量的大小，进而形成各个指标权重。熵值越小，信息无序程度就越低，所蕴含的信息量和所应该赋予的权重就越大。

本书运用熵权法对合作社绩效的各个指标赋权，并计算最终绩效评价结果。其计算步骤如下：

第一步，进行数据标准化处理。鉴于选取的指标量纲和单位不一致，造成不可测度，会带来较大的计算偏差，我们首先采用归一法对各个指标数据进行标准化处理。其计算公式如下：

$$x'_{ij} = (x_{ij} - x_{\min})/(x_{\max} - x_{\min}) \quad i = 1,2,3,\cdots,m; j = 1,2,3,\cdots,n$$

$$(6-1)$$

第二步，计算指标值在该指标下的权重 p_{ij}。如公式（6-2）：

$$p_{ij} = x'_{ij} / \sum_{i=1}^{m} x'_{ij}$$

$$(6-2)$$

第三步，计算指标 j 的熵值。如公式（6-3）：

$$e_j = - k \sum_{i=1}^{m} p_{ij}\ln(p_{ij})$$

$$(6-3)$$

其中，$k = 1/\ln m$，$\ln$ 为自然对数。

第四步，计算差异系数。如公式（6-4）：

$$g_j = 1 - e_j$$

$$(6-4)$$

差异系数越大，说明熵值越小，该指标所占的权重就越大。

第五步，计算第 j 项指标的权重 W_j。如公式（6-5）：

$$W_j = g_j / \sum_{i=1}^{m} g_j \quad j = 1,2,3,\cdots,n$$

$$(6-5)$$

各个指标权重计算结果如表6-4所示。

表 6-4　绩效指标权重值

指标	信息熵值 e	信息效用值 d	权重
总收入/万元	0.816 3	0.183 7	0.328 1
净利润/万元	0.996 6	0.003 4	0.006 1
资产收益率/%	0.997 8	0.002 2	0.004 0
收入增长程度（得分）	0.964 2	0.035 8	0.063 9
社区服务	0.933 3	0.066 7	0.119 0
社区带动	0.887 7	0.112 3	0.200 5
政府认定	0.844 1	0.155 9	0.278 4

6.1.2.2　评价模型构建

根据表 5-4 中各项指标的权重和各项绩效指标数据标准化处理后的数值，用综合指标法进行计算，最佳计算结果为 1，评价模型如公式（6-6）：

$$Z_j = \sum_{i=1}^{m} W_i \cdot X_{ij}$$

$$i = 1, 2, \cdots, 5; j = 1, 2, \cdots, 331 \qquad (6\text{-}6)$$

在公式（6-6）中，W_i 为各项指标所占权重，X_{ij} 为各项指标标准化处理后的值。

6.1.3　合作社绩效评价结果

从表 6-5 可见，农民专业合作社的总体绩效（TP）均值为 0.218 2，处于较低水平，说明合作社绩效仍需大幅度改善。

从分解的经济绩效（EP）和社会绩效（SP）对比来看，合作社社会绩效（SP）评分为 0.192 2，远大于经济绩效（EP）评分 0.025 9。由表 6-6，从各个三级指标来看，评分最高的是社会公益（S3），为 0.098 7；其次是政府认定（S4），为 0.072 1；再次是社区服务（S2），为 0.058 1，高于合作社收入（E1）和合作社利润（E2）。从离散度来看，合作社经济绩效离散度为 1.664 1，社会绩效的离散度为 0.659 7，前者与 1 的偏离程度大于后者，说明合作社经济绩效的个体差异程度明显大于社会绩效[1]。这也符合调查中的发现情况，一些即便是经济绩效不好、经营实力较弱的

---

① 离散度通过标准差除以均值来计算。离散度与 1 偏离越大，个体之间的差异就越大。

合作社仍然提供了生产技术和产品销售服务、基础设施维护、公益活动等具有公益性质的服务的现象一致。

表 6-5　最终绩效评价结果

变量	均值	标准差	离散度	最小值	最大值
总体绩效（TP）	0.218 2	0.139 6	0.639 8	0.003 7	0.609 4
经济绩效（EP）	0.025 9	0.043 1	1.664 1	0.001 9	0.332 1
社会绩效（SP）	0.192 2	0.126 8	0.659 7	0.0	0.383 4

表 6-6　绩效评价的各项指标结果

变量	均值	标准差	最小值	最大值
合作社收入（E1）	0.022 0	0.043 0	0.0	0.329 1
合作社利润（E2）	0.002 5	0.000 5	0.0	0.006 1
资产收益率（E3）	0.001 3	0.000 2	0.0	0.004 0
社员收益增长（S1）	0.035 4	0.019 2	0.0	0.063 9
社区服务（S2）	0.058 1	0.045 0	0.0	0.119 0
社会公益（S3）	0.098 7	0.100 4	0.0	0.200 5
政府认定（S4）	0.072 1	0.095 2	0.0	0.278 4

6.2　农民专业合作社产业链垂直整合对绩效影响的实证分析

本节将利用 6.1 节的合作社绩效评价结果，分别以总体绩效、经济绩效和社会绩效为因变量，分析合作社产业链垂直整合对合作社不同绩效的影响。

6.2.1　变量选择

（1）因变量：为农民专业合作社的绩效，包括总体绩效以及子类别的经济绩效和社会绩效。具体数值为 6.1 节中通过熵值法计算得到的合作社绩效值。

（2）自变量：核心自变量为农民专业合作社产业链垂直整合程度，其变量衡量方式同第5章；控制变量包括合作社成立年限、社员规模、理事长学历、理事长身份、平原地形、丘陵地形、粮油产业、果蔬产业、养殖产业、政府支持、与企业合作、与科研机构合作、与村集体合作共13个。第5章已对上述变量予以阐释，并对统计特征做出了描述，故本章不再赘述。

6.2.2 模型设定

本书首先应用多重线性回归模型（MLR）分析合作社产业链垂直整合对合作社绩效的影响。同时，由于总体绩效、经济绩效、社会绩效受到部分不可观测因素的同时性影响，扰动项之间存在统计上的相关性，因此，将两个方程进行联合估计可以提高模型的估计效率。本书同时运用似不相关回归（SUR）模型估计合作社产业链垂直整合对合作社绩效的影响效应。其多重线性相关回归模型（MLR）设定为：

$$\text{perform}_i = \alpha_i + \beta_i X + \gamma_j I_{ij} + \varepsilon_t \qquad (6\text{-}7)$$

其中，perform_i 为合作社绩效，X 表示合作社产业链垂直整合程度，L_j 为控制变量，β_i、γ_j 为系数，α_i 为常数项，ε_i 为残差项。

SUR 模型设定为：

$$\text{perform} = \begin{pmatrix} \text{perform}_t \\ \text{perform}_e \\ \text{perform}_s \end{pmatrix} = \begin{pmatrix} X_1 & 0 & 0 \\ 0 & X_2 & 0 \\ 0 & 0 & X_3 \end{pmatrix} X \begin{pmatrix} \beta_1 \\ \beta_2 \\ \beta_3 \end{pmatrix} + \begin{pmatrix} \varepsilon_1 \\ \varepsilon_2 \\ \varepsilon_3 \end{pmatrix} = \beta \cdot X + \varepsilon \quad (6\text{-}8)$$

其中，perform 为合作社绩效，perform_t、perform_e、perform_s 分别为合作社的总体绩效、经济绩效、社会绩效，X 表示合作社产业链垂直整合程度，β 为系数，ε 为控制变量和残差项。

6.2.3 基准模型估计结果

为防止异方差对结果造成偏误，本书采取稳健标准误进行估计。同时，对多重线性回归模型（MLR）中的各个方程估计进行 VIF 检验，最大值为1.63，小于10，这说明各个方程均不存在明显多重共线性问题。由表6-7中的模型（1）、（2）、（3）可知，合作社产业链垂直整合程度至少在5%的统计水平上对合作社总体绩效、经济绩效、社会绩效具有正向显著影响。具体而言，合作社产业链垂直整合程度增加1个单位，合作社总体绩效、经济绩效、社会绩效分别增加 0.039 0 个、0.004 4 个、0.034 6 个单位。

考虑到存在共同影响合作社总体绩效、经济绩效和社会绩效的因素，模型（1）、模型（2）以及模型（3）的扰动项之间可能存在统计上的相关性，使用似不相关估计作进一步的验证。通过检验发现，$\chi^2(3)=332.633$，$p=0.000\ 0$，说明模型（1）-（3）在1%的水平上拒绝方程扰动项之间相互独立的假设，采用似不相关回归（SUR）是恰当的，有助于提升回归估计效率。

若似不相关回归模型（SUR）的三个方程完全一致，则估计结果类似于多重线性回归模型（MLR）的估计结果。因此，结合模型（1）-（3）的估计结果，在模型（4）中剔除理事长学历变量和粮油产业变量，在模型（5）中剔除与村集体合作变量，在模型（6）中剔除社员规模变量。从似不相关回归模型（SUR）的（4）-（6）的估计结果来看，合作社产业链垂直整合程度均在1%的统计水平上对合作社的总体绩效、经济绩效、社会绩效有正向显著影响，与多重线性回归模型（MLR）估计结果相比，显著性水平未发生变化，合作社产业链垂直整合对总体绩效、社会绩效的影响系数有小幅下降。从控制变量来看，合作社成立时间对合作社总体绩效、经济绩效和社会绩效均有显著正向影响。社员规模、丘陵地形、与企业合作等对合作社的总体绩效和经济绩效有显著正向影响。理事长学历、果蔬产业、养殖产业对合作社经济绩效具有显著负向影响，说明当理事长为村干部时、主营业务为果蔬产业或养殖产业时，合作社的经济绩效更差。

表6-7 合作社产业链垂直整合对绩效影响的估计结果

	MLR 模型			SUR 模型		
	（1）	（2）	（3）	（4）	（5）	（6）
	总体绩效	经济绩效	社会绩效	总体绩效	经济绩效	社会绩效
产业链垂直整合程度	0.039 0***	0.004 4**	0.034 6***	0.038 9***	0.004 4***	0.034 5***
	(0.006 0)	(0.002 1)	(0.005 6)	(0.005 9)	(0.002 0)	(0.005 5)
成立时间	0.006 6***	0.002 1***	0.004 5**	0.007 0***	0.002 2***	0.004 8***
	(0.002 1)	(0.000 7)	(0.001 9)	(0.001 9)	(0.000 7)	(0.001 8)
社员规模	0.004 7	0.004 0***	0.000 8	0.003 9**	0.003 9**	
	(0.005 4)	(0.001 2)	(0.005 0)	(0.001 8)	(0.001 7)	
理事长学历	0.010 3	0.001 1	0.009 2		−0.000 1	0.000 2
	(0.006 7)	(0.002 1)	(0.006 3)		(0.002 0)	(0.002 1)

表6-7（续）

	MLR 模型			SUR 模型		
	（1）	（2）	（3）	（4）	（5）	（6）
	总体绩效	经济绩效	社会绩效	总体绩效	经济绩效	社会绩效
理事长身份	0.006 4 (0.015 5)	−0.008 5* (0.004 4)	0.014 9 (0.014 8)	0.006 9 (0.014 3)	−0.008 7* (0.004 8)	0.015 6 (0.013 3)
平原	0.010 0 (0.015 1)	−0.004 4 (0.003 8)	0.014 4 (0.014 5)	0.013 5 (0.014 7)	−0.004 0 (0.005 1)	0.017 5 (0.013 7)
丘陵	0.039 9 (0.024 5)	0.018 0 (0.012 1)	0.021 9 (0.020 4)	0.043 1** (0.020 9)	0.018 3*** (0.007 1)	0.024 8 (0.019 5)
粮油	−0.000 8 (0.031 3)	−0.009 5 (0.009 7)	0.008 7 (0.028 6)		−0.009 6 (0.011 5)	0.009 6 (0.011 9)
果蔬	−0.004 7 (0.017 6)	−0.014 6** (0.006 7)	0.009 9 (0.015 5)	−0.002 7 (0.015 6)	−0.014 3*** (0.005 5)	0.011 6 (0.014 7)
养殖	−0.002 4 (0.021 6)	−0.014 6* (0.007 4)	0.012 2 (0.020 3)	−0.001 7 (0.020 0)	−0.014 4** (0.006 9)	0.012 8 (0.018 8)
政策支持	0.000 0 (0.000 1)	−0.000 0 (0.000 0)	0.000 0 (0.000 1)	−0.000 0 (0.000 0)	−0.000 0 (0.000 0)	0.018 5 (0.013 1)
与村集体合作	0.010 8 (0.014 3)	−0.001 0 (0.004 9)	0.011 9 (0.013 3)	0.013 4 (0.012 9)		0.013 4 (0.012 9)
与企业合作	0.025 0* (0.014 9)	0.009 6** (0.004 4)	0.015 4 (0.014 1)	0.028 5** (0.014 0)	0.009 9** (0.004 7)	−0.018 5 (0.013 1)
与科研机构合作	0.024 2 (0.015 5)	−0.007 9 (0.005 1)	0.032 1** (0.014 2)	0.027 3* (0.014 1)	−0.007 6 (0.004 8)	0.034 8*** (0.013 1)
常数项	−0.030 9 (0.029 0)	−0.008 7 (0.008 6)	−0.022 2 (0.027 4)	−0.014 2 (0.025 2)	−0.007 1 (0.009 9)	−0.007 2 (0.023 3)
N	331	331	331	331	331	331
R-sq	0.267 1	0.142 6	0.219 1			
F	11.585 5*	4.411 1*	9.302 3*			

注：*、**、*** 分别表示在10%、5%、1%的水平上显著，括号内数值为稳健标准误。下同。

6.2.4 稳健性分析

本书利用替换因变量和倾向得分匹配法（PSM）两种方式进行稳健性检验。

6.2.4.1 替换因变量

农民专业合作社总收入和净利润是合作社绩效的直观体现。本书利用合作社近三年年均总收入、近三年年均净利润替代合作社绩效作为因变量，检验基准模型检验结果的稳健性。表6-8显示了替换因变量后的模型检验结果，合作社产业链垂直整合均在5%的统计水平上对合作社近三年年均总收入、近三年年均净利润产生正向影响。这证明了在基准模型检验中，合作社产业链垂直整合对合作社的经济绩效具有正向显著影响的结论是稳健可靠的。

表6-8　替换因变量后的模型估计结果

	（1）MLR 近三年年均总收入	（2）MLR 近三年年均净利润
产业链垂直整合程度	42.625 7 ** (20.217 0)	5.133 2 ** (1.995 2)
成立时间	20.444 6 *** (6.775 8)	1.648 6 ** (0.784 6)
社员规模	38.573 3 *** (11.935 4)	0.070 3 (1.714 1)
理事长学历	10.409 8 (20.337 1)	−0.558 2 (2.167 1)
理事长身份	−81.876 0 * (42.628 5)	−8.777 5 * (5.032 6)
平原	−43.031 0 (36.611 7)	2.794 9 (5.079 0)
丘陵	172.331 1 (117.242 3)	21.509 2 ** (9.568 6)
粮油	−91.146 4 (94.334 2)	−4.290 1 (11.903 8)
果蔬	−1.4e+02 ** (65.480 4)	4.412 3 (4.393 4)
畜禽	−1.4E+02 ** (72.070 4)	5.910 4 (7.124 4)
政策支持	−0.040 4 (0.186 6)	0.011 9 (0.021 8)
与村集体合作	−9.587 3 (47.542 7)	−1.197 9 (6.311 9)

表6-8(续)

	（1）MLR 近三年年均总收入	（2）MLR 近三年年均净利润
与企业合作	92.922 6**	3.127 6
	（42.388 5）	（4.832 3）
与科研机构合作	−75.503 8	−10.125 5*
	（49.503 6）	（5.729 0）
常数项	−1.2E+02	−11.880 3
	（83.112 4）	（8.947 8）
N	331	331
R-sq	0.140 9	0.054 8
F	4.356 5***	2.058 5***

6.2.4.2 倾向得分匹配法（PSM）检验

本书选择倾向得分匹配法（PSM）进行稳健性检验，并解决由样本自选择所带来的内生性问题。同第5章，如果合作社覆盖产前服务、生产支持、加工仓储、销售渠道、品牌建设中的4个或5个环节，则视为产业链完整，赋值为1；若覆盖3个或3个以下环节，则视为产业链不完整型合作社，赋值为0。匹配变量与本章的控制变量相同。为保证估计结果的稳健性，采取近邻匹配、半径匹配、核匹配、马氏匹配四种匹配方法进行估计。

1. 共同支撑区域与平衡性检验

倾向得分匹配法的使用要以满足重叠假定和匹配假定为前提。因此，还需进行共同支撑域和平衡性试验。图6-1为核匹配前、后模型的核密度分布图，可见，匹配后的处理组和控制组的密度分布具有较大相似性，满足共同支撑假设。分别以近邻匹配、半径匹配、核匹配、马氏匹配四种匹配方式计算，样本损失量最大的情况为损失5个，保留326个样本，说明匹配效果较好。

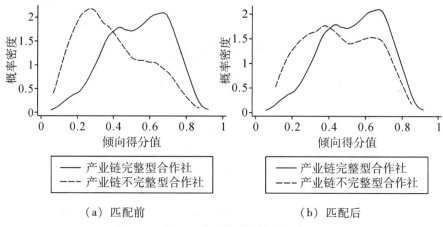

| (a) 匹配前 | (b) 匹配后 |

图 6-1　核匹配前后模型的核密度分布图

接着，进行平衡性检验。由表 6-9 可见，Pseudo R^2 由匹配前的 0.100 下降为 0.010~0.029，LR 值由 45.70 下降至 4.29~12.09，均值偏差由 26.3% 下降至 5.0%~12.0%，中位数偏差由 24.1% 下降至 2.5%~12.9%。此外，P 值均大于或等于 0.520。可见，匹配结果通过了平衡性检验，倾向得分匹配法（PSM）具有较高的适用性。

表 6-9　匹配前后解释变量的平衡性检验

	Pseudo R^2	LR 值	P 值	均值偏差/%	中位数偏差/%
匹配前	0.100	45.70	0.000	26.3	24.1
近邻匹配（$k=4$）	0.018	7.53	0.873	6.4	4.5
半径匹配（$r=0.03$）	0.015	6.10	0.942	5.7	2.5
核匹配	0.010	4.29	0.988	5.0	5.6
马氏匹配	0.029	12.09	0.520	12.0	12.9

2. 平均处理效应估计结果

表 6-10 显示了倾向得分匹配法（PSM）估计结果。相对于产业链不完整型合作社，产业链完整型合作社的总体绩效、社会绩效的平均处理效应（ATT）均值分别为 0.071 0、0.058 8，且四种匹配方法均至少在 5% 的统计水平上通过显著性检验，这说明合作社产业链垂直整合对合作社总体绩效、社会绩效具有显著正向影响得到了再次印证。相对于产业链不完整型合作社，产业链完整型合作社的经济绩效的平均处理效应（ATT）均值

为 0.012 2，核匹配在 10% 的统计水平上、马氏匹配在 5% 的统计水平上通过显著性检验，说明合作社产业链垂直整合对经济绩效具有正向影响在一定程度上得到印证。总体上，倾向得分匹配（PSM）估计结果与前文多重线性回归模型（MLR）、似不相关回归模型（SUR）基本一致。

表 6-10　倾向得分匹配法估计结果

分类	匹配方法	处理组	控制组	ATT	变化率	t 值
总体绩效	近邻匹配（k=4）	0.271 8	0.206 0	0.065 8 *** (0.020 2)	31.94%	3.66
	半径匹配（r=0.03）	0.270 0	0.204 9	0.065 0 *** (0.019 8)	31.72%	3.63
	核匹配	0.271 1	0.203 4	0.067 6 *** (0.016 3)	33.23%	4.08
	马氏匹配	0.271 8	0.186 1	0.085 7 *** (0.017 9)	46.05%	5.16
	均值	0.271 2	0.200 1	0.071 0	35.49%	
经济绩效	近邻匹配（k=4）	0.034 8	0.023 1	0.011 7 (0.007 3)	50.65%	2.00
	半径匹配（r=0.03）	0.034 6	0.022 9	0.011 7 (0.007 7)	51.09%	2.00
	核匹配	0.035 0	0.023 5	0.011 4 * (0.006 3)	48.51%	2.15
	马氏匹配	0.034 8	0.020 8	0.014 0 ** (0.006 1)	67.31%	2.52
	均值	0.034 8	0.022 6	0.012 2	54.02%	
社会绩效	近邻匹配（k=4）	0.236 9	0.182 9	0.054 0 ** (0.018 0)	29.52%	3.27
	半径匹配（r=0.03）	0.235 4	0.182 0	0.053 3 *** (0.017 9)	29.29%	3.24
	核匹配	0.236 1	0.179 9	0.056 2 *** (0.015 1)	31.24%	3.68
	马氏匹配	0.236 9	0.165 2	0.071 7 *** (0.016 5)	43.40%	4.82
	均值	0.236 3	0.177 5	0.058 8	33.13%	

3. 敏感性分析

倾向得分匹配法（PSM）只能缓解由可观测变量所带来的内生性问题。同第 5 章，为解决忽视不可测变量选择带来的"隐藏偏差"问题，使用 Rosenbaum et al.（1983）所提出的边界方法（Rosenbaum Bounds）来检验 PSM 估计结果对隐藏偏差的敏感性。Γ（伽马系数）是对隐藏偏差的敏感性的测量。Γ 越接近于 1，表示研究结果对可能存在的隐藏偏差越敏感；Γ 越接近于 2，表示研究结果对可能存在的隐藏偏差越不敏感。表 6-11、表 6-12、6-13 分别列示了以合作社总体绩效、经济绩效、社会绩效为因变量时半径匹配、核匹配的敏感性分析结果。

由表 6-11 可知，当 $\Gamma = 2$ 时，半径匹配依然在 5% 的置信水平上显著，核匹配依然在 5% 的置信水平上显著，说明产业链垂直整合对合作社总体绩效的估计结果受到不可观测因素的影响较小。由表 6-12 可知，当 $\Gamma = 2$ 时，半径匹配、核匹配依然在 10% 的置信水平上显著，说明产业链垂直整合对合作社经济绩效的估计结果受到不可观测因素的影响较小。由表 6-13 可知，当 $\Gamma = 2$ 时，半径匹配在 10% 的置信水平上依然显著，核匹配在 1% 的置信水平上依然显著，说明产业链垂直整合对合作社社会绩效影响的估计结果受到不可观测因素的干扰较小。综上，倾向得分匹配（PSM）的估计结果受不可观测因素的影响较小，估计结果较为稳健。

表 6-11　敏感性分析结果（总体绩效为因变量）

伽马系数 Γ	半径匹配		核匹配	
	sig+	sig−	sig+	sig−
1.0	6.50E−08	6.50E−08	1.00E−09	1.00E−09
1.1	8.80E−07	3.50E−09	1.90E−08	3.70E−11
1.2	7.30E−06	1.80E−10	2.20E−07	1.40E−12
1.3	0.000 0	9.30E−12	1.60E−06	4.80E−14
1.4	0.000 2	4.50E−13	9.10E−06	1.70E−15
1.5	0.000 6	2.20E−14	0.000 0	1.10E−16
1.6	0.001 8	1.00E−15	0.000 1	0.000 0
1.7	0.004 5	0.000 0	0.000 4	0.000 0
1.8	0.009 4	0.000 0	0.001 0	0.000 0
1.9	0.018 0	0.000 0	0.002 3	0.000 0
2.0	0.031 8	0.000 0	0.004 6	0.000 0

表6-12 敏感性分析结果（经济绩效为因变量）

伽马系数 Γ	半径匹配		核匹配	
	sig+	sig-	sig+	sig-
1.0	0.026 4	0.026 4	0.215 1	0.215 1
1.1	0.075 9	0.007 3	0.388 4	0.097 4
1.2	0.164 2	0.001 8	0.570 5	0.039 0
1.3	0.287 9	0.000 4	0.726 4	0.014 1
1.4	0.431 1	0.000 1	0.840 3	0.004 7
1.5	0.573 7	0.000 0	0.913 6	0.001 5
1.6	0.699 1	3.40E-06	0.956 3	0.000 4
1.7	0.799 0	6.30E-07	0.979 1	0.000 1
1.8	0.872 2	1.10E-07	0.990 5	0.000 0
1.9	0.922 3	2.00E-08	0.995 8	8.60E-06
2.0	0.954 5	3.40E-09	0.998 2	2.20E-06

表6-13 敏感性分析结果（社会绩效为因变量）

伽马系数 Γ	半径匹配		核匹配	
	sig+	sig-	sig+	sig-
1.0	3.00E-07	3.00E-07	4.30E-09	4.30E-09
1.1	3.60E-06	1.90E-08	7.40E-08	1.80E-10
1.2	0.000 0	1.10E-09	7.60E-07	7.40E-12
1.3	0.000 1	6.60E-11	5.20E-06	3.00E-13
1.4	0.000 5	3.70E-12	0.000 0	1.10E-14
1.5	0.001 7	2.00E-13	0.000 1	4.40E-16
1.6	0.004 5	1.10E-14	0.000 3	0.000 0
1.7	0.010 1	5.60E-16	0.000 9	0.000 0
1.8	0.020 2	0.000 0	0.002 3	0.000 0
1.9	0.036 6	0.000 0	0.004 9	0.000 0
2.0	0.060 8	0.000 0	0.009 4	0.000 0

4. 偏差校正的匹配估计量

由于在第一阶段倾向得分匹配中，估计倾向得分会存在不确定性，难以消除模型设定的主观性，加上非精确匹配，所以一般会存在偏差。同第5章，Abadie & Imbens（2011）提出了偏差校正的方法，通过回归的方法来估计偏差，得到"偏差校正匹配估计量"。由表6-14可知，合作社总体绩效、经济绩效、社会绩效的估计值分别为0.070 1、0.011 0、0.059 1，与偏差校正前的ATT值相当，且至少在10%的水平上显著，证明了研究结论的稳健性。

表6-14　偏差校正的匹配估计量

变量名	总体绩效	经济绩效	社会绩效
合作社产业链垂直整合程度	0.070 1*** (0.016 8)	0.011 0* (0.006 1)	0.059 1*** (0.015 4)
其他变量	控制	控制	控制

注：括号内数值为标准误。

6.2.5　异质性分析

本书按照合作社理事长身份、社员规模、合作社成立时间、合作社所从事产业类型以及产业链垂直整合紧密度等进行分组，探讨在不同类型合作社中合作社产业链垂直整合对其绩效的影响。考虑到存在共同影响合作社总体绩效、经济绩效和社会绩效的因素，模型（1）、模型（2）以及模型（3）的扰动项之间可能存在统计上的相关性，使用似不相关模型（SUR）作进一步的验证。

从合作社理事长身份分组情况来看，在合作社理事长不为村干部的合作社中，合作社产业链垂直整合对总体绩效的影响通过1%水平的显著性检验，且系数高于理事长不为村干部的合作社，说明合作社产业链垂直整合对其绩效改善更为明显。从绩效分类别对比来看，在理事长不为村干部的合作社一组中，合作社产业链垂直整合对社会绩效改善程度强于理事长为村干部的合作社；合作社产业链垂直整合对经济绩效的改善程度弱于理事长不为村干部的合作社。可能原因在于村干部身份的履职履责要求其更加注重当地社区和普通农户利益，但在其能力和知识特征上，长于社会治理而弱于市场经营，合作社本身社会绩效表现好而经济绩效表现差，因此合作社产业链垂直整合对处于较低水平的经济绩效改善明显，对处于较高水平的社会绩效改善不明显；相应地，对于理事长不为村干部的合作社，理事长多为专业大户、乡村能人、返乡下乡企业家等，其经营能力更强，合作社本身经济绩效好但社会绩效差，因而合作社产业链垂直整合对其经济绩效改善不明显，对其社会绩效改善明显。

从合作社社员规模分组情况来看，在较大社员规模的合作社分组中，合作社产业链垂直整合度对总体绩效的影响通过1%水平的显著性检验，且系数高于社员规模较小的合作社分组；合作社产业链垂直整合度对经济绩效的影响虽未通过显著性检验，但其系数大于较小社员规模的合作社分组。这说明，在较大社员规模分组的合作社中，合作社产业链垂直整合对总体绩效、经济绩效的改善影响更为明显。可能的原因在于，规模越大，合作社发展的规模经济效应就越明显，因而在总体绩效和经济效应这两方面表现较好。但是，正如 Hansen et al.（2002）和 Nilsson et al.（2009）的研究结论，规模越大，合作社的内部信任建立越困难。同时，社员规模越大，就越难以充分、广泛地将合作发展收益惠及普通社员。因此，在较大社员规模的合作社中，合作社产业链垂直整合对社会绩效的影响系数较小。这也说明，若着眼于凸显合作社的社会效应，在合作社发展中，就应当改变简单化地强调合作社社员规模的政策导向，强调社员规模保持在适度的数量区间。

从合作社成立时间分组情况来看，在成立时间较短的合作社分组中，合作社产业链垂直整合对合作社经济绩效的影响均在1%水平上通过显著性检验，且系数较高。

在成立时间较长的合作社分组中，合作社产业链垂直整合对社会绩效的影响在1%的水平上通过显著性检验，且系数较高；对经济绩效的影响未通过显著性检验，且系数为负。上述检验结果可能与合作社在不同阶段的目标重心差异紧密相关。在合作社的初级发展阶段，重点是要聚集要素、提升可持续发展能力，因此，合作社产业链垂直整合对其经济绩效的改善作用在成立时间较短的合作社分组中更为明显；在经历一定时期的成长积淀之后，合作社需要承担社会责任、提升带动能力，因此，产业链垂直整合对其社会绩效的改善作用在成立时间较长的合作社分组中更为明显。

从合作社所从事产业类型分组情况来看，在从事低风险产业的合作社分组中，合作社产业链垂直整合对总体绩效、经济绩效、社会绩效的影响均在1%水平上通过显著性检验，且合作社产业链垂直整合的系数较大。在从事高市场价格风险产业的合作社分组中，合作社产业链垂直整合仅对合作社总体绩效、社会绩效的影响在1%水平上通过显著性检验，且合作社产业链垂直整合的系数较小。上述检验结果说明在从事低风险产业合作社中，合作社产业链垂直整合对总体绩效、经济绩效、社会绩效的影响更为明显，可能的原因是，从事粮油、果蔬等低风险产业的合作社受产业属性的影响，其经济效益偏低、综合实力较弱，因此，产业链垂直整合对其绩效改进的边际效应更加明显。

从合作社产业链垂直整合紧密度来看，在产业链垂直整合紧密度较高的分组中，合作社产业链垂直整合对合作社总体绩效、经济绩效、社会绩效的影响程度更高，分别较产业链垂直整合紧密度较低的分组高 0.039 6、0.029 0、0.010 6。这说明合作社产业链上、下游衔接更紧密，合作社产业链垂直整合对合作社绩效的影响更强烈[1]。

表 6-15　异质性估计结果

按理事长身份分组						
	理事长为村干部			理事长不为村干部		
	(1) MLR	(2) MLR	(3) MLR	(4) MLR	(5) MLR	(6) MLR
	总体绩效	经济绩效	社会绩效	总体绩效	经济绩效	社会绩效
产业链垂直整合程度	0.027 6*** (0.010 3)	0.005 0** (0.002 1)	0.022 6** (0.010 1)	0.043 0*** (0.007 3)	0.004 5 (0.002 8)	0.038 5*** (0.006 6)
控制变量	控制	控制	控制	控制	控制	控制
常数项	0.042 9 (0.049 9)	−0.019 1 (0.012 2)	0.062 0 (0.048 7)	−0.030 5 (0.028 8)	−0.003 2 (0.012 9)	−0.027 7 (0.025 8)
N	104	104	104	227	227	227
无同期相关假设检验	102.804***			230.769***		

---

① 对合作社产业链垂直整合紧密度的评价标准同第5章，以合作社与企业联结的紧密度来衡量。若合作社与企业建立产权合作和治理合作（包含合作社发起成立企业或企业发起成立合作社的统一治理结构的情形），则视为产业链垂直紧密度较高，能够避免一般契约关系所带来的契约履行不稳定问题；若合作社与企业建立长期契约合作或未建立合作关系，则视为产业链垂直紧密度较低。

表6-15(续)

按社员规模分组

	较小社员规模的合作社 (小于或等于110人)			较大社员规模的合作社 (大于110人)		
	(1) MLR	(2) MLR	(3) MLR	(4) MLR	(5) MLR	(6) MLR
	总体绩效	经济绩效	社会绩效	总体绩效	经济绩效	社会绩效
产业链垂直 整合程度	0.035 4 *** (0.007 8)	0.002 8 * (0.001 7)	0.032 6 *** (0.007 4)	0.041 4 *** (0.008 8)	0.005 3 (0.003 8)	0.036 1 *** (0.008 1)
控制变量	控制	控制	控制	控制	控制	控制
常数项	−0.019 1 (0.031 3)	−0.007 8 (0.007 6)	−0.011 3 (0.030 1)	−0.046 3 (0.065 4)	−0.040 7 (0.054 2)	−0.005 8 (0.037 0)
N	181	181	181	150	150	150
无同期相关 假设检验	184. 124 ***			141. 726 ***		

按合作社成立时间分组

	成立时间6年及以下的合作社			成立时间超过6年的合作社		
	(1) MLR	(2) MLR	(3) MLR	(4) MLR	(5) MLR	(6) MLR
	总体绩效	经济绩效	社会绩效	总体绩效	经济绩效	社会绩效
产业链垂直 整合程度	0.035 2 *** (0.007 8)	0.006 5 *** (0.002 1)	0.028 8 *** (0.007 7)	0.040 5 *** (0.009 3)	−0.000 2 (0.003 7)	0.040 7 *** (0.008 3)
控制变量	控制	控制	控制	控制	控制	控制
常数项	−0.037 4 (0.032 6)	−0.025 1 *** (0.009 7)	−0.012 4 (0.031 7)	0.072 2 (0.057 8)	0.017 1 (0.027 2)	0.054 7 (0.050 0)
N	189	189	189	142	142	142
R-sq	0.271 9	0.181 3	0.222 7	0.260 0	0.224 9	0.251 2
无同期相关 假设检验	183. 489 ***			147. 969 ***		

表6-15（续）

按合作社从事的产业类型分组

	从事低市场价格风险（粮油、果蔬）产业的合作社			从事高市场价格风险（养殖、蚕果茶）产业的合作社		
	（1） MLR	（2） MLR	（3） MLR	（4） MLR	（5） MLR	（6） MLR
	总体绩效	经济绩效	社会绩效	总体绩效	经济绩效	社会绩效
产业链垂直 整合程度	0.042 0 *** (0.007 7)	0.007 7 *** (0.002 3)	0.034 3 *** (0.007 2)	0.034 0 *** (0.009 5)	0.000 1 (0.003 5)	0.033 8 *** (0.008 8)
控制变量	控制	控制	控制	控制	控制	控制
常数项	0.011 4 (0.045 6)	−0.021 2 * (0.011 1)	0.018 1 (0.026 7)	−0.036 0 (0.037 8)	−0.008 7 (0.016 1)	−0.027 4 (0.034 5)
N	199	199	199	132	132	132
无同期相关 假设检验	195.535 ***			133.714 ***		

按合作社产业链垂直整合紧密度分组

	产业链垂直整合紧密度较高			产业链垂直整合紧密度较低		
	（1） MLR	（2） MLR	（3） MLR	（4） MLR	（5） MLR	（6） MLR
	总体绩效	经济绩效	社会绩效	总体绩效	经济绩效	社会绩效
产业链垂直 整合程度	0.074 5 *** (0.016 3)	0.032 0 *** (0.007 5)	0.042 5 *** (0.014 9)	0.034 9 *** (0.006 2)	0.003 0 (0.002 1)	0.031 9 *** (0.005 8)
控制变量	控制	控制	控制	控制	控制	控制
常数项	−0.036 6 (0.062 5)	−0.013 0 (0.035 3)	−0.030 1 (0.051 0)	−0.002 9 (0.026 4)	−0.003 3 (0.010 2)	0.000 3 (0.024 8)
N	26	26	26	305	305	305
无同期相关 假设检验	27.302 ***			304.003 ***		

注：控制变量与表6-7中多重线性回归模型（MLR）一致。

6.3 本章小结

本章按照农民专业合作社的本质性规定，将合作社绩效分为经济绩效、社会绩效，建立合作社绩效评价指标体系，并通过熵值法进行指标赋权，对331家样本合作社绩效进行了评价。同时，本章实证分析了合作社产业链垂直整合程度对绩效的影响。我们可以得出以下结论：

第一，通过熵值法的合作社绩效评价结果发现，合作社总体绩效均值为0.218 2，离散度为0.639 8；经济绩效均值为0.025 9，离散度为1.664 1；社会绩效均值为0.192 2，离散度为0.659 7。合作社经济绩效整体偏低，但个体间的差异较大；合作社社会绩效较高，但个体之间的差异较小。

第二，综合似不相关回归模型（SUR）、多重线性回归模型（MLR）的基准模型估计结果，以及替代关键变量和倾向得分匹配法（PSM）的稳健性分析结果来看，合作社产业链垂直整合对合作社总体绩效、经济绩效、社会绩效均具有显著正向影响。假设 H_7、H_{7a}、H_{7b} 得证。

第三，从经济绩效和社会绩效的对比来看，综合基准回归模型（MLR模型和SUR模型）、倾向得分匹配法（PSM）等方法计算结果，较之于社会绩效，合作社产业链垂直整合对经济绩效的影响更强。这也间接说明，合作社产业链垂直整合对合作社社会绩效的影响具有较为间接的特征，随着合作社盈利水平的提升，合作社对社员的价值反馈也会增加，会通过直接的盈余分配、股份分红和间接促进生产经营节本增效、提供社区公益服务等多重方式惠及普通社员、当地社区以及周边农户，从而改进合作社的社会绩效。

第四，从异质性分析结果来看，在理事长具有村干部身份的合作社、社员规模较大的合作社、成立时间较短的合作社、从事粮油果蔬（相对于养殖、蚕药茶）的合作社等分组中，合作社产业链垂直整合对经济绩效的改善作用较为显著。在理事长不具有村干部身份的合作社、社员规模较小的合作社、成立时间较长的合作社、从事养殖和蚕药茶（相对于粮油、果蔬）的合作社等分组中，合作社产业链垂直整合对社会绩效的改善作用更为明显。在产业链垂直整合紧密度较高的合作社分组中，合作社产业链垂直整合对合作社总体绩效、经济绩效以及社会绩效的改善作用均更为明显。

7 农民专业合作社产业链垂直整合和社员参与对绩效的影响的实证分析

第 6 章利用熵值法对合作社绩效进行了评价，分析了合作社产业链垂直整合对绩效的影响。接下来，本章拟讨论农民专业合作社产业链垂直整合和社员参与如何影响合作社绩效。结合第 3 章的理论假设，本章将实证分析以下两个方面的内容：一是社员参与在合作社产业链垂直整合对于绩效的影响中是否起到中介作用；二是在对合作社绩效的影响中，产业链垂直整合与社员参与是否存在交互效应，若存在，体现为替代效应还是互补效应。

7.1 变量选择与模型设定

7.1.1 变量选择

（1）因变量：为农民专业合作社的绩效，包括总体绩效以及子类别的经济绩效和社会绩效，具体采用在 6.1 节中通过熵值法计算完成的合作社绩效值。

（2）中介变量：按照合作社具有"所有者、惠顾者和管理者同一性"的本质性规定，将普通社员参与界定为社员投资参与、社员产品参与及社员管理参与。第 5 章已有对上述三个变量的含义阐释和统计特征描述。

（3）自变量：核心自变量为农民专业合作社产业链垂直整合程度，其变量衡量方式同第 5 章；控制变量为合作社成立时间、理事长学历、理事长身份、社员规模、平原地形、丘陵地形、粮油产业、果蔬产业、养殖产业、政府支持、与企业合作、与科研机构合作、与村集体合作等控制变量。第5章已对上述变量的定义予以阐释，并对统计特征作了描述，故本章不再赘述。

由于在第6章已对因变量（合作社总体绩效、经济绩效、社会绩效）的变量含义予以阐释，对其数据特征予以描述，在第5章对各个中介变量、核心白变量、控制变量的含义予以阐释，对其数据统计特征作了描述，故本章不再赘述。

7.1.2 模型设定

7.1.2.1 中介效应模型

对于中介效应检验，最为常见的是依次检验法，其一旦获得显著性的检验结果，就可以视为具有较高的可信度。但依次检验法的检验效力相对偏低，因此，按照温忠麟和刘红云（2020）的介绍，在中介效应检验步骤中，一般采用 Bootstrap 法进行补充检验。所以，本章采用依次检验法和 Bootstrap 法共同检验社员参与在合作社产业链垂直整合对绩效的影响中是否存在中介效应。同第5章，本章的 Bootstrap 法采用偏差校正与加速的置信区间（BCa）。由于第5章已详细介绍中介效应的检验流程，本章予以省略。

借鉴 Baron & Kenny （1999）的研究，构建依次检验法的检验模型。如下：

$$\text{perform}_j = \alpha_j + \beta_j X + \gamma_l L_l + \varepsilon_j \tag{7-1}$$

$$\text{parti}_i = \alpha_i + \beta_i X + \gamma_l L_l + \varepsilon_i \tag{7-2}$$

$$\text{perform}_j = \alpha_{ij} + \beta_{ij} X + \delta_{ij} \text{parti}_i + \gamma_l L_l + \varepsilon_{ij} \tag{7-3}$$

在式（7-1）至（7-3）中，parti_i（$i = 1$，2，3）表示合作社社员参与，包括社员投资参与、产品参与以及管理参与，作为中介变量；X 表示合作社产业链垂直整合程度，作为核心自变量；perform_j（j = 1，2，3）表示合作社的绩效，包括总体绩效、经济绩效和社会绩效等。L_l 为控制变量。α_j、α_i、α_{ij} 为常数项，β_j、β_i、β_{ij}、δ_{ij}、γ_l 为待估系数，ε_j、ε_i、ε_{ij} 为残差项。若系数 β_j、β_i、δ_{ij} 显著，而系数 β_{ij} 不显著，则存在完全中介效应；若系数 β_j、β_i、β_{ij}、δ_{ij} 均显著，存在部分中介效应（图7-1）。按照温忠麟、刘红云（2020）的研究，中介效应量为路径系数的乘积除以总效应，其计算方

法为 $\dfrac{\beta_{ij} \cdot \beta_i}{\delta_{ij}}$。

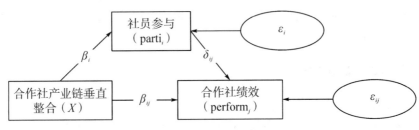

图 7-1　中介效应示意图

7.1.2.2　交互效应模型

在两个解释变量都是核心解释变量的条件下，较少说两个核心解释变量互相调节，而是说该模型适用于考察两个变量对 Y（因变量）影响的互补性或替代性（江艇，2022）。为检验在对合作社绩效的影响中合作社产业链垂直整合与社员参与的交互效应，本书将交互项引入多重线性回归模型（MLR）中。构建的基本模型如下：

$$\text{perform}_j = c_{ij} + dX + e_i\,\text{parti}_i + f_i \cdot X \cdot \text{parti}_i + n_l L_l + k_{ij} \qquad (7\text{-}4)$$

在式（7-4）中，perform_j 为合作社的绩效，X 代表合作社产业链垂直整合程度，parti_i 为社员参与，$X \cdot \text{parti}_i$ 为合作社产业链垂直整合与社员参与的交互项，L_l 为控制变量。d、e_i、f_i、n_l 为变量的系数。其中，若 $f_i > 0$，则合作社产业链垂直整合（X）与社员参与（parti_i）呈互补效应；若 $f_i < 0$，则合作社产业链垂直整合（X）与社员参与（parti_i）呈替代效应。c_{ij} 为常数项，k_{ij} 为残差项。

7.2 社员参与作为中介变量的实证分析

本书采用依次检验法和 Bootstrap 法两种方法共同检验中介效应是否成立。依次检验法估计结果如表 7-1 至表 7-3 所示，Bootstrap 法估计结果如表 7-4 所示。在 Bootstrap 法中，同第 5 章，采用更为可靠的偏差校正与加速的置信区间（BCa）进行中介效应检验（Efron & Tibshirani，1993）。

7.2.1 总体绩效作为因变量

为防止异方差对模型估计结果产生偏误，对依次检验法的各个方差采用稳健标准误进行估计（下同）。同时，通过各个多重线性回归模型（MLR）的 VIF 检验发现，VIF 最大值为 1.63，小丁 10，不存在多重共线性的影响。

社员参与在合作社产业链垂直整合对总体绩效的影响的中介效应检验结果如表 7-1 所示。根据模型（1），合作社产业链垂直整合程度在 1% 的显著性水平对合作社总体绩效呈正向影响，通过依次检验法中介效应的第一步检验；根据模型（2）、（4）、（6），合作社产业链垂直整合程度同样在 1% 显著性水平上分别对社员投资参与、产品参与、管理参与起正向影响，通过依次检验法的第二步；在（2）、（4）、（6）的基础上，分别加入投资参与、产品参与、管理参与的变量，呈现出模型（3）、（5）、（7）的检验结果，各个变量均对合作社总体绩效呈显著正向影响，且合作社产业链垂直整合系数 β_{ij} 较 β_j 有所变小，符合依次检验法步骤中的第三步。同时，根据表 7-4 的 Bootstrap 法检验结果，在第（1）、（2）、（3）行中，社员投资参与、产品参与、管理参与在合作社产业链垂直整合对合作社总体绩效的影响的置信区间不包括 0，因此，中介效应成立。通过相对效应量计算发现，社员投资参与、产品参与、管理参与的相对效应量分别为 29.90%、33.09%、38.64%。

7.2.2 经济绩效作为因变量

由表 7-2 可知，在模型（1）中，合作社产业链垂直整合对经济绩效在 1% 的统计水平上呈显著正向影响，通过中介效应依次检验法的第一步检验。在模型（2）、（4）、（6）中，合作社产业链垂直整合对社员投资参与、产品参与、管理参与均在1%的统计水平上呈显著正向影响，通过依次检验法的第二步检验。模型（3）在模型（2）的基础上加入了投资参与变量，在模型（3）中，社员投资参与通过5%水平上的显著性检验，通过依次检验法的第三步检验。由于依次检验法具有较高的检验力（温忠麟、刘红云，2020），尽管在Bootstrap法检验中，社员投资参与在合作社产业链垂直整合对合作社经济绩效的影响的置信区间包括0［由表7-4第（4）行可知］，依然可以认为中介效应成立。通过相对效应量计算发现，社员投资参与的相对效应量为13.02%。

在模型（4）、模型（6）的基础上分别加入社员产品参与、社员管理参与变量，则形成模型（5）和模型（7）。社员产品参与、社员管理参与均通过10%水平上的显著性检验。同时，根据表7-4的Bootstrap法检验结果，在第（5）行、第（6）行中，社员产品参与、社员管理参与在合作社产业链垂直整合对合作社经济绩效的影响的置信区间包括0，说明中介效应不成立。

7.2.3 社会绩效作为因变量

由表7-3模型（1）可知，合作社产业链垂直整合对合作社社会绩效的影响在5%的统计水平上显著，说明合作社产业链垂直整合对合作社社会绩效具有显著的正向影响，中介效应的依次检验法的第一步检验得以通过。由模型（2）、（4）、（6）可知，合作社产业链垂直整合对社员投资参与、产品参与、管理参与等均在1%的统计水平上显著，依次检验法的第二步检验得以通过。模型（3）、（5）分别在模型（2）、（4）中加入了社员投资参与变量、社员产品参与变量，在模型（3）中，社员投资参与在5%的显著性水平上对合作社社会绩效产生正向影响；在模型（5）中，社员产品参与在5%的显著性水平上对合作社社会绩效产生正向影响。同时，由表7-4可知，经Bootstrap法检验，在第（7）、（8）行中，社员投资参与、产品参与在合作社产业链垂直整合对合作社社会绩效的影响的置信区间不包括0，可见，中介效应成立。

在表7-3的模型（7）中，社员管理参与对合作社社会绩效的影响未通过显著性检验。同时，由表7-4可知，经Bootstrap法检验，在第（9）行中，社员管理参与在合作社产业链垂直整合对合作社社会绩效的影响的置信区间不包括0，可见，中介效应成立，相对效应量为8.79%。

表 7-1 社员参与在合作社产业链垂直整合对总体绩效的影响的中介效应检验结果

	(1) MLR 总体绩效	投资参与		(4) MLR 产品参与	产品参与	(6) MLR 管理参与	管理参与
		(2) OLOGIT 投资参与	(3) MLR 总体绩效		(5) MLR 总体绩效		(7) MLR 总体绩效
产业链垂直整合程度	0.039 0*** (0.006 0)	0.329 9*** (0.105 8)	0.035 8*** (0.006 1)	11.682 5*** (1.620 4)	0.030 9*** (0.006 6)	6.542 4*** (1.861 5)	0.037 0*** (0.006 1)
投资参与			0.023 9*** (0.008 7)				
产品参与					0.000 7*** (0.000 2)		
管理参与							0.000 3* (0.000 2)
控制变量	控制	控制	控制	控制	控制	控制	控制
N	331	331	331	331	331	331	331
Pseudo R^2		0.065 1					
R-sq	0.298 2		0.313 8	0.254 3	0.324 6	0.089 2	0.305 1
Wald χ^2		45.449 3***					
F	11.585 5***		11.581 0***	9.860 2***	12.505 4***	2.515 1***	11.590 8***

注：*、**、***分别表示在10%、5%、1%的水平上显著。括号内数值为稳健标准误。下同。

表7-2 社员参与在合作社产业链垂直整合对经济绩效的影响的中介效应检验结果

	投资参与			产品参与		管理参与	
	(1) MLR 经济绩效	(2) OLOGIT 投资参与	(3) MLR 经济绩效	(4) MLR 产品参与	(5) MLR 经济绩效	(6) MLR 管理参与	(7) OLS 经济绩效
产业链垂直整合程度	0.004 4** (0.002 1)	0.329 9*** (0.105 8)	0.003 5* (0.002 0)	11.682 5*** (1.620 4)	0.004 3** (0.002 1)	6.542 4*** (1.861 5)	0.004 0** (0.002 0)
投资参与			0.006 7** (0.003 1)				
产品参与					0.000 0 (0.000 0)		
管理参与							0.000 1 (0.000 1)
控制变量	控制	控制	控制	控制	控制	控制	控制
N	331	331	331	331	331	331	331
Pseudo R^2		0.065 1					
R-sq	0.179 0		0.191 9	0.254 3	0.179 1	0.089 2	0.182 8
Wald χ^2		45.449 3***					
F	4.411 1***		4.725 5***	9.860 2***	4.255 1***	2.515 1***	4.061 3***

表 7-3 社员参与在合作社产业链垂直整合对社会绩效的影响的中介效应检验结果

	投资参与			产品参与		管理参与	
	(1) MLR 社会绩效	(2) OLOGIT 投资参与	(3) MLR 社会绩效	(4) MLR 产品参与	(5) MLR 社会绩效	(6) MLR 管理参与	(7) MLR 社会绩效
产业链垂直整合程度	0.034 6*** (0.005 6)	0.329 9*** (0.105 8)	0.032 3*** (0.005 6)	11.682 5*** (1.620 4)	0.026 7*** (0.006 1)	6.542 4*** (1.861 5)	0.033 0*** (0.005 7)
投资参与			0.017 2** (0.008 2)				
产品参与					0.000 7*** (0.000 2)		
管理参与							0.000 2 (0.000 2)
控制变量	控制	控制	控制	控制	控制	控制	控制
N	331	331	331	331	331	331	331
Pseudo R^2		0.065 1					
R-sq	0.252 3		0.262 1	0.254 3	0.282 9	0.089 2	0.257 2
Wald χ^2		45.449 3***					
F	9.302 3***		9.292 8***	9.860 2***	10.613 9***	2.515 1***	9.120 2***

表 7-4　Bootstrap 法检验结果

序号	中介变量	Effect	Boot SE	Boot CI 下限	Boot CI 上限	相对效应量 /%
以总体绩效为因变量						
（1）	投资参与	0.010 2***	0.003 3	0.005 1	0.018 3	29.90
（2）	产品参与	0.000 3***	0.000 1	0.000 2	0.000 5	33.09
（3）	管理参与	0.000 2***	0.000 1	0.000 1	0.000 3	38.64
以经济绩效为因变量						
（4）	投资参与	0.001 0	0.000 7	-0.000 1	0.002 5	
（5）	产品参与	0.000 0*	0.000 0	-0.000 01	0.000 1	
（6）	管理参与	0.000 0*	0.000 0	2.46E-06	0.000 1	13.02
以社会绩效为因变量						
（7）	投资参与	0.009 2***	0.003 2	0.004 0	0.016 4	34.86
（8）	产品参与	0.000 3***	0.000 1	0.000 2	0.000 4	30.38
（9）	管理参与	0.000 2***	0.000 1	0.000 1	0.000 3	8.79

注：①采用自助法 800 次重复抽样计算；②采用偏差校正与加速的置信区间（BCa）。

表 7-5 汇总了各个中介效应检验结果，在"合作社产业链垂直整合→社员参与→合作社绩效"的假设中，有 9 条逻辑链条，其中得以验证的为 7 条。总体上，本书第 3 章的假设 H_8、H_{8b} 得以充分证明，假设 H_{8a} 得以部分证明。按照相对效应量的计算结果，在合作社产业链垂直整合对合作社总体绩效的影响中，中介效应最显著的是社员管理参与，其次为社员产品参与，再次为社员投资参与。

从分类绩效的分析结果来看，在合作社产业链垂直整合对经济绩效的影响中，社员管理参与起到显著的中介效应。在合作社产业链垂直整合对社会绩效的影响中，中介效应最显著的为社员投资参与，其次为社员产品参与，再次为社员管理参与。

综合上述分析，可以得出启示：只有当合作社的组织盈利性和普通社员带动性实现有效平衡和兼容时，才能实现合作社绩效的有效改善。具体而言，应对外部市场压力、破解盈利困境是处于成长初期的合作社的首要目的，剩余控制权和剩余价值索取权向投入更多要素和承担更多风险、更大责任的合作社少数精英倾斜具有现实合理性。但随着在成长中的合作社产业链垂直整合程度的提高，普通社员的参与和认同就显得日益重要。究其原因，随着合作社产业链垂直整合程度的提高，合作社获得充分的原料供给、整合内部资源（如资金、知识等）、提高组织管理运行效率等，均越来越依赖于普通社员的配合。

表7-5 中介效应检验结果一览

编号	中介效应传导路径	是否存在中介效应
1	合作社产业链垂直整合→社员投资参与→总体绩效	存在
2	合作社产业链垂直整合→社员产品参与→总体绩效	存在
3	合作社产业链垂直整合→社员管理参与→总体绩效	存在
4	合作社产业链垂直整合→社员投资参与→经济绩效	不存在
5	合作社产业链垂直整合→社员产品参与→经济绩效	不存在
6	合作社产业链垂直整合→社员管理参与→经济绩效	存在
7	合作社产业链垂直整合→社员投资参与→社会绩效	存在
8	合作社产业链垂直整合→社员产品参与→社会绩效	存在
9	合作社产业链垂直整合→社员管理参与→社会绩效	存在

注：将表7-1至表7-4汇总而得。

7.3 进一步讨论：合作社产业链垂直整合与社员参与的交互效应的实证分析

为防止异方差对结果造成偏误，本书采取稳健标准误进行估计。同时，对合作社产业链垂直整合、社员投资参与、社员产品参与、社员管理参与等核心自变量作中心化处理，再计算其交互项，最后代入方程中。

首先，分析当合作社总体绩效为因变量时，合作社产业链垂直整合与社员参与的交互效应。由表7-6可知，在模型（1）中，合作社产业链垂直整合对合作社总体绩效在1%的显著性水平上呈正向影响。在模型（1）的基础上，分别加入投资参与、产品参与、管理参与及其与合作社产业链垂直整合的交互项，构成模型（2）、模型（3）、模型（4）。在模型（2）中，合作社产业链垂直整合与投资参与的交互项在1%的水平上通过显著性检验，且系数符号为正，说明在对合作社总体绩效的影响中，合作社产业链垂直整合与社员投资参与之间存在互补效应。可能的原因是：一方面，社员投资参与促进了合作社内部的社员联结，有助于满足合作社在产业链垂直整合深化过程中的原料把控需求、内源融资需求、风险控制需求，因此，社员投资参与能够通过促进合作社产业链垂直整合深化来提高合作社总体绩效。另一方面，如第 5 章所示，合作社产业链垂直整合能够促进社员投资参与，进而通过挖掘合作社内部资源、提高合作社运行效率来提高合作社总体绩效。

由表 7-6 的模型（3）和模型（4）可知，产品参与与合作社产业链垂直整合交互项、管理参与与合作社产业链垂直整合交互项均未通过 10% 水平上的显著性检验。因此，在对合作社总体绩效的影响中，合作社产业链垂直整合与社员产品参与、社员管理参与的交互效应不成立。

表 7-6　交互效应检验结果（合作社总体绩效作为因变量）

	（1）MLR 总体绩效	（2）MLR 总体绩效	（3）MLR 总体绩效	（4）MLR 总体绩效
产业链垂直整合程度	0.039 0*** (0.006 0)	0.029 0*** (0.010 3)	0.030 9*** (0.006 6)	0.036 5*** (0.006 1)
投资参与		0.023 4*** (0.008 8)		
产业链垂直整合程度× 投资参与		0.023 4*** (0.008 8)		
产品参与			0.000 7*** (0.000 2)	
产业链垂直整合程度× 产品参与			−0.000 0 (0.000 1)	
管理参与				0.000 3 (0.000 2)
产业链垂直整合程度× 管理参与				−0.000 2 (0.000 1)
控制变量	控制	控制	控制	控制
N	331	331	331	331
R-sq	0.298 2	0.315 1	0.324 7	0.308 3
F	11.585 5***	10.903 7***	11.784 7***	12.569 3***

其次，分析当合作社经济绩效为因变量时，合作社产业链垂直整合与社员参与的交互效应。由表 7-7 可知，在模型（1）中，合作社产业链垂直整合对合作社经济绩效在 1% 的显著性水平上呈正向影响。分别加入投

资参与、产品参与、管理参与及其与合作社产业链垂直整合的交互项，构成了模型（2）、模型（3）、模型（4）。在模型（2）、模型（3）、模型（4）中，各个交互项均未通过10%水平上的显著性检验，因此，在对合作社经济绩效的影响中，合作社产业链垂直整合与社员投资参与、社员产品参与的交互效应不成立。

表 7-7　交互效应检验结果（合作社经济绩效作为因变量）

	（1）MLR 经济绩效	（2）MLR 经济绩效	（3）MLR 经济绩效	（4）MLR 经济绩效
产业链垂直整合程度	0.004 4 ** (0.002 1)	0.001 9 (0.002 9)	0.004 3 ** (0.002 1)	0.004 2 ** (0.002 0)
投资参与		0.006 6 ** (0.002 9)		
产业链垂直整合程度× 投资参与		0.001 4 (0.001 9)		
产品参与			0.000 0 (0.000 0)	
产业链垂直整合程度× 产品参与			0.000 0 (0.000 0)	
管理参与				0.000 1 (0.000 1)
产业链垂直整合程度× 管理参与				0.000 1 (0.000 1)
控制变量	控制	控制	控制	控制
N	331	331	331	331
R-sq	0.179 0	0.192 8	0.181 3	0.187 7
F	4.411 1 ***	4.733 7 ***	4.269 3 ***	3.787 0 ***

最后，分析当合作社社会绩效为因变量时，合作社产业链垂直整合与社员参与的交互效应。由表 7-8 可知，在模型（1）中，合作社产业链垂直整合对合作社社会绩效在1%的显著性水平上呈正向影响。分别加入投资参与、产品参与、管理参与及其与合作社产业链垂直整合的交互项，构成了模型（2）、模型（3）、模型（4）。在模型（2）、模型（3），社员投资参与与合作社产业链垂直整合交互项、社员产品参与与合作社产业链垂直整合交互项均未通过10%水平上的显著性检验，因此，在对合作社总体绩效的影响中，合作社产业链垂直整合与社员投资参与、社员产品参与之

间的交互效应不成立。

由表 7-8 的模型（4），社员管理参与与合作社产业链垂直整合交互项在 10% 的统计水平上显著，且符号为负，说明在对合作社社会绩效的影响中，合作社产业链垂直整合与社员管理参与之间存在替代效应。

表 7-8　交互效应检验结果（合作社社会绩效作为因变量）

	(1) MLR 社会绩效	(2) MLR 社会绩效	(3) MLR 社会绩效	(4) MLR 社会绩效
产业链垂直整合程度	0.034 6*** (0.005 6)	0.027 1*** (0.009 8)	0.026 6*** (0.006 1)	0.032 4*** (0.005 7)
投资参与		0.016 8** (0.008 3)		
产业链垂直整合程度× 投资参与		0.004 4 (0.006 7)		
产品参与			0.000 6*** (0.000 2)	
产业链垂直整合程度× 产品参与			−0.000 1 (0.000 1)	
管理参与				0.000 2 (0.000 2)
产业链垂直整合程度× 管理参与				−0.000 2** (0.000 1)
控制变量	控制	控制	控制	控制
N	331	331	331	331
R-sq	0.252 3	0.263 0	0.283 7	0.264 7
F	9.302 3***	8.754 8***	10.042 8***	10.709 0***

表 7-9 汇总了交互效应分析结果。除合作社产业链垂直整合与投资参与交互项对总体绩效、合作社产业链垂直整合与管理参与交互项对社会绩效的影响显著以外，其余各个交互项均未通过显著性检验。可见，假设 H_9 和 H_{9b} 部分得证。

表 7-9　交互效应检验结果一览

序号	因变量	交互项	交互效应是否成立
(1)		合作社产业链垂直整合程度×社员投资参与	是，互补效应
(2)	总体绩效	合作社产业链垂直整合程度×社员产品参与	否
(3)		合作社产业链垂直整合程度×社员管理参与	否

表7-9(续)

序号	因变量	交互项	交互效应是否成立
(4)		合作社产业链垂直整合程度×社员投资参与	否
(5)	经济绩效	合作社产业链垂直整合程度×社员产品参与	否
(6)		合作社产业链垂直整合程度×社员管理参与	否
(7)		合作社产业链垂直整合程度×社员投资参与	否
(8)	社会绩效	合作社产业链垂直整合程度×社员产品参与	否
(9)		合作社产业链垂直整合程度×社员管理参与	是，替代效应

注：将表 7-6 至表 7-8 汇总而得。

7.4 本章小结

本章通过依次检验法、Bootstrap 法检验了社员参与在合作社产业链垂直整合程度对绩效的影响中是否起到中介效应；同时，验证了对合作社绩效的影响中合作社产业链垂直整合与社员参与交互效应是否存在。本章可以得出以下结论：

第一，社员参与在合作社产业链垂直整合对总体绩效的影响中起显著的中介效应。通过相对效应量计算发现，对合作社总体绩效影响最显著的为社员管理参与，其次为社员产品参与，再次为社员投资参与。假设 H_8 得证。

第二，从不同绩效类别来看，在合作社产业链垂直整合对经济绩效的影响中，社员管理参与发挥了显著的中介效应。在合作社产业链垂直整合对社会绩效的影响中，社员投资参与、产品参与、管理参与均发挥了显著的中介效应，其中，社员投资参与发挥了最显著的中介效应，其次为社员产品参与，再次为社员管理参与。因此，假设 H_{8a} 得以部分证明，H_{8b} 得以充分证明。

第三，从交互效应分析结果来看，在对合作社总体绩效的影响中，合作社产业链垂直整合与社员投资参与存在互补效应；在对合作社社会绩效的影响中，合作社产业链垂直整合与社员投资参与存在替代效应。因此，假设 H_9 和 H_{9b} 部分得证。

8 农民专业合作社产业链垂直整合、社员参与及绩效
——基于多案例的对比

利用案例研究方法可以验证结果的准确性、真实性，也可以从同类样本得出一般结论，还可以引申和解释新的问题。前文利用计量模型分析了农民专业合作社对社员参与的影响程度及影响机理，合作社产业链垂直整合和社员参与对合作社绩效的影响。本章将利用四川雅安市 3 家合作社的典型案例对比研究，验证前文计量模型估计结果，并力图通过真实案例分析，更加直观、细致地分析合作社产业链垂直整合、社员参与以及合作社绩效三者之间的关系。

8.1 变量选取

1. 合作社产业链垂直整合

如第 2 章所述，农民专业合作社的产业链垂直整合程度利用合作社覆盖的产前服务、农业生产、加工仓储、销售渠道、品牌建设共 5 个环节的数量多少来衡量。我们按照本章研究需要并依据合作社所覆盖的产业链完整度，将合作社分为产业链完整型、产业链半完整型以及产业链不完整型。一般而言，合作社的产业链完整度与其产业链衔接紧密程度正相关，合作社所覆盖的产业链越完善，其产业链上不同环节之间衔接的紧密程度就越高。不同类型的合作社具有以下特征：①产业链完整型合作社覆盖全部 5 个环节，其纵向协作程度高，与上、下游联系较为紧密；②产业链半

完整型合作社覆盖 3~4 个环节，产业链完整度和产业链衔接紧凑度介于完整型和单一型之间；③产业链不完整型合作社呈现出单链或散链的特征，仅覆盖上述 5 个环节中的 1 个或 2 个环节，一般情况下为农资供给的产前环节或技术、信息交流服务等产中环节，这些环节无须大规模投资，进入门槛较低，且产业链各环节之间的联结松散。

2. 社员参与

如第 2 章和第 5 章所述，考虑到合作社是社员所有者与惠顾者合一的组织，"社员所有、社员控制、社员受益"是合作社的运行原则。将社员参与界定为投资参与、产品参与以及管理参与。社员投资参与是指普通社员以自身的资金或土地、农业机械、果树等生产资料投资的合作社；社员产品参与是指社员广泛且积极按照合作社要求组织生产，通过合作社获取农资和销售产品；社员管理参与是指普通社员广泛参与合作社民主决策、监督等事务。

3. 绩效

根据合作社的本质性规定及概念界定，同第 2 章、第 6 章一样，本章仍然将合作社绩效分为经济绩效和社会绩效两大方面。我们具体结合三家案例合作社的特征，为更清晰地描述合作社的发展状况，将合作社经济绩效界定为盈利能力、可持续发展潜力两个方面，将合作社社会绩效界定为保障社员的剩余索取权、促进社员节本增效、社区公益服务三个方面（详见表 8-1）。

表 8-1　合作社绩效评价指标及含义

类别	具体指标	解释
经济效益	盈利能力	合作社的总收入
	可持续发展潜力	合作社是否具有较强的成长潜力，是否有着清晰的发展规划，经营业务是否呈现出拓展趋势；合作社是否具备一定的抵御市场风险冲击的能力
社会效益	保障社员的剩余索取权	为合作社对社员的直接利润分配。社员能否通过盈余返还、股份分红等方式分享合作社利润
	促进社员节本增效	为合作社对社员的间接收入带动。合作社共享农资、技术等，帮助社员提高生产效率、节约生产成本；由合作社提供产品销售服务等，提高农产品售价，畅通农产品销售渠道，间接促进社员增加收益
	社区公益服务	合作社提供所在村社的基础设施管护、脱贫带动或相对贫困治理等公共产品，带动村集体经济发展

8.2 单案例描述

1. PY 黄果柑专业合作社①

PY 黄果柑种植专业合作社（下文简称"PY 合作社"）位于四川省雅安市石棉县，成立于 2010 年 4 月，注册资本为 316 万元。合作社涉及了当地特色产业黄果柑的农资统购、生产服务、加工网销等全产业链环节。合作社理事长由该村党支部书记担任，具有村社合一的特征。社员采取现金入股的形式加入合作社，共 324 户。合作社得到了当地政府和中国扶贫基金会的大力支持，2017 年，中国扶贫基金会向合作社捐赠 160 万元，2020 年，财政支持村集体经济发展的项目资金 100 万元也投入该合作社，用于建设仓配中心以及合作社下属的农资农机服务公司。该合作社产业链垂直整合程度高。

2. MJ 猕猴桃种植专业合作社

MJ 猕猴桃种植专业合作社（下文简称"MJ 合作社"）位于四川省雅安市名山区，成立于 2008 年 11 月，注册资本为 50 万元，社员 51 户，发起人和理事长为原村党支部书记。主营产业是红心猕猴桃，管理面积达470 亩（1 亩≈666.67 平方米，下同），约占合作社所处村的猕猴桃种植总面积的 2/3。该合作社实行"生产在家、服务在社"的运作模式，为社员统一提供农资，建有仓储中心，配置有果品分级、洗选、打蜡等商品化处理设施。由合作社理事长直系亲属注册成立有限公司，实际负责对猕猴桃的营销，建立了微商、电商等线上销售渠道和商超、社区直供点、批发市场等多元化的线下销售渠道。得益于较高的收购价和便捷的销售渠道，合作社对区域内果源的把控能力较强。但该合作社的仓储中心容量较小，商品化处理设施的处理能力较弱。总体上，MJ 合作社产业链垂直整合程度略低于 PY 合作社，但也处于较高水平。

3. WL 黄果柑种植合作社

WL 黄果柑种植合作社（下文简称"WL 合作社"）位于四川省雅安市石棉县，成立于 2013 年 9 月，注册资本为 380 万元，社员数量为 500

---

① 按照学术惯例，同时尊重部分受访者本人意愿，对合作社采用化名。

户。WL合作社由村党委副书记（合作社实际出资人）牵头成立，且由其本人及亲属管理。合作社主营产业为黄果柑，由合作社对接供销社，供销社向社员原价销售农资。合作社联系黄果柑收购商贩，起到了为农户牵线搭桥的作用。未来，供销社将投入黄果柑洗选设备及专项改革资金，建设农业社会化服务中心，并由该合作社理事长担任中心负责人。总体上，较PY合作社和MJ合作社，该合作社的产业链覆盖面不全，有社员反映合作社对生产环节的技术指导不足，且各个环节之间联系松散，合作社产业链垂直整合程度一般。

三家案例合作社的基本情况如表8-2所示。

表8-2　三家案例合作社基本情况一览

合作社名称	发起人身份	成立时间	注册资金	社员数量	主营产业	发展规划	合作社产业链垂直整合程度
PY合作社	村干部	2010年4月	316万元	324户	黄果柑	发展农机农资服务业务	高
MJ合作社	原村干部、专业大户	2008年11月	50万元	51户	猕猴桃	扩建仓储中心和商品化处理设施	较高
WL合作社	村干部和专业大户	2013年9月	380万元	500户	黄果柑	利用供销社投资设立的社会化服务中心，扩大农资服务和农产品销售服务	一般

8.3　案例分析

首先，分析合作社产业链垂直整合对社员参与的影响以及影响机理；其次，分析合作社产业链垂直整合如何对合作社绩效产生影响；最后，分析在合作社产业链垂直整合对合作社绩效的影响中社员参与起到了什么样的作用。

8.3.1 农民专业合作社产业链垂直整合对社员参与的影响的案例分析

8.3.1.1 三家案例合作社的社员参与程度现状对比

首先,分析合作社产业链垂直整合处于不同水平的合作社社员参与程度存在什么样的差异。

(1)从投资参与来看,PY合作社以1 000元/户作为基础股,入社门槛最高。同时,合作社在建立果品商品化处理、冷链仓储等设施中,不仅筹集到合作社财政项目支持资金、中国扶贫基金会捐赠资金、村集体资金等,还以1万元/股的发展股吸纳社员入股,共筹资社员资金97万元。MJ合作社社员入社需缴纳500元/户的会费,WL合作社采取无门槛入社的方式,两个合作社均在发展过程中吸纳社员二次投资入社。

(2)从产品参与来看,在产前环节,PY合作社、MJ合作社均由社员提供农资,合作社将农资年度净盈利的60%按照社员购买额,以现金的形式返还给社员①;WL合作社则通过与当地乡镇供销社建立合作,为合作社社员提供低价农资。在产中环节,PY合作社建立了品质控制流程,建立农户互相监督、抽检等制度,并设立专门的管理团队负责具体的生产指导;MJ合作社、WL合作社也对社员提供技术服务,但未建立严格的品控制度。在产后环节,PY合作社、MJ合作社均采取统购统销模式,由合作社链接营销商或电商平台,而WL合作社仅由合作社向社员提供果品销售渠道信息,且只能覆盖部分社员,该合作社既不从中分利,也不向社员返还利润,由理事长从黄果柑加工处理中收取一定服务费用。

(3)从管理参与来看,PY合作社建立有完整规范的民主议事、监督决策制度,社员参与程度较强。MJ合作社、WL合作社具有鲜明的能人领办、家庭控制特征,普通社员的管理参与程度较弱。

总体上,PY合作社的普通社员参与程度强,社员投资参与、产品参与、管理参与等均较强;MJ合作社社员参与程度一般,社员投资参与、管理参与等较弱,产品参与较强;WL合作社社员参与程度较弱,且社员投资参与、产品参与、管理参与均较弱(见表8-3)。综上,合作社产业链垂直整合程度与社员参与程度之间成正比关系,也即合作社产业链垂直整

---

① 两个合作社理事长认为,相对于直接低价供给农资,采取按农资销售额返还盈余的方式的另一个好处是更能够缓和合作社与其他农资供应商之间的矛盾。

合程度越高，社员参与就越充分，两者之间的正向关联关系并非源于偶然现象，而是有着深刻的内在规律。

表8-3 三家案例合作社的社员参与情况对比

		PY 合作社	MJ 合作社	WL 合作社
合作社产业链垂直整合		高	较高	一般
社员投资参与		每户社员 1 000 元基本股；在发展过程中，部分社员自愿缴纳 10 000 元/户的发展股	每户缴纳会费 500 元	无门槛入社
社员产品参与	产前环节参与	合作社统一供给农资，按农资购买额返还利润。覆盖面较广	合作社统一供给农资，按农资购买额返还利润。覆盖面较广	合作社为农户提供低价农资。覆盖面较广
	产中环节参与	合作社提供技术指导，制定品控制度。覆盖面较广	合作社提供技术指导，覆盖面较窄	合作社提供技术指导，覆盖面较窄
	产后环节参与	统购统销，覆盖面较广	统购统销，覆盖面广	由合作社协调销售，覆盖面较窄
社员管理参与		较强	较弱	较弱
社员参与总体评价		总体较强。投资参与、产品参与、管理参与等均较强	总体一般。投资参与和管理参与较弱，产品参与较强	总体较弱。投资参与、产品参与、管理参与均较弱
社员角色担当		所有者、控制者、惠顾者	惠顾者，但不是所有者和控制者	惠顾者，但不是所有者、控制者

接下来，需要分析合作社产业链垂直整合将如何影响社员参与。

8.3.1.2 合作社产业链垂直整合对社员参与的影响机理

首先分析合作社产业链垂直整合如何强化合作社对社员的依赖，接着分析合作社通过何种方式促进社员参与。

1. 三家案例合作社对社员参与的需求

在合作社产业链垂直整合深化的背景下，合作社促进社员参与的动机包括以下三个方面：

第一，保障农产品原料供给。随着合作社加工、仓储、营销等链条的完善，合作社产品品牌影响力扩大，摆在合作社面前的难题不再是拓展销售渠道、熨平市场价格波动，而是如何确保达到质量标准的农产品的持续供给。特别是农产品市场呈现出优质必优价、优品"不愁卖"的特征，此时，合作社需将优质农产品持续稳定的供给作为其重要发展支撑，就更有必要使得社员按照合作社所制定的标准进行生产。因此，能否让社员持续提供优质的基础农产品原料，成为合作社面临的新问题。社员参与程度决定了合作社是否能够解决原料问题。PY 合作社和 WL 合作社在营销模式上的差异能够较为充分地说明合作社通过增进社员参与来促进产业链垂直整合的动机。虽然两个合作社理事长均意识到相对于社员的单独营销模式，对果品统一收购、质量分级、精准营销的统购统销模式所获得的附加值更高，但 WL 合作社社员内部联结松散，WL 合作社理事长担心社员不信任合作社、不配合而难以施行；PY 合作社能够实施统购统销模式，原因在于社员的投资参与和管理参与程度较高，合作社较为容易得到社员的认可和响应，社员能够主动配合合作社的经营活动①。

第二，整合社员分散资金。例如，2017 年，PY 合作社为推进仓配中心建设，面向社员，以 1 000 元/股的基本股形式筹集资金 32.5 万元，以 1 万元/股的发展股形式筹集资金 146 万元，两项合计 178.5 万元，填补了资金缺口，缓解了合作社融资压力。

第三，增强合作社的外部合法性认同。组织合法性被用于衡量组织行为在某一社会结构的标准体系、价值体系、信仰体系和定义体系内是否是合意与正当的（Suchman，1995）。如果合作社能够获得充足的合法性认可，就可以获取关键资源、形成凝聚力，并应对环境的压力与威胁；而在我国，合作社的合法性突出地体现为政府对合作社的认可与支持（崔宝玉、程春燕、刘丽珍，2016）。社员充分参与体现了合作社的规范化运行和社会绩效发挥，有利于争取示范社和资金项目支持。截至调查时间，据不完全统计，PY 合作社获得的政府和社会组织支持项目包括省财政支持气调库建设资金 52.8 万元、中国扶贫基金会支持仓配中心建设资金 160 万元、中央和省财政扶持发展村级集体经济示范村项目资金 100 万元（由村集体资产管理公司入股合作社），共计 312.8 万元；MJ 合作社获得财政支

---

① PY 合作社之所以能够实施统购统销模式，另一原因是其具有村社合一、集体化体制的特征。合作社理事长与村委会主任身份重叠，黄果柑为该村主导产业，合作社主营业务惠及范围几乎覆盖全体村民。MJ 合作社虽然成员参与的程度也较差，但合作社拥有完善的销售渠道，甚至拥有区域市场的定价权，农产品溢价程度高，因而推进统购统销的组织难度小，农户愿意由合作社统购统销农产品。同时，MJ 合作社的社员人数较少，且社员集中于一个村，合作社内部更容易建立信任关系。

持冷库建设资金42万元；WL合作社仅获得市级示范社奖补资金3万元。

2. 三家案例合作社社员的参与动机

社员加入合作社的目的在于摆脱其在生产经营中的孤立无援地位、市场交易中的势单力孤状态。随着合作社产业链垂直整合程度的提高，合作社逐渐能解决社员农户在农资购买、生产技术、产品销售等方面的问题，将带来社员收入的增加，普通社员参与合作社的积极性日益增长。PY合作社产业链垂直整合度最高，对社员农户的生产改进功能最为明显，其普通社员的投资参与、产品参与、管理参与等各维度的程度均较高，且愿意加入社员的农户数量规模呈增加态势，入社社员覆盖了周边5个村。MJ合作社的产业链垂直整合程度仅低于PY合作社，高于WL合作社，该合作社为社员解决了农资购买和产品销售两大难题，因而相对于WL合作社，该合作社具有较高程度的投资参与和产品参与，社员参与程度较高。

3. 三家案例合作社的制度变迁与社员参与

（1）契约治理结构选择

交易成本经济学认为，由于有限理性和机会主义行为的存在，任何复杂契约都是不完全的。若社员的机会主义行为（如抬高产品交售价格、交售违约、产品质量低劣等），则难以保障合作社的农产品原料需求，合作社所投资的专用性资产（仓配中心等物质专用资产、人力专用资产等）则面临被"敲竹杠"风险。结合3.1.5节的简单缔约模式示意图，合作社可选择实行统一治理结构，即实行买断关系，按照企业权威机制协调安排生产；合作社也可选择继续维系双边治理，通过优化契约保障机制的方式保持契约双方交易的稳定性。但本书中的三家案例合作社均选择维系双边治理结构，通过完善补充治理机制，来降低交易成本、弥补合作社与社员之间不完全契约的缺陷。

进一步地，合作社采取统一治理结构或者双边治理结构与所处情境紧密相关。具体而言，统一治理结构具有较高的控制强度，具有弱激励强度、弱自动协调等特征，且需要承担一定的组织官僚制成本；双边治理结构虽然在控制强度上弱于统一治理结构，但在适应性、激励强度等方面优于统一治理结构。因此，合作社选择双边治理结构、继续维系合作社与社员农户之间的关系具有现实合理性，唯有发挥家庭经营模式在自动适应、生产激励等方面的比较优势，才能适应农业以动植物为生产对象、生产具有高度灵敏性等的特点。

（2）契约治理机制建设

三家案例合作社通过补充的契约治理机制来促进契约执行，其补充的契约治理机制包括以下两个方面：

第一，信任激励机制：推进合作社制度建设。合作社的决策、监督、分配、生产以及销售制度既是合作社伦理价值的体现，也是合作社促进社员参与的手段，兼具行动理论中规范和工具的双重作用。从对三家合作社的对比来看，PY合作社的制度建设最为健全，该合作社是雅安市唯一具备承担政府购买服务项目资质的合作社。这在很大程度上源于2016年在中国扶贫基金会的指导下的合作社改制，其主要内容包括重新筛选合作社成员、重新选举理事会和监事会以及完善决策监督、财务支出、年度审计等内控制度。比如，理事长仅有单独决定500元以内的支出权力，500元至2 000元需理事长和监事长共同签字，2 000元至2万元需理事长和监事会中的7人签字，2万元及以上支出需理事会和监事会全部8人签字。MJ合作社的各项文本制度较为健全，但各项制度落实往往流于形式，仍处于精英控制局面。WL合作社的民主决策、日常监督、财务管理等各项管理制度尚不健全，甚至未建立监事会。制度建设起到了强化成员承诺的作用。PY合作社在建章立制过程中，反复邀请社员参与合作社所组织的多次会议，密切了合作社与社员之间的联系；制度建设的结果是将社员对合作社的权利、义务以正式文本的形式确立下来，权威性得以增强，提供了可置信承诺。同时，PY合作社、MJ合作社所明确的生产技术规范不仅起到了促进标准化生产的作用，也有助于改进农户生产技术，获得更高收益，从而为两个合作社实行统购统销模式，延伸加工、营销等链条创造了条件。WL合作社因为无法把控生产过程和产品质量（部分社员反映合作社所提供的技术无法满足需求），因此该合作社只能采取类似于中间商的协调营销模式。

第二，行为约束机制：吸引社员投资专用性资产。PY合作社以股份形式吸引社员投资合作社仓配中心建设。股份本身可以视作一种利益联结手段，当社员入股后，社员采取机会主义行为时将会顾忌其给自身前期资金投入所带来的损失，从而形成对社员机会主义行为的反向约束。

基于案例的合作社产业链垂直整合对社员参与的影响机理如图8-1和表8-4所示。

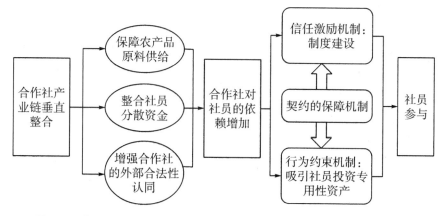

图 8-1　基于案例分析的合作社产业链垂直整合对社员参与的影响机理图

表 8-4　合作社产业链垂直整合对社员参与影响机理的三家案例合作社对比

	PY 合作社	MJ 合作社	WL 合作社
合作社产业链垂直整合程度	高	较高	一般
社员参与	较强	一般	较弱
制度建设	制度健全，且能够落实	文本制度完善，但落实不力	制度不完善，且合作社组织架构不健全
社员的专用性资产投资	存在	不存在	不存在

对比三家案例合作社可发现，合作社产业链垂直整合程度与社员参与之间存在正向相关关系。而合作社内部制度建设、吸引社员专用性投资起到了稳定合作社与社员的契约关系的功能，是契约的额外保障机制，促进了社员参与。

8.3.2　农民专业合作社产业链垂直整合对绩效的影响的案例分析

本书将首先对比分析三家案例合作社的绩效，再分析合作社产业链垂直整合将如何对其绩效产生影响。

8.3.2.1　三家案例合作社的绩效现状对比

（1）合作社的经济绩效包括以下两个方面：①盈利能力。PY 合作社综合效益最高，2019 年实现总收入 1 100 多万元；同期的 MJ 合作社、WL 合作社总收入分别约为 484 万元、46 万元。②发展潜力。三家合作社通过与产业链下游的供销社、龙头企业、电商平台等组织实现关联合作,形成了较为完整的产业链条,因而能在一定程度上熨平市场价格波动。但在发展的开拓性上又存在差异。PY 合作社呈现出较强的开拓性,例如,成立了农机农技服务公司,以解决生产环节的劳动力短缺问题、扩大农资服务范围,发展潜力较大。而 MJ 合作社因要素短缺而无法提升加工仓储能力,WL 合作社因信任缺失而无法实现统一的产品购销,两个合作社的提升发展进程均受阻。

(2)合作社的社会绩效包括以下三个方面:①保证社员的剩余索取权。PY 合作社社员兼具投资者、控制者和控制者三重身份,社员能够通过农资补助、惠顾额返还、股份分红等方式获得收益。MJ 合作社社员可通过农资补助、惠顾额返还获得收益。WL 合作社盈余分配制度尚不健全,合作社对社员无直接的盈余分配。②带动社员节本增效。三家案例合作社均通过供给农资、技术服务、拓展销售渠道帮助社员增加收益。但 WL 合作社的表现相对较差,该合作社果品销售主要采取由合作社协调销售的方式,无法像其他两个合作社那样实行统购统销模式,进而通过电商营销、直供直销等精准营销进入高端销售市场,获得高额附加利润。另外,WL 合作社的部分社员反映合作社所提供的技术服务难以满足需求。③促进社区公益。在扶贫带动上,PY 合作社中建档立卡户为 44 户,占社员总数的13.58%;MJ 合作社建档立卡贫困户为 3 户,占社员总数的 7.14%。两家合作社均对贫困户社员在农资供给、劳务用工、技术培训、产品销售等方面有倾斜性的扶持。WL 合作社未对贫困户社员给予专门支持。在助力村集体经济发展壮大上,仅 PY 合作社与村集体进行了利益绑定,财政支持村集体经济发展的 17.5 万元建设黄果柑洗选设备,由合作社租赁和使用,并且每年向村集体交付资金 3.1 万元;中央和省财政资金发展村级集体经济扶持项目资金 30 万元,入股合作社建设仓配中心,村集体年度可获益7.1 万元,两项每年可为村集体增收 10 万元以上。

三家案例合作社的绩效如表 8-5 所示。

表 8-5　三家案例合作社的绩效对比

绩效分类		PY 合作社	MJ 合作社	WL 合作社
经济绩效	盈利能力	2019 年总收入 1 100 多万元	2019 年总收入约 484 万元	2019 年总收入约 46 万元
	发展潜力	较强	较弱	较弱

表8-5（续）

绩效分类		PY 合作社	MJ 合作社	WL 合作社
社会绩效	保证社员的剩余索取权	社员可通过农资补助、惠顾额返还、股份分红等方式获得收益	社员可通过农资补助、惠顾额返还获得收益	合作社对社员无直接的盈余分配
	带动社员节本增效	较强。能够通过统购统销模式实现精准营销，产品附加值较高；合作社对社员的技术传授能力较强	较强。能够通过统购统销模式实现精准营销，产品附加值较高	较弱。对社员提供的技术指导不足；采用协调营销的方式帮助社员销售产品，附加值难以体现
	促进社区公益	较好。发挥了扶贫带动和壮大村集体经济等功能	一般。发挥了扶贫带动功能	较差。未发挥扶贫带动和助力村集体经济发展功能，对社区公益事业助力较差
总体绩效		高	较高	一般

综上所述，通对对比三家案例合作社的盈利能力、发展潜力、保证社员的剩余索取权、带动社员节本增效、促进社区公益五个方面，PY合作社的绩效最高，MJ合作社的绩效居中，WL合作社的绩效最低。

8.3.2.2 农民专业合作社产业链垂直整合对合作社绩效的影响机理

接下来分析合作社产业链垂直整合对其绩效的影响机理。合作社产业链垂直整合对绩效的影响机理体现在以下四个方面：

第一，促进产业链上、下游资源整合，降低交易成本。回顾PY合作社和MJ合作社发展历程，这两个案例合作社经营效益的根本性改善均源于合作社商品化处理和初加工、仓储加工冷链等设施的完善之后。在仓储冷链保鲜和商品化处理设施健全的基础上，PY合作社才可以搭建网络线上销售渠道。MJ合作社理事长说过，"如果我们不是在2015—2016年间将商品化处理中心、冷链仓配中心建立起来，我们合作社就不会有后来的好局面"。重要原因在于，仓储冷链保鲜、商品化处理等生产性设施虽然投资额度高、运营难度较大，但为合作社与产业链下游的农产品经纪人、营销企业、电商平台等建立经常性合作机制创造了条件，同时，也为合作社收集社员手中的农产品提供了条件，有能力为社员提供产品商品化处理、营销等服务，有助于密切农社联系、增强合作社内部凝聚力，从而降低农产品生产、收购、商品化处理、加工、销售等各个环节的交易成本，增加合作社收益。

第二，提高规模经济效益，增强市场势力。产业链垂直整合让合作社消除了销售壁垒，解决了小农户与大市场之间的矛盾，合作社的果品销售数量呈增加趋势，合作社的规模经济效益凸显，合作社的市场势力不断增强。以 PY 合作社为例，黄果柑的销售量由 2017 年的 333 余万斤（1 斤 = 500 克，下同）增至 2019 年的 563 余万斤，年均增幅达 30.02%（详见图 8-2）。

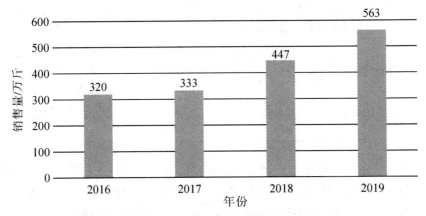

图 8-2 2016—2019 年 PY 合作社果品销售量变化情况

第三，扩展农产品价值链，促使农产品溢价。合作社产业链垂直整合有助于强化产前、产中、产后各个环节之间的联结，将加工、营销、品牌等环节的收益通过产业链转移至合作社。同时，合作社的仓储冷链保鲜、商品化处理等生产性设施也有助于实现农产品标准化处理，有助于合作社灵活安排上市时间、实现错峰上市。上述两大因素使得农产品能够获得更多的收益。以 PY 合作社为例，其黄果柑售价呈上涨趋势，2016 年黄果柑销售均价为 1.88 元/斤，2019 年为 2.02 元/斤，到 2020 年增至 2.58 元/斤。

第四，随着合作社产业链垂直整合程度的提升，合作社的盈利能力得以增强，合作社能够形成更多的可分配盈余，合作社对社员的价值反馈程度也随之提高：在直接层面，表现为 PY 合作社所提供的股份分红，PY 合作社和 MJ 合作社所提供的农资补助、惠顾额返还等；在间接层面，表现为更为有效的农产品销售服务、技术指导服务等。

8.3.3 农民专业合作社产业链垂直整合和社员参与对绩效的影响的案例分析

社员参与在合作社产业链垂直整合对合作社绩效的改进作用具体包括以下三个方面：

第一，以规模经济效应促进价值增长。规模经济效应首先体现为合作社社员规模的扩张。例如，PY 合作社对社员的吸引能力不断上升，社员数量经历了两轮扩大——第一轮由 125 户增至 185 户，第二轮再增至 325 户。规模经济效应还体现为社员经营规模的扩大，进而表现为合作社经营规模的扩大。一项针对 PY 合作社 71 户社员和 MJ 合作社 42 户社员的问卷调查发现，产业链垂直整合程度相对较高的 PY 合作社社员户均经营面积由 2016 年的 4.3 亩增加至 2018 年的 5.6 亩，增长了约 30.23%；产业链垂直整合程度相对较低的 MJ 合作社户均经营面积由 2017 年的 6.1 亩增至 6.3 亩，增长了约 3.28%。

第二，以产业链协同效应促进价值增长。充分社员参与尤其是农社利益的一致性有助于确保生产出品质合格、品相标准的产品，为产品的后续商品化处理、加工、营销等提供了便利条件。这在 PY 合作社表现得较为明显，通过对 PY 合作社周边合作社的理事长的访谈发现，由于 PY 合作社对新加入合作社的社员进行严格把关，要求其具备一定的经营规模、认同合作社的理念，并对新加入合作社社员进行逐一民主表决，同时，多数社员的黄果柑经营面积呈增加趋势。上述因素导致社员个体利益与合作社整体利益呈现出高度一致，因而 PY 合作社的周边合作社认为 PY 合作社管理难度小，其社员农户能够为 PY 合作社提供充足、优质的农产品。而在 WL 合作社中，社员和理事长互不信任，合作社基础架构不健全，民主决策、监督管理、盈余分配等制度建设流于形式，社员担心合作社在实行能够创造更高经济效益的农产品统一集中、统一加工处理、统一对外营销的模式中，仅由少数核心社员获得收益，而不愿意将产品交售给合作社，从而限制合作社发展潜力的发挥。

第三，以行为约束效应促进价值分享。社员参与是社员权力行使的体现，有助于合作社在决策、行为以及分配中向普通社员倾斜，在一定条件下形成致力于实现公平价值的合作社文化，从而促进价值分享。如 PY 合作社小心翼翼地维护着股权平衡，在股权融资中，有部分理事会或监事会成员出资较多，如一名监事出资达 25 万元，后经劝说退出部分股金并调剂给其他社员，从而避免了合作社"单股独大"和精英控制，也确保了社员共同公平拥有对合作社的所有权。而在 MJ 合作社、WL 合作社中，因普通社员参与不足，加上合作社制度不健全，难以对核心社员形成有效制衡，以致大部分收益由少数核心社员分享，普通社员被排挤在利益分配的边缘。

8.4 拓展性讨论

对于以上三家案例合作社，我们给出以下六个方面的拓展性讨论：

第一，农民专业合作社在内部是选择统一治理结构还是双边治理结构在很大程度上由产品技术特性所决定。其实，正是经营利润、交易成本和组织成本之间的平衡决定了合作社是采取统一治理结构还是双边治理结构。若组织成本高昂且难以采取合理的手段来降低，加之，经营利润有限，不能承担组织成本损失，交易成本较高，则应当选择双边治理结构；但若经营利润偏高，能够承担部分组织成本损失，组织成本偏低，则合理的治理结构为统一治理结构，如此可达到更为有效地降低交易成本的目的。一般而言，在农业生产领域，合作社普遍采取双边治理结构，这是因为统一治理结构无法降低监督不力、激励不足、自动适应性不强等所带来的组织成本，而双边治理结构正好能够规避上述缺点。而对于附加值较高且能够实现标准化作业的产业（如育种），则能够降低无法监督、边际劳动贡献无法衡量等所带来的组织成本，又因附加值较高，能够承担一定的组织成本损失，所以合理的选择为采取统一治理结构，也即以企业式的权威统一安排生产替代合作社的双边协调生产。对于农业产后的销售环节，合作社普遍采取统一治理结构，如本章的 MJ 合作社，通过成立附属的专业销售公司来负责农产品的销售、品牌推介等活动，从交易成本经济学的视角来看，这很大程度上是由于产后的仓配营销等环节不需要生产者具有较高的自动协调水平，生产中可以实现标准化作业，因而能够衡量边际劳动贡献，监督难度小，采取统一治理结构的官僚制成本较低，且能够有效降低交易成本。

第二，社员参与在农民专业合作社所处不同阶段的重要性存在着明显差异，但是能否真正促进社员参与还取决于合作社对利益的取舍衡量。在合作社成立初期，由于合作社产业链垂直整合程度不高，由要素贡献程度、风险承担程度、经营管理能力等较为突出的专业大户、龙头企业以及村干部等乡村精英实际占据合作社控制权和剩余价值索取权能够更为有效地激励其投资关键的资源要素，从而促进合作社取得初步发展，而普通社员往往满足于销售带动、农资供给、技术服务等浅层次的产品惠顾，这一现象具有现实合理性（黄胜忠，2014）。而随着合作社逐步进入成熟期，合作社产业链垂直整合程度深化，合作社对社员参与的需求度日益增加。但在现实情境中，合作社是否真正决定促进普通社员参与、开放管理权利仍然面临着核心社员与普通社员的利益博弈以及诸多利益因素的衡量取舍。在产业链建设基本成型的条件下，PY 合作社选择促进社员参与在很大程度上源于该合作社由村干部主导、具有村社合一的性质；MJ 合作社则由大户主导和控制，规范合作社运行、赢得社员参与度提升虽然有利于增强合作社的原料把控能力、争取财政资金等，但也意味着核心社员会将部分利益进行让渡和转移，导致核心社员在是否规范合作社运行（例如，定期公布财务状况、开展审计等）、促进社员参与中持犹豫态度。

第三，如何实现"能人治社"与确保普通社员参与之间的平衡是农民专业合作社良性成长面临的巨大挑战。若完全按照经典合作制实行"一人一票"的民主决策制，合作社可能出现决策效率低下、合作社主要出资者利益难以保护的问题。研究证明，股权集中度更高、理事会人数占社员总数的比重更低的合作社在绩效上表现更优（崔宝玉、简鹏、刘丽珍，2017）。因此，吸引和留住具有充分企业家才能的理事长成为合作社成功的重要条件（刘宇翔、王征兵，2006）。但"能人治社"也极为容易造成"狼羊同穴"式的"大农吃小农"、普通社员参与不足。对比三家案例合作社，三家合作社实质上都采取了"能人治社"的管理模式，但差别在于PY 合作社建立了相对完善的治理机制，而 MJ 合作社和 WL 合作社的治理机制的完整性较差，WL 合作社甚至未建立基本的组织框架。因此，要实现"能人治社"与确保普通社员有效参与之间的平衡需要匹配优良的治理机制，以达到对合作社管理层的约束目的，这与冀县卿的研究结论基本一致①。

---

① 冀县卿（2009）以农地股份合作社为研究对象，发现企业家先天性地存在侵害股东利益的可能性，通过监督、产权合约、企业家道德约束等正式和非正式制度，能够有效抑制农民企业家的机会主义行为。

第四，支持合作社的发展应做到物质建设和制度建设并重。即便是合作社获得了充分的外部支持，也不必然意味着合作社能够顺畅地实现产业链垂直整合并充分发挥发展潜能。PY合作社与WL合作社的发展水平对比表明，强化合作社制度建设在促进合作社产业链建设中起到了不可或缺的作用，其内在逻辑指向是通过制度建设达到整合成员利益和增强成员公平感的目的。PY合作社在产业链垂直整合中，推进了监督、决策、财务、生产管理等制度建设，以减少机会主义行为，减少意见不一致所带来的发展内耗，从而降低合作社的组织成本。反之，WL合作社缺乏基本的"三会"组织架构，未设立监事会，社员对合作社的运营管理漠不关心，亦缺乏参与，仅获得有限的农资补助、技术指导等实惠，合作社虽能获得供销社、财政等多方面的外部扶持，但因缺乏组织黏合力，无法整合内部资源，终难摆脱发展困境。

第五，合作社产业链垂直整合亦是合作社内部组织变革的过程。合作社产业链垂直整合意味着合作社的经营策略由生产导向型转变为价值增值型（黄胜忠，2009）。随着合作社经营策略的变化，要确保合作社的成员关系、组织结构的同步变化和调适，才能确保组织目标实现（罗必良，2005）。合作社产业链垂直整合对其内部组织变革的影响包括两个方面：一是成员关系逐步紧密化。从三家案例合作社来看，较高的合作社产业链垂直整合程度与较高的社员参与相匹配，合作社才能获得社员参与所带来的规模经济效应、产业链协同效应等好处，合作社产业链垂直整合的价值创造才能顺畅实现。PY合作社通过重新筛选社员使以合作社主营产业为家庭主要收入来源的农户成为合作社主体，利益高度一致、共同具有发展需求的成员结构使得合作社能够很好地避免社员"搭便车"问题。WL合作社实行精英控制，导致社员不信任合作社，因社员农户怀疑核心社员可能在销售环节占有过多利益，不愿意配合合作社的经营活动，依然采取单家独户的农产品销售模式（合作社发挥产品交易中的居间协调功能），而无法采取经济效益更高的、由合作社统一组织的农产品统筹销售模式。二是组织制度逐步规范化。规范、正式的制度有利于维护普通社员的权益，也是合作社向社员作出的可置信承诺，有助于强化社员对合作社的信任与认同，是促进社员参与的手段，充分的社员参与又有助于合作社绩效改善。在PY合作社中，较为规范的民主监督制度确保了社员的权益，增强了社员的信任感；反之，在MJ合作社和WL合作社中，制度的规范性较差，不利于确保社员对合作社的信任。

第六，多元且紧密、稳定的外向合作是合作社纵向产业链建设布局的重要条件。研究发现，企业的成长得益于外部关系所带来的新资源、新技术和新市场，构建供应链合作机制是建立外部联结的重要手段（姜贺，2019）。由于农业低比较收益和弱质性特征，加上合作社遵循"资本报酬有限"原则导致对资源的吸纳能力不足，一些合作社虽希望延伸产业链以形成实体化经营能力，但除了要克服农社关系松散的制约外，还要突破资金、用地、知识、渠道缺乏等构成的瓶颈。本书介绍的三个合作社均建立了外向联结，PY 合作社得到了当地政府、中国扶贫基金会以及村集体的支持；MJ 合作社的发展得到了中国扶贫基金会的支持；WL 合作社的发展离不开所在乡供销社在农资、加工、仓储以及销售等方面的扶持。

8.5 本章小结

本章利用三家合作社的典型案例验证了农民专业合作社产业链垂直整合对合作社绩效的影响及其影响机理，也阐明了社员参与在合作社产业链垂直整合对绩效的影响中起到了何种作用。本章可得出以下结论：

第一，农民专业合作社产业链垂直整合将显著正向影响社员的投资参与、产品参与及管理参与。从三家案例合作社来看，合作社产业链垂直整合程度与社员参与程度之间存在正向相关关系，这与第 5 章的计量分析结果一致。保障农产品原料供给、整合社员的分散资金、增强合作社的外部合法性认同是合作社促进社员参与的动机；而随着合作社产业链垂直整合程度的提高，社员农户参与合作社所能获得的利益将会增加，社员参与意愿也会随之增强。合作社内部制度建设（增强社员的信任与激励）、吸引社员投资专用性（强化社员的行为约束）起到了稳定合作社与社员契约关系的作用，是合作社与社员之间契约履行的额外保障机制。

第二，农民专业合作社产业链垂直整合有助于帮助合作社取得促进产业链上下游资源整合、提高规模经济效益、扩展农产品价值链以及促进农产品溢价等经济绩效，也能取得带动社员收入增长、回馈当地社区的社会绩效。

第三，充分的社员参与在合作社产业链垂直整合对合作社绩效的影响中起到以下作用：以规模经济效应促进价值增长、以产业链协同效应促进价值增长、以行为约束效应促进价值分享等。

9 主要结论与政策建议

本书借鉴制度影响理论的"状态—行为—绩效"（SSP）分析范式，分析农民专业合作社产业链垂直整合、普通社员参与、合作社绩效三者之间的关系。从理论层面来看，合作社产业链垂直整合、普通社员参与及绩效三者关系体现了制度与环境相容、合作社对外经营策略与内部制度安排相容、合作社内部多元利益主体之间利益相容等理论逻辑；从实践层面来看，三者的关系则显示了"以产业化促进组织化、以组织化促进产业化"的农业现代化转型路径。结合前文分析，本章得出主要结论并据此给出政策建议。

9.1 主要结论

综合而论，可将本书主要结论概括为以下五点：

第一，农民专业合作社产业链垂直整合对普通社员参与起到了显著、积极的作用。根据第 5 章的实证分析结果，合作社产业链垂直整合对社员参与具有积极、正向的影响。从不同社员参与类型来看，基于倾向得分匹配法（PSM）估计结果，产业链完整型合作社的社员投资参与、产品参与、管理参与的 ATT 值比产业链不完整型合作社的 ATT 值分别高 41.33 个百分点、28.94 个百分点、21.95 个百分点，可见，合作社产业链垂直整合对社员参与的影响效果由大到小依次为社员投资参与、产品参与、管理参与。这表明，在合作社产业链垂直整合背景下，社员参与符合社员与合作社双方的共同利益。一方面，对于合作社而言，社员参与可以满足其原料控制需求、风险防范需求、内源融资需求；另一方面，对于社员而言，参与合作社可以实现自身收益增长。社员收益增长在合作社产业链垂直整合对社员参与的影响中起到显著的中介效应也证明了在合作社产业链垂直整合深化背景下，普通社员增强参与主动性的行为选择符合其自身利益。

第二，若考虑到资产专用性，合作社产业链垂直整合与社员参与有着既吸纳又排斥的双重关系。一方面，在合作社产业链垂直整合对社员投资参与、管理参与的影响中，资产专用性起到正向中介效应。这说明尽管交易成本增加，多数合作社仍选择双边治理结构，而非转变为统一治理结构（投资者控制企业），通过完善合作社与社员之间契约的补充治理机制，来降低交易成本，从而增强契约稳定性。另一方面，在合作社产业链垂直整合对社员产品参与的影响中，资产专用性起到遮蔽效应。原因在于合作社为保证农产品品质，会选择自建生产基地以供应部分高端市场的产品，或仅收购社员农户手中的优质农产品，导致社员产品参与减少。需要说明的是，在交易成本增强的背景下，合作社选择何种契约治理结构（统一治理结构或者双边治理结构），在一定程度上取决于产品技术属性，若产品附加值很高且标准化作业难度小（官僚制成本低、生产协调难度小），则合作社放弃中间组织形态，选择统一治理结构具有合理性。但现实中，满足产品附加值高、标准化作业难度小的农业产业仅为少数，因此，多数情况下合作社仍选择双边治理结构。

第三，农民专业合作社产业链垂直整合深化的过程同样是合作社组织内部变革深化的过程。一般认为，合作社产业链垂直整合意味着合作社由经营策略生产成本型转变为价值增加型，但同时，也会要求合作社内部制度的调适。随着合作社对社员参与的需求增强，契约的补充保障机制对稳固和优化合作社与社员之间的契约关系起到了重要作用。适用于合作社的契约补充保障机制包括：①设置抵押品。中介效应的实证分析结果表明，设立公积金在合作社产业链垂直整合对社员参与的影响中起到显著的中介效应，说明抵押品的设置有助于密切合作社与社员之间的双边合作关系。②制度性信任。中介效应的实证分析结果表明，制度建设在合作社产业链垂直整合对社员参与的影响中起到显著的中介效应。从第8章三家样本合作社的案例我们可以看到，制度建设有助于强化社员对合作社的信赖与认同。

第四，农民专业合作社产业链垂直整合对合作社绩效具有显著的正向影响。根据第6章的实证分析结果，合作社产业链垂直整合对合作社绩效具有积极、正向的影响。从合作社经济绩效、社会绩效的对比来看，基于倾向得分匹配法（PSM）估计结果，产业链完整型合作社的经济绩效、社会绩效的 ATT 值比产业链不完整型合作社的 ATT 值分别高 54.02 个百分点、33.13 个百分点，这说明合作社产业链垂直整合对经济绩效的影响更为明显。同时，合作社产业链垂直整合紧密度越高，合作社产业链垂直整合对合作社总体绩效、经济绩效以及社会绩效的改善作用越明显。根据第 8 章的案例分析，合作社产业链垂直整合有助于强化价值创造并增进价值分享。

第五，农民专业合作社的绩效在很大程度上取决于合作社产业链垂直整合与社员参与的相容性。根据第 7 章的实证分析结果，社员参与在合作社产业链垂直整合对绩效的影响中起到较强的中介效应。在合作社产业链垂直整合对总体绩效的影响中，中介效应发挥最大的是社员管理参与，其次为社员产品参与，再次为社员投资参与。从绩效分类对比来看，相对于经济绩效，社员参与在合作社产业链垂直整合对社会绩效的影响中的中介效应更为显著。此外，从交互效应的实证分析结果来看，在对合作社总体绩效的影响中，合作社产业链垂直整合与社员投资参与存在互补效应；在对合作社社会绩效的影响中，合作社产业链垂直整合与社员管理参与存在替代效应。上述结论说明，在合作社产业链垂直整合深化过程中，应因势利导，注重合作社制度完善和成员关系优化，以促进合作社绩效提升。

9.2　政策建议

根据本书的主要结论，为了扩大农民专业合作社绩效、提升其发展质量，本书提出以下政策建议。

9.2.1　明确政策支持导向

农民专业合作社遵循"民办、民有、民受益"的运行原则，能够更好地维护小农户利益、促进小农户发展而备受社会各界关注，是国家"三农"政策支持的重点。在国家政策实施中，需要明确政府角色定位，政府主要发挥"掌舵"和服务职能，起到"催化剂"作用，而非直接"划桨"，这就需要避免合作社发展的政绩偏好，克服一些地方政府在政绩追求驱动下的短期化"扶大扶强"倾向，避免通过定指标、下任务的方式促进合作社发展（张晓山，2013）。

一是力避社员规模偏好。根据本书第 5 章的异质性分析，在社员人数较少的合作社中，合作社产业链垂直整合对社员参与的影响更为显著，原因在于人数较少的合作社在内部更容易建立信任。对于合作社质量的评判，不能单纯地将社员数量作为评价标准，还需关注合作社的服务质量和带动强度。但在具体的实施上，一些地区在示范社评定上往往要求合作社具有一定的入社门槛。因此，可因地制宜，酌情降低示范社评定的社员数量条件。

二是力避合作社数量偏好。根据本书第 6 章合作社产业链垂直整合对合作社绩效的影响的异质性分析，在成立时间更长的合作社组别中，合作社产业链垂直整合对合作社总体绩效的影响更为明显。原因在于合作社发展中的资源注入、能力提升、制度规范等有一个循序渐进的过程，合作社的成长乃至于形成可持续竞争优势是一个需要时间积淀的过程。因此，应当增强促进合作社发展的耐心，在实施乡村振兴战略中，慎重采取以指标或命令的形式要求地方政府在限定时间内培育一定数量的合作社的举措，或者下达、制定不切实际的合作社培育数量目标。

三是力避片面经济效益偏好。避免单纯地将营业额、盈余水平、办公地建设等显性指标作为合作社发展质量的评价标准，要完善包括经济绩效和社会绩效在内的合作社综合效益评价机制，建立包括联农带农效益、经济竞争能力在内的绩效评估指标体系。实施政策实施成效的动态监督与评估，在政策上支持合作社的力度应与合作社运行规范程度、联农带农程度挂钩，防范以套取财政资金为成立合作社的目的的行为，增强政策支持的精准性和有效性。

9.2.2 调整政策供给重点

从第 8 章的三家案例合作社发展进程来看，合作社的发展需要有效的政策支持，获取政策支持是合作社提升运行规范性、增强社员参与的重要目的。但从第 7 章的实证分析发现，政策支持对合作社绩效的影响未通过 10%水平上的显著性检验，这说明政策支持的效率仍需提升。进一步地，优化针对合作社的政策供给需要促进政策供给与政策需求之间的有效匹配，优化政策支持手段，拓展政策支持领域。

一是瞄准关键政策需求。农民专业合作社的产业链垂直整合可以将良种培育、加工营销等具有更高附加值的环节囊括纳入其中，从而形成更多的利润，能否实现产业链垂直整合决定了合作社能否形成较强发展实力。结合第8章的案例合作社实际情况，农产品加工和仓储流通能力，对于合作社绩效改善具有十分重要的意义。这是因为：唯有合作社具备一定的产品质量检测检验能力、商品化处理能力和仓储保鲜能力，才能保障农产品质量，才能对不同品质的农产品实现差异化分级和标识标注，从而精准对接不同消费能力的市场群体。但同时，较为普遍的情况是，合作社缺乏实现产业链垂直整合所需的资源要素，而且由于所需投资额度较大，合作社往往难以建设必要的设施设备。因此，财政政策、金融政策等应当进一步加大对合作社的农产品商品化处理、初加工、冷链仓储保鲜等设施设备建设的支持力度，保障合作社合理的资金、设施农业用地等需求。

二是优化政策支持手段。研究表明，相对于财政支持，针对合作社的税收优惠政策能够取得更好的效果。这是因为财政支持存在着易造成资源配置扭曲、资金使用监督困难等问题，而税收优惠更容易监督，且合作社唯有从事经营才能获得税收优惠（冯发贵、李隋，2017；郑风田 等，2021）。调研也发现，一些合作社带头人私下表示，争取财政项目的目的在于赚取补贴。因此，应当优化对合作社的政策支持手段，注重以税收优惠代替财政支持；在财政支持中，更多地采取以奖代补、先建后补等手段，推行财政资金投资所形成的固定资产量化入股制度，从而提升政策支持效率。

三是拓展政策支持领域。建立更加完备的合作社政策支持体系。强化对合作社的金融支持，支持建立合作社的专门、快捷的融资渠道，探索通过土地经营权抵押贷款、农业设施产权抵押贷款、农作物收益权抵押贷款等方式解决合作社的资金难题。破除合作社在设施农业用地保障上的体制机制障碍，通过编制设施农业用地规划、探索设施农业用地集中式供给、盘活不稳定耕地、适度利用闲置集体建设用地等方式，在不破坏耕地、不降低粮食保供能力的基础上，保障合作社对设施农业用地的合理需求。

四是提升政策支持的精准性。对于合作社的政策指导应避免"一刀切"方式，采取差异化的分类施策方略，从而提升政策支持的适配性和精准性。对于经济绩效和社会绩效均较好的合作社，应以提升示范为重点，实现引领发展，引导和帮助成熟型合作社制定战略性规划或计划，以点带面促进其他合作社发展；对于社会绩效较好但经济绩效一般的合作社，由于其多为村干部发起或普通农户联合成立，社会绩效较好，制度较为规范，能够较好地体现合作社原则，但经济绩效表现较差，所以应采取以能力建设为重点的改进策略。对于经济绩效较好但社会绩效一般的合作社，由于其多为企业或乡村能人发起成立，往往经济绩效较好，但社会绩效差、合作社内部凝聚力往往较弱，所以应采取以规范运行为重点的改进策略。

9.2.3 引导多元外向合作

从第6章的实证分析结果来看，农民专业合作社与企业、科研机构等建立合作关系有利于合作社提升绩效。从第8章的三家案例合作社来看，合作社与企业、村集体、科研机构等外部组织建立紧密的合作关系可以帮助合作社获取产业链垂直整合过程中所需的市场渠道、技术等资源。当前，合作社与多元外部主体联合发展已经初现端倪，是合作社演进的重要趋势。因此，促进合作社发展不仅需要给政策、给资源，也更有必要搭建合作社与其他多元主体合作的平台，促进合作社与其他多元主体的联合发展，从而突破合作社自身实力薄弱、资源要素匮乏等困境，提升其发展质量。

一是促进农民专业合作社与企业的合作。鼓励合作社与龙头企业联合发展，发挥政府的平台搭建功能和村"两委"的居间调节功能，支持合作社可通过交叉持股、签订长期合同和要素契约等方式与企业建立合作关系，从而将企业在资金、渠道、技术、品牌等方面的优势与合作社共享。同时，在合作社与企业合作中，要避免合作社对企业的过度依赖，逐步培育和形成合作社内生发展能力。

二是促进农民专业合作社与农村集体经济组织互补协同发展。合作社与农村集体经济组织之间存在利益相近、成员相叠、区域相同的一致性，具有实现公益福利目标的契合性，两者之间的合作发展能够实现农村集体经济组织的资产管理优势、村庄治理优势和合作社的生产服务优势的良性互补。因此，首先，建立两类主体的合作纽带。鼓励农村集体经济组织利用闲置土地、空余房产以及闲散资金等，以合股、租赁等方式与合作社建立合作机制，解决合作社发展中的融资难题，也扩大村集体经营性收入来源。引导农村集体经济组织参与农民合作社的治理机制与管理制度建设，形成合作社异化的监督制衡力量。其次，明确两者之间的权责利。农村集体经济组织和合作社的互补协同发展应当以正式的契约文本和规章制度明确双方的权利、责任和义务，要厘清两者之间在成员权益关系、财务管理、资源资产产权、收益分配等方面的差异。尤其是一些村集体领办的合作社，应禁止以行政原则主导合作社的运营管理，以免破坏合作社的自治与独立原则。再次，要增强合作社与村集体互补融合发展的政策支持。对两类主体不能以平行的两套政策框架分别予以支持，而是要搭建政策整合平台，将双轨运行的现行政策支持方式纳入一体化政策扶持框架，实现有限政策资源利用的协同和高效。

三是推动多个农民专业合作社联合协同发展。支持多个合作社共建联合社，从而突破合作社单体发展的局限。合作社的联合形成了资源聚集的基础性平台，扩大了优秀管理人才的选择范围，有利于增强经营能力，也能够扩展业务范围、扩大经营规模。合作社的联合尤为要求破解成员社之间联结松散的问题，这需要支持成员社之间建立相互持股、互助保险、最惠服务等多重利益联结机制，实质性地开展成员社的农资供给、农机劳务、产品销售、融资等多元服务，从而增强联合社运行的稳定性。

9.2.4 加强组织制度建设

邓小平同志曾经指出："制度好可以使坏人无法横行，制度不好可以使好人无法充分做好事，甚至会走向反面。"良好的制度是农民专业合作社得以健康良性发展的前提和保障。根据第5章的研究结论，在农民专业合作社产业链垂直整合对社员投资参与、产品参与以及管理参与的影响中，制度建设发挥了显著的中介效应作用。从第8章三家案例合作社来看，合作社产业链垂直整合往往需要合作社制度建设的同步配套优化，制度建设关乎社员参与和合作社绩效。我国农民专业合作社选择了先发展后规范的路径，这在合作社发展基础薄弱的条件下，具有现实合理性和可行性，但却造成多数合作社制度建设相对滞后，乃至于组织结构不完善，又由于制度建设的成果难以量化、所需时日较多、见效慢以及专业性更强，政策上对合作社制度建设的力度和关注度较为不够。因此，优化对合作社质量提升的政策支持体系应改变仅注重物质建设的倾向，坚持物质支持和制度完善并重的基本导向。对于政府而言，可采取以下措施：

一是强化监督。调查发现，存在着一些合作社"三会"（即社员代表大会、理事会、监事会）组织架构不健全、直系亲属同时担任合作社理事长和监事长等现象；一些合作社为达到示范社评定所需的社员规模条件，采取借用农户户口簿的方式，注册社员身份，导致登记在册的农户社员不清楚是否加入了合作社、不了解合作社状况，成为事实上与合作社毫无关联的"挂名社员"；一些企业发起成立的合作社，完全套用企业的管理模式和财务报表。因此，应当完善对合作社的监督机制，完善对合作社的准入制度，杜绝借用户口簿注册社员现象，避免出现"挂牌合作社"；完善对合作社的退出制度，畅通合作社退出流程，对于名为合作社，实质上采取市场主体运作模式的合作社，变更其身份属性为家庭农场或农业企业。

二是强化引导。发挥政策支持的激励和引导功能，将财税政策优惠、政府购买服务项目等向制度完备的农民专业合作社倾斜，从而倒逼合作社持续完善内部管理制度。例如，一些地区将是否规范开展财务审计工作作为申请政府财政项目的必要条件。

三是强化服务。鉴于完善农民专业合作社的制度需要一定的专业水平，可探索通过基层农经队伍、合作社辅导员队伍等，协助合作社完善规章制度的路子。通过政府购买服务的方式，并依靠专业财务公司，规范合作社的财务报表和财务管理制度。

9.2.5 强化社员多维参与

实现社员参与体现了农民专业合作社社会绩效和"弱者的联合"共同体的价值旨趣，是合作社能够规范运行的前提和基础。第 7 章的实证分析也证明，社员参与对农民专业合作社的绩效具有显著的正向影响。根据第 8 章三家案例合作社的分析，社员参与适应了合作社产业链垂直整合深化对于促进产业链上下游环节衔接、规模经济效益提升的需求，因而有利于合作社绩效的改进。因此，着眼于促进合作社的长效、持续发展，应当注重社员的广泛参与，强化社员对合作社的认同，提升社员和合作社之间的合作深度与层次。而促进普通社员广泛参与除了在完善合作社内部管理制度以及抑制核心社员对普通社员的排斥、规范社员参与行为以外，还需改变普通社员参与动力不够、参与能力不足等问题。

一是加强对社员参与的激励。加强对社员参与的激励应当以密切农社利益联结、强化社员对合作社的利益依赖为基点。首先，探索建立对社员农户出资的激励机制，探索和推广合作社决策权、交易额与出资额挂钩的做法。在有条件的情况下，推进合作社股份化改造，创新"基本股+发展股"股权模式，鼓励普通社员二次投资入股农民合作社，从而促进普通社员由单一的"惠顾"关系向复合式的"所有+惠顾"乃至"所有+惠顾+控制"关系转变，进而形成专用性资产，并使收入依赖增强，让合作社与社员成为合作更加紧密的利益共同体。其次，根据我国农户经营处于结构性分化进程中、大量农户退出或仅维持低水平农业经营的现实（郭晓鸣 等，2018），通过完善社员加入合作社的民主表决程序，将利益一致、认同合作社理念的社员纳入合作社，从而增强合作社的内部凝聚力；对于不参与合作社事务、存在过度"搭便车"机会主义行为的社员，经社员民主决议，采取合理的退社办法，并退还入社资金和个人的公积金部分，从而保持合作社内部社员利益诉求的一致性，提高合作社的组织黏合度，增进社员参与。

二是增强社员参与意识。合作社是西方公民社会的产物，是建立在自愿、独立、自我承担责任的个体自觉行动基础上的合作社，但由于我国农民的经济行为依赖熟人社会关系而非契约精神，所以合作社发展存在文化基础上的"先天不足"（苑鹏，2014）。在农民甚至于合作社带头人不知合作社为何物、合作社应当如何运作的情况下，则很难确保合作社规范运行，也很难确保大部分社员农户不改变"看客"心理与状态。因此，应强化社员的合作教育和合作精神培养，传递合作社核心要义、性质、特征、作用等，宣传推广合作社的相关政策，从而增强社员的权利意识、责任意识。在采取常规宣传手段的同时，建议充分发挥示范社的知识扩散功能，利用高素质农民和新型职业农民培育的平台载体等方式促进合作知识和理念的传递。

参考文献

波特，1997. 竞争优势 [M]. 陈丽芳，译. 北京：华夏出版社.

蔡荣，2011. "合作社+农户"模式：交易费用节约与农户增收效应：基于山东省苹果种植农户问卷调查的实证分析 [J]. 中国农村经济 (1)：58-65.

蔡荣，郭晓东，马旺林，2015. 合作社社员信任行为实证分析：基于鲁陕两省 672 名苹果专业合作社社员的调查 [J]. 农业技术经济 (10)：69-80.

蔡四青，2005. 威廉姆森契约经济理论研究 [J]. 财贸经济 (8)：81-84.

陈冰，孔祥智，毛飞，2014. 理事长人力资本对农民专业合作社经营绩效的影响研究：基于全国 140 家农民专业合作社的实地调查 [J]. 中国农村科技 (8)：66-69.

陈超，徐磊，2020. 流通型龙头企业主导下果品产业链的整合与培育：基于桃产业的理论与实践 [J]. 农业经济问题 (8)：77-90.

陈共荣，沈玉萍，刘颖，2014. 基于 BSC 的农民专业合作社绩效评价指标体系构建 [J]. 会计研究 (2)：64-70, 95.

陈丽，李崇光，张俊，2018. 农民合作社农户风险共担认知和行为分析 [J]. 农业现代化研究，39 (2)：293-299.

陈莉，2017. 农民专业合作社纵向一体化的发展路径分析：基于 113 家合作社的调查研究 [J]. 青岛农业大学学报 (社会科学版)，29 (4)：1-6.

陈艳红，2014. 黑龙江省稻米优质优价产业链垂直整合研究 [D]. 哈尔滨：东北农业大学.

陈义媛，2017. 大户主导型合作社是合作社发展的初级形态吗？[J].南京农业大学学报（社会科学版），17（2）：30-41，151.

陈郁，2017. 企业制度与市场组织 [M]. 上海：格致出版社.

成德宁，2012. 我国农业产业链垂直整合模式的比较与选择 [J]. 经济学家（8）：52-57.

程克群，孟令杰，2011. 农民专业合作社绩效评价指标体系的构建 [J]. 经济问题探索（3）：70-75.

程言清，2005. 市场化进程中城市副食品供给问题 [D]. 杭州：浙江大学.

崔宝玉，2016. 农民专业合作社发展研究：资本控制、治理机制与政府规制 [M]. 合肥：中国科学技术大学出版社.

崔宝玉，陈强，2011. 资本控制必然导致农民专业合作社功能弱化吗？[J]. 农业经济问题，32（2）：8-15，110.

崔宝玉，程春燕，刘丽珍，2016. 农民专业合作社的"三重"边界 [J]. 财经科学（4）：89-100.

崔宝玉，简鹏，刘丽珍，2017. 农民专业合作社绩效决定与"悖论"：基于 AHP-QR 的实证研究 [J]. 农业技术经济（1）：109-123.

崔宝玉，简鹏，王纯慧，2016. 农民专业合作社：绩效测度与影响因素：兼析我国农民专业合作社的发展路径 [J]. 中国农业大学学报（社会科学版），33（4）：106-115.

崔宝玉，李晓明，2008. 资本控制下的合作社功能与运行的实证分析 [J]. 农业经济问题（1）：40-47，111.

崔宝玉，刘峰，杨模荣，2012. 内部人控制下的合作社治理：现实图景、政府规制与制度选择 [J]. 经济学家（6）：85-92.

崔宝玉，孙迪，2019. 农民专业合作社联合社合法性的动态获取机制：基于扎根理论的研究 [J]. 财贸研究，30（4）：30-40.

崔宝玉，王孝璎，孙迪，2020. 农民专业合作社联合社的设立与演化机制：基于组织生态学的讨论 [J]. 中国农村经济（10）：111-130.

崔宝玉，谢煜，2014. 农民专业合作社："双重控制"机制及其治理效应 [J]. 农业经济问题，35（6）.

邓衡山，王文烂，2014. 合作社的本质规定与现实检视：中国到底有没有真正的农民合作社？[J]. 中国农村经济（7）：15-26，38.

邓军蓉，祁春节，汪发元，2014. 农民专业合作社利益分配问题调查研究 [J]. 经济纵横 (3)：54-58.

邓蒙芝，范琳婧，张颖，2021. 内生发展能力和外部扶持政策对烟农合作社绩效的影响 [J]. 河南农业大学学报 (3)：594-602.

邓小平，1993. 邓小平文选：第 3 卷 [M]. 北京：人民出版社.

董杰，陈锐，张社梅，2020. 聘用职业经理人改善了农民专业合作社绩效吗：基于"反事实"框架的实证分析 [J]. 经济学家 (3)：117-127.

董全瑞，张健，2017. 诺思理论框架下中国户籍制度变迁及前景预测 [J]. 社会科学动态 (7)：45-49.

杜吟棠，潘劲，2000. 我国新型农民专业合作社的雏形：京郊专业合作组织案例调查及理论探讨 [J]. 管理世界 (1)：161-168，216.

樊红敏，2011. 新型农民专业合作经济组织内卷化及其制度逻辑：基于对河南省 A 县和 B 市的调查 [J]. 中国农村观察 (6)：12-21，45，94.

封玫，徐磊，郭锦墉，2017. 合作社社员素质对"农超对接"流通效率的影响 [J]. 企业经济，36 (12)：141-147.

冯发贵，李隋，2017. 产业政策实施过程中财政补贴与税收优惠的作用与效果 [J]. 税务研究 (5)：51-58.

冯素玲，后小仙，2007. 当代产业组织理论研究综述 [J] 经济纵横，(14)：84-87.

扶玉枝，2014. 农民专业合作社效率评价：理论、方法与运用 [M]. 杭州：浙江大学出版社：44-45.

葛廷进，朱海东，丁宇，2021. 交易不确定性对农户参与农民合作社意愿的影响：基于新疆生产建设兵团第五师 E 团制种玉米种植农户的调研 [J]. 江苏农业科学，49 (6)：243-248.

郭锦墉，黄强，徐磊，2017. 农民合作社"农超对接"的流通效率及其影响因素：基于江西省的抽样调查数据 [J]. 湖南农业大学学报 (社会科学版)，18 (5)：18-24.

郭锦墉，徐磊，2017. 农民合作社"农超对接"对接关系稳定性及其影响因素分析 [J]. 商业经济与管理 (10)：13-23.

郭晓鸣，曾旭晖，王蔷，等，2018. 中国小农的结构性分化：一个分析框架：基于四川省的问卷调查数据 [J]. 中国农村经济 (10)：7-21.

韩国明，王鹤，杨伟伟，2012. 农民合作行为：乡村公共空间的三种维度：以西北地区农民专业合作社生成的微观考察为例 [J]. 中国农村观察 (5)：70-79, 96.

韩国明，周建鹏，2008. 交易成本视角下农民专业合作社的作用分析 [J]. 农村经济 (12)：112-115.

韩喜平，李恩，2012. 异质性视角下两种类型合作社动力系统构造 [J]. 社会科学辑刊 (5)：116-121.

韩喜艳，高志峰，刘伟，2019. 全产业链模式促进农产品流通的作用机理：理论模型与案例实证 [J]. 农业技术经济，2019 (4)：55-70.

韩旭东，李德阳，王若男，等，2020. 盈余分配制度对合作社经营绩效影响的实证分析：基于新制度经济学视角 [J]. 中国农村经济 (4)：56-77.

何安华，2015. 土地股份合作机制与合作稳定性：苏州合作农场与土地股份合作社的比较分析 [J]. 中国农村观察 (5)：51-61.

洪银兴，2016. 现代经济学大典：制度经济学分册 [M]. 北京：经济科学出版社.

侯佳君，曾以宁，刘云强，2020. 自生能力、交易环境与农民专业合作社绩效：基于四川省321家农民专业合作社的实证研究 [J]. 农村经济 (11)：113-120.

胡丹婷，2008. 治理结构的选择与稳定 [D]. 杭州：浙江大学.

胡平波，2013. 农民专业合作社中农民合作行为激励分析：基于正式制度与声誉制度的协同治理关系 [J]. 农业经济问题，34 (10)：73-82, 111.

胡新艳，罗必良，2008. 制度安排的相容性：基于"新一代农民专业合作社"的案例解读 [J]. 经济理论与经济管理 (7)：13-17.

黄斌，张琛，孔祥智，2019. 产业链垂直整合视角下合作社再联合作用机制研究：基于三省三家联合社的案例分析 [J]. 农村经济 (11)：128-136.

黄斌，张琛，孔祥智，2020. 联合社组织模式与合作稳定性：基于行动理论视角 [J]. 农业经济问题 (10)：122-134.

黄博，2020. 乡村振兴战略下农民专业合作社的发展路径研究 [J]. 经济体制改革 (5)：73-79.

黄洁，金鋆，2015. 初创农民专业合作社如何获得组织合法性：基于

对案例的分析 [J]. 技术经济与管理研究 (7)：124-128.

黄丽萍，2012. 基于公平和效率的合作社股权安排：对农民林业专业合作社股权安排的实证分析 [J]. 东南学术 (1)：149-156.

黄荣哲，何问陶，农丽娜，2009. SCP 范式从产业组织理论到经济体制分析 [J]. 经济体制改革 (5)：71-74.

黄少安，2017. 制度经济学由来与现状解构 [J]. 改革 (1)：132-144.

黄胜忠，2007. 转型时期农民专业合作社的组织行为研究 [D]. 杭州：浙江大学.

黄胜忠，2009. 农民专业合作社的环境适应性分析 [J]. 开放时代 (4)：27-35.

黄胜忠，2014. 合作社的规范运行与可持续发展 [M]. 北京：中国社会科学出版社.

黄胜忠，伏红勇，2014. 成员异质性、风险分担与农民专业合作社的盈余分配 [J]. 农业经济问题，35 (8)：57-64，111.

黄胜忠，林坚，徐旭初，2008. 农民专业合作社治理机制及其绩效实证分析 [J]. 中国农村经济 (3)：65-73.

黄新华，于正伟，2010. 新制度主义的制度分析范式：一个归纳性述评 [J]. 财经问题研究 (3)：17-25.

黄宗智，2012. 中国过去和现在的基本经济单位：家庭还是个人？ [J]. 人民论坛·学术前沿 (1)：76-93.

黄祖辉，高钰玲，2012. 农民专业合作社服务功能的实现程度及其影响因素 [J]. 中国农村经济 (7)：4-16.

黄祖辉，吴彬，徐旭初，2014. 合作社的"理想类型"及其实践逻辑 [J]. 农业经济问题，35 (10)：8-16，110.

季晨，贾甫，徐旭初，2017. 基于复衡性和绩效视角的农民合作社成长性探析：对生猪养殖合作社的多案例分析 [J]. 中国农村观察 (3)：72-86.

冀县卿，2009. 企业家才能、治理结构与农地股份合作制制度创新：对江苏渌洋湖土地股份合作社的个案解析 [J]. 中国农村经济 (10)：42-50.

江光辉，胡浩，2022. 农业企业纵向一体化契约模式选择及动态演变：基于生猪养殖企业的案例分析 [J]. 南京农业大学学报（社会科学版），

22（3）：164-176.

江艇，2022. 因果推断经验研究中的中介效应与调节效应 [J]. 中国工业经济（5）：100-120.

姜贺，2019. 供应链关系质量对新创企业成长绩效的影响机制研究 [D]. 杭州：浙江大学.

姜松，王钊，2013. 农民专业合作社、联合经营与农业经济增长：中国经验证据实证 [J]. 财贸研究，24（4）：31-39.

姜长云，2013. 农业产业化组织创新的路径与逻辑 [J]. 改革（8）：37-48.

井世洁，赵泉民，2017. 组织发展与社会治理：以乡村合作社为中心 [M]. 北京：中国经济出版社：97，112-121.

克罗茨纳，普特曼，2015. 企业的经济性质 [M]. 孙经纬，译. 上海：格致出版社.

孔凡宏，张继平，2015. 我国农民专业合作社未来发展模式的应然路向：基于目标与环境的考量 [J]. 华东理工大学学报（社会科学版），30（2）：67-75.

孔祥智，黄斌，2021. 农民专业合作社联合社运行机制研究 [J]. 东岳论丛，42（4）：5-16，191.

孔祥智，蒋忱忱，2010. 成员异质性对合作社治理机制的影响分析：以四川省井研县联合水果合作社为例 [J]. 农村经济（9）：8-11.

孔祥智，史冰清，2009. 当前农民专业合作组织的运行机制、基本作用及影响因素分析 [J]. 农村经济（1）：3-9.

孔祥智，谭玥琳，郑力文，2014. 精英控制、资产专用性与合作社分配制度安排 [J]. 地方财政研究（10）：4-8，15.

孔祥智，周振，2017. 规模扩张、要素匹配与合作社演进 [J]. 东岳论丛，38（1）：41-53.

孔祥智等，2020. 合作社的再合作：联合社生成路径、运行机制与政策体系 [M]. 北京：经济管理出版社.

黎光明，侯桂云，刘颖，等，2016. 概化理论方差分量置信区间估计Bootstrap方法比较 [J]. 统计与决策（17）：8-11.

李婵娟，左停，2013. "嵌入性"视角下合作社制度生存空间的塑造：以宁夏盐池农民种养殖合作社为例 [J]. 农业经济问题，34（6）：30-

36, 110.

李春景, 2009. 论西方国家股份合作社的本质及对我国的启示 [J]. 法学评论, 27 (5): 101-106.

李道和, 陈江华, 2014. 农民专业合作社绩效分析: 基于江西省调研数据 [J]. 农业技术经济 (12): 65-75.

李亮, 柏振忠, 2017. 国外农民专业合作社典型模式比较及中国借鉴 [J]. 理论月刊 (4): 178-182.

李琳琳, 任大鹏, 2014. 不稳定的边界: 合作社成员边界游移现象的研究 [J]. 东岳论丛, 35 (4): 93-98.

李敏, 2015. 基于农民组织化视角的合作社绩效研究 [D]. 咸阳: 西北农林科技大学.

李明贤, 樊英, 2014. 经营模式、经营特性与农民专业合作社的发展研究: 基于湖南省浏阳市三家典型蔬菜类合作社的研究 [J]. 农业经济问题, 35 (2): 81-87, 112.

李明贤, 周蓉, 2018. 社会信任、关系网络与合作社社员资金互助行为: 基于一个典型案例研究 [J]. 农业经济问题 (5): 103-113.

李文杰, 胡霞, 2021. 为何农民合作社未成为"弱者联合"而由"强者主导": 基于农民合作社组建模式的实现条件分析 [J]. 中国经济问题 (2): 59-67.

李艳霞, 富萍萍, 于广涛, 2015. 行动理论与组织行为研究的情境化: 一个整合的理论框架 [J]. 上海对外经贸大学学报, 22 (6): 63-72.

李宇, 王俊倩, 2014. 产业链垂直整合中的创新驱动与创新绩效研究 [J]. 财经问题研究 (7): 36-42.

李玉勤, 2008. "农民专业合作组织发展与制度建设研讨会"综述 [J]. 农业经济问题 (2): 98-101.

梁巧, 白荣荣, 2021. 农民合作社组织规模与绩效的关系探究 [J]. 经济学家 (8): 119-128.

梁巧, 董涵, 2019. 从国内外农民专业合作社相关研究看我国农民专业合作社发展问题: 基于对 2015—2018 年相关文献的梳理 [J]. 农业经济问题 (12): 86-98.

梁巧, 黄祖辉, 2011. 关于合作社研究的理论和分析框架: 一个综述 [J]. 经济学家 (12): 77-85.

梁巧，吴闻，刘敏，等，2014. 社会资本对农民合作社社员参与行为及绩效的影响 [J]. 农业经济问题，35（11）：71-79，111.

廖小静，应瑞瑶，邓衡山，等，2016. 收入效应与利益分配：农民合作效果研究：基于农民专业合作社不同角色农户受益差异的实证研究 [J]. 中国软科学（5）：30-42.

廖祖君，2015. 西方农民专业合作社理论的当代发展和中国实践 [M]. 成都：四川人民出版社.

廖祖君，郭晓鸣，2015. 中国农业经营组织体系演变的逻辑与方向：一个产业链垂直整合的分析框架 [J]. 中国农村经济（2）：13-21.

列宁，1960. 列宁全集：第 33 卷 [M]. 北京：人民出版社.

林坚，黄胜忠，2007. 成员异质性与农民专业合作社的所有权分析 [J]. 农业经济问题（10）：12-17，110.

林坚，马彦丽，2006. 农民专业合作社和投资者所有企业的边界：基于交易成本和组织成本角度的分析 [J]. 农业经济问题（3）：16-20，79.

林毅夫，2000. 再论制度、技术与中国农业发展 [M]. 北京：北京大学出版社.

刘滨，陈池波，杜辉，2009. 农民专业合作社绩效度量的实证分析：来自江西省 22 个样本合作社的数据 [J]. 农业经济问题（2）：90-95，112.

刘冬文，2018. 农民专业合作社融资困境：理论解释与案例分析 [J]. 农业经济问题（3）：78-86.

刘贵富，2006. 产业链基本理论研究 [D]. 长春：吉林大学.

刘后平，张荣莉，王丽英，2020. 新中国农民合作社 70 年：政策、功能及演进 [J]. 农村经济（4）：1-9.

刘洁，2011. 农民专业合作社契约选择与运营绩效的理论分析与实证研究 [D]. 武汉：华中农业大学.

刘洁，陈新华，2016. 经营模式、制度特征与合作社的发展：基于江西省赣州市三个典型个案的比较研究 [J]. 农村经济（2）：118-123.

刘洁，祁春节，2011. 我国农业合作社制度创新的动力机制及完善对策 [J]. 农业现代化研究，32（2）：192-195.

刘洁，祁春节，陈新华，2016. 制度结构对农民专业合作社绩效的影响：基于江西省 72 家农民专业合作社的实证分析 [J]. 经济经纬，33

（2）：36-41.

刘骏，张颖，艾靓，等，2018. 利润追逐：合作社盈余分配制度的选择动力 [J]. 农业经济问题（4）：49-60.

刘琦铀，张成科，冷碧滨，2016. 供应链契约稳定性及其在期权博弈视角下的优化 [J]. 中国管理科学，24（3）：71-79.

刘同山，孔祥智，2015. 治理结构如何影响农民专业合作社绩效？：对195个样本的 SEM 分析 [J]. 东岳论丛，36（12）：16-23.

刘同山，周振，孔祥智，2014. 实证分析合作社联合社成立动因、发展类型及问题 [J]. 农村经济（4）：7-12.

刘欣，2021. 乡村振兴战略下农民合作社社会化服务功能提升路径研究 [J]. 南方农业，15（21）：112-114.

刘颖娴，2015. 农民专业合作社纵向一体化研究 [D]. 杭州：浙江大学.

刘颖娴，郭红东，2012. 资产专用性与中国农民专业合作社纵向一体化经营 [J]. 华南农业大学学报（社会科学版），11（4）：47-56.

刘颖娴，黄怡，李中华，2021. 土地股份合作社内部治理机制的影响因素分析：基于多案例的比较 [J]. 农业农村部管理干部学院学报（1）：79-88.

刘颖娴，徐旭初，郭红东，2015. 不确定性与农民专业合作社纵向一体化经营 [J]. 华南农业大学学报（社会科学版），14（3）：60-69.

刘永健，耿弘，孙文华，2018. SCP 分析范式下农地城镇化的制度绩效：以产权弱化及制度变迁的理论视角 [J]. 农村经济（6）：17-23.

刘永悦，郭翔宇，2015. 农民专业合作社纵向一体化发展的思考：基于黑龙江省部分种植业合作社的调查 [J]. 青岛农业大学学报（社会科学版），27（3）：1-6.

刘勇，2009. 西方农民专业合作社理论文献综述 [J]. 华南农业大学学报（社会科学版），8（4）：54-63.

刘勇，2011. 农民专业合作社法律属性的经济学分析 [J]. 华南农业大学学报（社会科学版），10（1）：25-35.

刘宇翔，王征兵，2006. 农业合作组织中的人力资源问题研究 [J]. 商业研究（24）：133-136.

刘宇荧，2019. 异质性成员合作收益能力、公平感知与持续合作倾向

[D]. 雅安：四川农业大学.

刘雨欣，2017. 农机合作社流转农地对农民收入的影响研究 [D]. 哈尔滨：东北农业大学.

刘雨欣，李红，郭翔宇，2016. 异质性视角下农机合作社内部监督缺失问题的博弈分析：以黑龙江省为例 [J]. 农业经济问题（12）：31-38.

刘媛媛，2017. 合作社适度规模经营：困境与出路：合作社带头人能力提升研修班研讨报告 [J]. 中国合作社（6）：37-38.

柳晓阳，2005. 农村专业合作社机制与职能转型初探 [J]. 农业经济问题（9）：10-12，79.

楼栋，高强，孔祥智，2013. 价值链整合与农民专业合作社竞争力提升：基于 138 家农民专业合作社的调查 [J]. 江西农业大学学报（社会科学版），12（1）：12-20.

陆倩，孙剑，向云，2016. 农民专业合作社产权治理现状、类型划分及社员利益比较：中国为何缺乏有效的农民专业合作社 [J]. 经济学家（9）：86-95.

陆倩，向云，孙剑，2018. 类型划分与路径优化：一个新的合作社产权治理分析框架 [J]. 农村经济（8）：121-128.

罗必良，1999. 农业性质、制度含义及其经济组织形式 [J]. 中国农村观察（5）：10-18.

罗必良，2005. 新制度经济学 [M]. 太原：山西人民出版社.

罗必良，2012. 契约理论的多重境界与现实演绎：粤省个案 [J]. 改革（5）：66-82.

罗必良，2015. 罗必良自选集 [M]. 广州：中山大学出版社.

罗必良，2020. 要素交易、契约匹配及其组织化："绿能模式"对中国现代农业发展路径选择的启示 [J]. 开放时代（3）：133-156，9.

罗千峰，罗增海，2022. 合作社再组织化的实现路径与增效机制：基于青海省三家生态畜牧业合作社的案例分析 [J]. 中国农村观察（1）：91-106.

马太超，邓宏图，2022. 从资本雇佣劳动到劳动雇佣资本：农民专业合作社的剩余权分配 [J]. 中国农村经济（5）：20-35.

马彦丽，2013. 论中国农民专业合作社的识别和判定 [J]. 中国农村观察（3）：65-71，92.

马志雄，张银银，丁士军，2012. 农业专业合作社的何瓦斯分配制起源及其在中国的演化 [J]. 农村经济 (4)：112-116.

毛飞，王旭，孔祥智，2014. 农民专业合作社融资服务供给及其影响因素 [J]. 中国软科学 4 (7)：26-39.

毛泽东，2008. 毛泽东文集 [M]. 北京：人民出版社.

倪国华，郑风田，2014. "一家两制""纵向整合"与农产品安全：基于三个自然村的案例研究 [J]. 中国软科学 (5)：1-10.

诺斯，1994. 经济史中的结构与变迁 [D]. 上海：上海三联书店.

诺斯，2014. 制度、制度变迁及经济绩效 [M]. 杭行，译. 上海：格致出版社：3-6.

逄玉静，任大鹏，2005. 欧美农民专业合作社的演进及其对我国农民专业合作社发展的启示 [J]. 经济问题 (12)：46-48.

彭青秀，2016. 基于农业产业链视角的农民专业合作社经营模式研究 [J]. 河南农业大学学报，50 (1)：129-133.

彭青秀，2017. 合作社功能研究 [M]. 郑州：河南人民出版社.

彭莹莹，苑鹏，2014. 合作社企业家能力与合作社绩效关系的实证研究 [J]. 农村经济 (12)：110-115.

齐文娥，李伟文，2014. 社员履约行为对合作社组织绩效的影响研究：基于广东省 62 家合作社的实证分析 [J]. 南方农村，30 (6)：62-65.

秦晖，1996. 传统与当代农民对市场信号的心理反应：也谈所谓"农民理性"问题 [J]. 战略与管理 (2)：18-27.

秦愚，2014. 组织成本视角下的农业合作社基本制度分析 [J]. 农业经济问题，35 (8)：45-56, 111.

秦愚，2017. 中国实用主义合作社理论是创新还是臆想 [J]. 农业经济问题，38 (7)：4-16, 110.

曲承乐，任大鹏，2018. 合作社理事长的商业冒险精神与社员的风险规避诉求：以北京市门头沟区 AF 种植专业合作社为例 [J]. 中国农村观察 (1)：28-39.

全国人大农业与农村委员会课题组，2004. 农民合作经济组织法立法专题研究报告 (一) [J]. 农村经营管理 (9)：16-21.

任大鹏，李蔚，2017. 农民合作社梯次民主现象研究 [J]. 西北农林科技大学学报 (社会科学版)，17 (6)：48-54.

任大鹏，肖荣荣，2020. 农民专业合作社对外投资的法律问题［J］. 中国农村观察（5）：11-23.

任红霞，2017. 中国农民专业合作社治理改进研究［D］. 石家庄：河北师范大学.

芮明杰，刘明宇，2006. 产业链垂直整合理论述评［J］. 产业经济研究（3）：60-66.

邵科，2017. 农民合作社治理优化面临双重嵌入环境挑战［J］. 中国农民合作社（12）：40-41.

邵科，郭红东，黄祖辉，2014. 农民专业合作社组织结构对合作社绩效的影响：基于组织绩效的感知测量方法［J］. 农林经济管理学报，13（1）：41-48.

邵科，黄祖辉，2014. 合作社成员参与行为、效果及作用机理［J］. 西北农林科技大学学报（社会科学版），14（6）：45-50.

申志平，刘婷婷，张淑秀，2012. 农民专业合作社中社员民主性影响因素分析：以陕西省白水县为例［J］. 西北农林科技大学学报（社会科学版），12（2）：29-33.

施晟，卫龙宝，伍骏骞，2012. "农超对接"进程中农产品供应链的合作绩效与剩余分配：基于"农户+合作社+超市"模式的分析［J］. 中国农村观察（4）：14-28，92-93.

斯密德，2004. 制度与行为经济学［M］. 刘璨，吴水荣，译. 北京：中国人民大学出版社.

宋茂华，2013. 公司领办合作社的必然性及内在稳定性分析：从资产专用性角度的解析［J］. 学术交流（12）：117-121.

宋瑛，2011. 农民专业合作社主导因素与规范找寻［J］. 改革（9）：71-77.

苏群，李美玲，常雪，2019. 财政支持对农民专业合作社绩效的影响：以种植业合作社为例［J］. 湖南农业大学学报（社会科学版），20（1）：42-48.

孙林杰，梁铄，康荣，2019. 基于SCP范式的企业创新绩效影响机制研究［J］. 科学学研究，37（6）：1122-1132.

孙天合，马彦丽，孙永珍，2021. 合作社理事长提高社员有效参与的行为意向研究［J］. 农业技术经济（11）：130-144.

孙亚范，余海鹏，2012. 农民专业合作社成员合作意愿及影响因素分析 [J]. 中国农村经济 (6)：48-58，71.

孙亚范，2015. 农民专业合作社的利益机制及其运行绩效研究 [M]. 北京：中国社会科学出版社.

谭银清，2019. 中国农民专业合作社组织变异研究 [D]. 重庆：西南大学.

谭银清，王钊，陈益芳，2015. 西方农民专业合作社演化对我国农民专业合作社异化的启示 [J]. 现代经济探讨 (5)：74-78.

谭智心，2016. 国际合作社联盟原则演变及对中国发展联合社的启示 [J]. 世界农业 (11)：4-10.

谭智心，孔祥智，2012. 不完全契约、内部监督与合作社中小社员激励：合作社内部"搭便车"行为分析及其政策含义 [J]. 中国农村经济 (7)：17-28.

唐宗焜，2007. 合作社功能和社会主义市场经济 [J]. 经济研究 (12)：11-23.

田国强，2005. 现代经济学的基本分析框架与研究方法 [J]. 经济研究 (2)：113-125.

田野，2016. 合作社流通服务功能发挥的影响分析 [J]. 农业技术经济 (2)：92-102.

仝志辉，2016. 农民合作社本质论争 [M]. 北京：社会科学文献出版社.

万健，2010. 集体非农建设用地流转制度研究 [D]. 南京：南京农业大学.

万江红，祁秋燕，2016. 合作社服务功能需求优先序研究 [J]. 学习与实践 (8)：86-96.

万俊毅，曾丽军，2020. 合作社类型、治理机制与经营绩效 [J]. 中国农村经济 (2)：30-45.

汪丁丁，1992. 制度创新的一般理论 [J]. 经济研究 (5)：69-80.

汪丁丁，1995. 从"交易费用"到博弈均衡 [J]. 经济研究 (9)：72-80.

汪恭礼，崔宝玉，2022. 乡村振兴视角下农民合作社高质量发展路径探析 [J]. 经济纵横 (3)：96-102.

汪建，周勤，赵驰，2013. 产业链垂直整合、结构洞与企业成长：以比亚迪和腾讯公司为例 [J]. 科学学与科学技术管理, 34 (11): 103-115.

王爱芝, 2010. 国外农民专业合作社的发展趋势及对我国的启示 [J]. 开发研究 (1): 96-101.

王冰, 李文震, 2001. 制度经济学中的制度影响理论 [J]. 江汉论坛 (2): 15-19.

王操, 2020. 浅析农民专业合作社社员投资意愿的影响因素 [J]. 南方农机, 51 (9): 272.

王福林, 王清清, 2016. 中国渔业专业合作社运行效率提升研究: 基于产业链分工与整合视角的分析 [J]. 中国渔业经济, 34 (1): 49-54.

王红权, 刘国勇, 2020. 合作社社员业务参与行为及其影响因素分析: 基于昌吉州的调研 [J]. 农业展望, 16 (3): 27-32.

王军, 邵科, 2015. 理监事会特征对农民合作社绩效的影响: 基于我国果蔬合作社的实证分析 [J]. 西部论坛, 25 (6): 18-25.

王丽佳, 霍学喜, 2013. 合作社成员与非成员交易成本比较分析: 以陕西苹果种植户为例 [J]. 中国农村观察 (3): 54-64, 71, 92.

王鹏梁, 2021. 参与主体异质性视角下农民合作社高质量发展研究 [J]. 中国合作经济 (5): 50-53.

王图展, 2017. 自生能力、外部支持与农民专业合作社服务功能 [J]. 农业经济问题, 38 (5): 14-27, 110.

王万江, 解安, 2017. 国外农民专业合作社发展模式比较及启示 [J]. 天津行政学院学报, 19 (1): 81-86.

王亚飞, 2011. 农业产业链纵向关系的治理研究 [D]. 重庆: 西南大学.

王亚飞, 唐爽, 2013. 农业产业链纵向分工制度安排的选择 [J]. 重庆大学学报 (社会科学版), 19 (3): 33-38.

威廉姆森, 2016. 治理机制 [M]. 石烁, 译. 北京: 机械工业出版社.

威廉姆森, 2018. 资本主义经济制度 [M]. 北京: 商务印书馆.

威廉姆森, 2020. 契约、治理与交易成本经济学 [M]. 陈耿宣, 译. 北京: 中国人民大学出版社: 121-122.

卫志民, 2003. 近70年来产业组织理论的演进 [J]. 经济评论 (1): 86-90, 115.

温铁军, 2013. 农民专业合作社发展的困境与出路 [J]. 湖南农业大

学学报（社会科学版），14（4）：4-6

温忠麟，刘红云，2020. 中介效应和调节效应方法及应用 [M]. 北京：教育科学出版社.

温忠麟，叶宝娟，2014. 中介效应分析：方法和模型发展 [J]. 心理科学进展，22（5）：731-745.

温忠麟，张雷，侯杰泰，等，2004. 中介效应检验程序及其应用 [J]. 心理学报（5）：614-620.

文雷，2016. 农民专业合作社治理机制会影响其绩效吗?：基于山东、河南、陕西三省153份问卷的实证研究 [J]. 经济社会体制比较（6）：134-144.

吴彬，2014. 农民专业合作社治理结构：理论与实证研究 [D]. 杭州：浙江大学.

吴彬，2015. 合作社是什么：基于对国际合作社定义、价值及原则的重新解读 [J]. 中国合作社（2）：70-72.

吴汉洪．王福林，王清清，2016. 中国渔业专业合作社运行效率提升研究：基于产业链分工与整合视角的分析 [J]. 中国渔业经济，34（1）：49-54.

吴洁霞，韦小鸿，唐秀玲，2004. 发达国家农业合作组织的发展模式及其对南贵昆区域农业产业化发展的启示 [J]. 中国农学通报（4）：289-294.

吴金明，2006，邵昶. 产业链形成机制研究："4+4+4"模型 [J]. 中国工业经济（4）：36-43.

吴翔宇，2019. 农民专业合作社服务功能演进研究 [D]. 哈尔滨：哈尔滨工业大学.

夏书章，王乐夫，陈瑞连，1995. 行政管理学 [M]. 北京：高等教育出版社.

向红霞，杨孝伟，2018. 农民专业合作社在产业链延伸中的地位及发展对策 [J]. 商业经济研究（8）：115-117.

肖端，2016. 不完全契约视野的农民合作社组织绩效比较及其提升策略 [J]. 宏观经济研究（5）：128-138.

肖荣荣，任大鹏，2020. 合作社资本化的解释框架及其发展趋势：基于资本短缺视角 [J]. 农业经济问题（7）：108-117.

谢治菊，2019. 诱致性制度变迁视角下乡村振兴的实现路径：基于塘约经验的分析 [J]. 探索（6）：173-182.

熊万胜，2009. 合作社：作为制度化进程的意外后果 [J]. 社会学研究，24（5）：83-109，244.

徐小平，2007. 中国现代农民专业合作社法律制度研究 [D]. 重庆：西南政法大学.

徐旭初，2003. 合作社的本质规定性及其它 [J]. 农村经济（8）：38-40.

徐旭初，2005. 中国农民专业合作经济组织的制度分析 [M]. 北京：经济科学出版社.

徐旭初，2012. 农民专业合作社发展辨析：一个基于国内文献的讨论 [J]. 中国农村观察（5）：2-12，94.

徐旭初，2014. 农民专业合作社发展中政府行为逻辑：基于赋权理论视角的讨论 [J]. 农业经济问题，35（1）：19-29，110.

徐旭初，2014. 再谈合作社的质性规定 [J]. 中国农民专业合作社（2）：45.

徐旭初，2017. 新形势下我国农民专业合作社的发展趋势 [J]. 农村工作通讯（13）：36-37.

徐旭初，2021. 一个合作社持续健康发展并不容易 [J]. 中国农民专业合作社（4）：40.

徐旭初，金建东，2021. 联合社何以可能：基于典型个案的实践逻辑研究 [J]. 农业经济问题（1）：107-120.

徐旭初，吴彬，2010. 治理机制与合作社绩效的影响：基于浙江省526家农民专业合作社的实证分析 [J]. 中国农村经济（5）：43-55.

徐旭初，吴彬，2017. 异化抑或创新？：对中国农民合作社特殊性的理论思考 [J]. 中国农村经济（12）：2-17.

薛江波，张学会，2020. 农民专业合作社一体化发展模式研究：以陕西省咸阳市种植业合作社为例 [J]. 安徽农业科学，48（6）：252-255.

杨丹，刘自敏，2017. 农户专用性投资、农社关系与合作社增收效应 [J]. 中国农村经济（5）：45-57.

杨军，张龙耀，2013. 中国农民专业合作社融资约束及其对策研究 [J]. 上海金融（1）：112-114，119.

杨柳，万江红，2018. 农业产业化中企业与合作社的关系结构研究 [J]. 学习与实践 (5)：107-114.

杨小凯，黄有光，1999. 专业化与经济组织：一种新兴古典微观经济学框架 [M]. 张玉纲，译. 北京：经济科学出版社.

杨小凯，张永生，2019. 新兴古典经济学与超边际分析（修订版）[M]. 北京：社会科学文献出版社.

杨嬛，陈涛，2015. 生产要素整合视角下资本下乡的路径转变：基于山东东平县土地股份合作社的实证研究 [J]. 中州学刊 (2)：50-55.

杨雪梅，王征兵，刘婧，2018. 信任、风险感知与合作社社员参与行为 [J]. 农村经济 (4)：117-123.

应瑞瑶，2004. 论农民专业合作社的演进趋势与现代合作社的制度内核 [J]. 南京社会科学 (1)：13-18.

应瑞瑶，朱哲毅，徐志刚，2017. 中国农民专业合作社为什么选择"不规范" [J]. 农业经济问题（11）：4-13.

于海琳，2015. 基于双重治理结构的农民专业合作社发展研究 [J]. 理论探讨 (4)：79-82.

于会娟，韩立民，2013. 要素禀赋差异、成员异质性与农民专业合作社治理 [J]. 山东大学学报（哲学社会科学版）(2)：150-154.

郁义鸿，2005. 产业链类型与产业链效率基准 [J]. 中国工业经济 (11)：35-42.

袁俊林，赵跃龙，魏昊，2023. 农民合作社能提升农户自主发展能力吗？：来自中国西部欠发达地区农村的证据 [J]. 世界农业 (1)：99-114.

苑鹏，2001. 中国农村市场化进程中的农民合作组织研究 [J]. 中国社会科学 (6)：63-73，205-206.

苑鹏，2005. 现代合作社理论研究发展评述 [J]. 农村经营管理 (4)：15-19.

苑鹏，2013. 关于修订《农民专业合作社法》的几点思考 [J]. 湖南农业大学学报（社会科学版），14 (4)：6-8.

苑鹏，2013. 中国特色的农民专业合作社制度的变异现象研究 [J]. 中国农村观察 (3)：40-46，91-92.

苑鹏，2014. 中国特色的农民专业合作社发展探析 [J]. 东岳论丛，35 (7)：106-112.

曾博,毛瑞男,2021.农民专业合作社普通成员利益实现及保障机制研究 [J].上海经济研究 (4):43-54.

曾艳,周宝亮,郝柯锦,等,2021.农民专业合作社盈利能力的影响因素及提升路径 [J].西北农林科技大学学报 (社会科学版),21 (3):64-73.

曾以宁,侯佳君,唐宏,2019.农户个体特征、社员参与行为与合作社绩效 [J].江苏农业科学,47 (9):41-46,57.

张琛,孔祥智,2018.农民专业合作社成长演化机制分析:基于组织生态学视角 [J].中国农村观察 (3):128-144.

张琛,孔祥智,2019.组织嵌入性对农民合作社绩效的影响研究:基于多案例的实证分析 [J].财贸研究,30 (2):64-73.

张琛,赵昶,孔祥智,2019.农民专业合作社的再联合 [J].西北农林科技大学学报 (社会科学版),19 (3):96-103.

张红宇,2020.我国农民专业合作社的发展趋势 [J].农村工作通讯 (21):39-42.

张红宇,刘涛,杨春悦,等,2017.农民合作社:从量变到质变:四川省农民合作社的调研与思考 [J].中国农民合作社 (3):22-24.

张怀英,原丹奇,周忠丽,2019.企业家精神、社员自身能力与合作社绩效 [J].贵州社会科学 (5):123-129.

张靖会,2012.农民专业合作社效率研究 [D].济南:山东大学.

张俊,章胜勇,2015.合作社营运绩效评价及验证:基于专家、管理者和社员三方视角的对比分析 [J].经济学家 (9):96-104.

张兰,李炜,刘子铭,等,2020.农地股份合作社治理机制对社员收入和满意度的影响研究 [J].中国土地科学,34 (10):108-116.

张梅,2008.我国农村专业合作经济组织的效率研究 [D].哈尔滨:东北农业大学.

张梅,郭翔宇,2008.国外农民专业合作社发展趋势研究 [J].西北农林科技大学学报 (社会科学版) (6):23-28.

张梅,王晓,潘文华,2020.社员参与合作社管理的行为选择及影响因素 [J].北方园艺 (23):153-160.

张梅,邢蕾,颜华,2022.农业产业链下农民合作社风险机制研究:基于资产专用性的角度 [J].农林经济管理学报,21 (1):1-9.

张曙光，1992. 论制度均衡和制度变革 [J]. 经济研究 (6)：30-36.

张喜才，2022. 农产品供应链安全风险及应对机制研究 [J]. 农业经济问题 (2)：97-107.

张晓山，1998. 合作社的基本原则及有关的几个问题 [J]. 农村合作经济经营管理 (2)：7-9.

张晓山，2004. 促进以农产品生产专业户为主体的合作社的发展：以浙江省农民专业合作社的发展为例 [J]. 中国农村经济 (11)：4-10，23.

张晓山，2013. 农民专业合作社发展应注重提升质量 [J]. 农经 (1)：11.

张晓山，苑鹏，2009. 合作经济理论与中国农民专业合作社的实践 [M]. 北京：首都经济贸易大学出版社.

张学会，2014. 农民专业合作社纵向一体化研究 [D]. 咸阳：西北农林科技大学.

张学会，王礼力，2014. 农民专业合作社纵向一体化的理论逻辑、现实考察与演进路径：基于陕西省 52 家种植业合作社的调研 [J]. 农村经济 (2)：103-108.

张学会，王礼力，2014. 农民专业合作社纵向一体化水平测度：模型与实证分析 [J]. 中国人口·资源与环境，24 (6)：37-44.

张亚强，2011. 企业组织创新的进化趋势研究 [J]. 生产力研究 (4)：164-165，194.

张耀辉，卜国琴，卢云峰，2005. 市场交易制度与市场绩效关系的实验经济学研究：对 SCP 分析范式的修正 [J]. 中国工业经济 (12)：34-40.

张亿钧，朱建文，秦元芳，等，2019. 基于乡村振兴战略下的农民合作社发展路径探索 [J]. 中国合作经济 (7)：33-36.

张益丰，2018. 资产专有性、政府精准扶持对象选择及合作社组织优化：基于东营妇联对合作社成员资助的多案例比较 [J]. 农业经济问题 (4)：61-71.

张益丰，孙运兴，2020. "空壳"合作社的形成与合作社异化的机理及纠偏研究 [J]. 农业经济问题 (8)：103-114.

张莹，肖海峰，2016. 基于契约博弈模型的农业产业链纵向协作分析 [J]. 华中农业大学学报（社会科学版）(6)：48-55，144.

张滢，2011. 农民专业合作社风险识别与治理机制：两种基本合作社组织模式的比较 [J]. 中国农村经济 (12)：14-24.

张颖，赵翠萍，王礼力，2021. 社会责任、社会资本与农民合作社绩效 [J]. 经济经纬，38 (4)：33-42.

张永强，张晓飞，高延雷，等，2017. 合作社中"大农吃小农"的博弈研究 [J]. 运筹与管理，26 (8)：54-58.

赵昶，董翀，2019. 民主增进与社会信任提升：对农民专业合作社"意外性"作用的实证分析 [J]. 中国农村观察 (6)：45-58.

赵国杰，郭春丽，2009. 农民专业合作社生命周期分析与政府角色转换初探 [J]. 农业经济问题 (1)：76-80，112.

赵恒勤，2016. 基于多种赋权 TOPSIS 方法的矿业上市公司业绩综合评价研究 [D]. 北京：中国地质大学 (北京).

赵佳，姜长云，2013. 农民专业合作社的经营方式转变与组织制度创新：皖省例证 [J]. 改革 (1)：82-92.

赵佳荣，2009. 农民专业合作社：绩效及组织、环境改进 [D]. 长沙：湖南农业大学.

赵鲲，肖卫东，2020. 租地还是订单：工商企业建设农产品原料基地的契约选择 [J]. 农业经济问题 (7)：4-13.

赵泉民，刘纪荣，2022. 乡村农民合作社组织发展的制度逻辑：基于"制度场域"视角的分析 [J]. 兰州学刊 (6)：97-112.

赵晓峰，2018. 模糊的边界与组织边界再生产：合作社信用合作的生长机制考察 [J]. 学习与实践 (9)：95-103.

赵勇，齐讴歌，2010. 分立的治理结构选择：2009 年诺贝尔经济学奖获得者奥利弗·E. 威廉姆森思想述评 [J]. 财经科学 (1)：62-70.

浙江大学 CRAD 中国农民合作组织研究中心，2020. 中国农民合作社发展报告 2019 [M]. 杭州：浙江大学出版社.

郑大庆，张赞，于俊府，2011. 产业链垂直整合理论探讨 [J]. 科技进步与对策，28 (2)：64-68.

郑风田，王若男，刘爽，等，2021. 合作社自办企业能否更好地带动农户增收？：基于纵向外部性与不完全契约理论 [J]. 中国农村经济 (8)：80-102.

中国社科院农村发展研究所等，2005. 2004—2005 年：中国农村经济

形势分析与预测 [M]. 北京：社会科学文献出版社.

钟瑛，2017. 马克思主义合作制理论及其中国化新发展 [J]. 毛泽东邓小平理论研究 （8）：24-33，108.

钟真，穆娜娜，齐介礼，2016. 内部信任对农民合作社农产品质量安全控制效果的影响：基于三家奶农合作社的案例分析 [J]. 中国农村经济（1）：40-52.

钟真，王舒婷，孔祥智，2017. 成员异质性合作社的制度安排与合作稳定性：以三家奶农合作社为例 [J]. 华中农业大学学报（社会科学版）（6）：1-8，148.

钟真，张琛，张阳悦，2017. 纵向协作程度对合作社收益及分配机制影响：基于4个案例的实证分析 [J]. 中国农村经济（6）：16-29.

周立群，曹利群，2001. 农村经济组织形态的演变与创新：山东省莱阳市农业产业化调查报告 [J]. 经济研究（1）：69-75，83-94.

周霞，周玉玺，2018. 能人带动、组织承诺与农民专业合作社社员满意度研究：基于差序格局调节效应的跨层次分析 [J]. 经济与管理评论，34（5）：84-96.

周应恒，胡凌啸，2016. 中国农民专业合作社还能否实现"弱者的联合"？：基于中日实践的对比分析 [J]. 中国农村经济（6）：30-38.

周勇，吴海珍，韩兆安，2019. 企业转移模式、本地化嵌入行为与知识转移绩效：基于SCP范式的分析 [J]. 科技进步与对策，36（18）：119-128.

周振，孔祥智，2014. 组织化潜在利润、谈判成本与农民专业合作社的联合：两种类型联合社的制度生成路径研究 [J]. 江淮论坛（4）：67-75.

周振，孔祥智，2015. 盈余分配方式对农民专业合作社经营绩效的影响：以黑龙江省克山县仁发农机合作社为例 [J]. 中国农村观察（5）：19-30.

朱哲毅，2017. 农民专业合作社服务功能、利益机制与现实选择逻辑 [D]. 南京：南京农业大学.

卓萍，2010. 基于SSP范式的公共组织绩效差异研究 [J]. 厦门理工学院学报，18（2）：78-82，87.

ABADIE A , IMBENS G W, 2011. Bias corrected matching estimators for average treatment effects [J]. Journal of business and economic (29): 1-11.

ALCHIAN A A, DEMSETZ H, 1972. Production, information costs, and economic organization [J]. American economic review, 62 (5): 777 -795.

BARON R M, KENNY D A, 1999. The moderator-mediator variable distinction in social psychological research: conceptual, strategic, and statistical considerations [J]. Journal of personality and social psychology, 51 (6): 1173-1182.

BARTON D G, 1989. What is a cooperative? [C] //COBIA D W. (Eds) Cooperatives in agriculture. Upper Saddle River: Prentice-Hall: 1-34.

CHAN W, 2008. Bootstrap standard error and confidence intervals for the difference between two squared multiple correlation coefficients [J]. Educational & psychological measurement, 69 (4): 566-584.

COASE R H, 1937. The nature of the firm [J]. Economica, 4 (16): 386-401.

CRAWFORD K, HASAN H, 2006. Demonstrations of the activity theory framework for research in information systems [J]. Australasian journal of information systems, 13 (2): 49~68.

DUNN J, 1988. Trust and political agency [C] //GAMBETTA ed., Trust: making and breaking cooperative relations, 73.

EFRON B, TIBSHIRANI R J, 1993. An introduction to the bootstrap [N]. New York: Chapmanm & Hall.

HANSEN M H, MORROW J L J, BATISTA J C, 2002. The impact of trust on cooperative membership retention, performance, and satisfaction: an exploratory study [J]. The international food and agribusiness management review, 5 (1): 41-59.

HART O, 2009. The economic nature of the firm: an economist's perspective on the theory of the firm [J]. Columbia law review, 89 (7): 1757-1774.

KLEIN B, 1996. Why "Hold-Ups" occur: the self-enforcing range of contractual relationships [J]. Economic inquiry, 34 (3): 444-463.

KLEIN B, CRAWFORD R G, ALCHIAN A A, 1978. Vertical integration, appropriable rents, and the competitive contracting process [J]. The journal of law and economics, 21 (2): 297-326.

KLEMPERER P, 1987. Markets with consumer switching costs [J]. The quarterly journal of economics, 5: 375-387.

KYRIAKOPOULOS K, BEKKUM O, 1999. Market orientation of European agricultural cooperatives: strategic and structural issues. [C] //IX European congress of agricultural economists: 148-164.

LOHTIA R, BROOKS C M, KRAPFEL R E, 1994. What constitutes a transaction-specific asset?: an examination of the dimensions and types [J]. Journal of business research, 30 (3): 261-270.

MENARD, C, 2004. The economics of hybrid organizations [J]. Journal of institutional and theoretical economics, 160: 345-376.

MIGHELL R L, JONES L A, 1963. Vertical coordination in agriculture [R]. Agricultural economic report No. 19 economic research service, United States Department of Agriculture: 90.

NILSSON J, KIHLÉN A, NORELL L, 2009. Are traditional cooperatives an endangered species? About shrinking satisfaction, involvement and trust [J]. International food and agribusiness management review, 12: 1-22.

NILSSON J, 2001. Organisational principles for co-operative firms [J]. Scandinavian journal of management, 17 (3): 329-356.

NORTH D C, 1981. Structure and change in economic history [M]. New York: W. W. Norton & Company.

NORTH D, 1990. Institutions, institutional change and economic perform ance [M]. Cambridge: Cambridge University Press.

PORTER M, 1985. Competitive advantage: creating and sustaining superior performance: with a new introduction [M]. New York: Free Press.

PORTER M, 1980. Competitive strategy [M]. New York: Free Press.

PORTER P K, SCULLY G W, 1987. Economic efficiency in cooperatives [J]. The journal of law and economics, 30 (2): 489-512.

ROSENBAUM P R, RUBIN D B, 1983. The central role of the propensity score in observational studies for causal effect [J]. Biometrika, 70 (1): 41-55.

SIMON H A, 1947. Administrative behavior [M]. New York: Macmillan.

SOBOH R, LANSINK A O, GIESEN G, et al., 2009. Performance measurement of the agricultural marketing cooperatives: the gap between theory and practice [J]. Review of agricultural economics.

SUCHMAN M C, 1995. Managing legitimacy: strategic and institutional approaches [J]. Academy of management review, 20 (3).

WANG K D, HUO B F, TIAN M, 2021. How to protect specific investments from opportunism: a moderated mediation model of customer integration and transformational leadership [J]. International journal of production economics, 232: 107938.

WILLIAMSON O, 1971. The vertical integration of production: market failure considerations [J]. American economic review, 61 (2).

WILLIAMSON O, 1975. Market & hierarchies: analysis and antitrust implications [M]. New York: Free Press.

WILLIAMSON O, 1979. Transaction cost economics: the governance of contractual relations [J]. Journal of law and economics, 22 (1), 233-261.

WILLIAMSON O, 1985. The economics institutions of capitalism [M]. New York: Free Press.

WILLIAMSON O, 1993. Calculativeness, trust, and economic organization [J]. Journal of law and economics, 36 (1): 453-486.

WILLIAMSON O, 1998. Transaction cost economics: how it works; where it is headed [J]. De economist, 146 (1): 23-58.

WILLIAMSON O, 2002. The theory of the firm as governance structure: from choice to contract [J]. The journal of economic perspectives, 16 (3): 171-195.

WILLIAMSON O, 2009. A sketch, with applications to transaction cost economics [J]. Journal of economic methodology, 16 (2): 145-157.

WILLIAMSON O, 2010. Transaction cost economics: the natural progression [J]. Journal of retailing, 86 (3): 215-226.

附录 调查问卷

问卷一：合作社调查问卷

亲爱的乡亲：

您好！

我们正在进行一项学术研究的调查工作，希望得到您的支持和帮助。这是调查问卷，旨在了解农民专业合作社的基本情况及发展现状。您宝贵的回答对我们的研究分析非常重要，烦请在百忙之中填写这份问卷。

感谢您的支持与合作！

调查地点：_____县（区）_____乡（镇）_____村

您的姓名：_____ 联系电话：_____

调查时间：_____

一、合作社基本信息

1. 合作社名称：_____。合作社成立时间：_____年。合作社注册资本：_____万元。合作社社员总数：_____人。合作社所在地距离县（区）行政中心：_____公里。

2. 合作社理事长身份_____。

A. 村干部　 B. 返乡农民工　 C. 退伍军人　 D. 技术人员

E. 其他_____（请说明）。

3. 合作社理事长的学历水平：_____。

A. 硕士及以上　　　　　 B. 大学本科　　　　　 C. 大专

D. 高中/中专/高职　　　 E. 初中　　　　　　　 F. 小学及以下

4. 管理团队人数：_____。社员总数：_____。

5. 合作社发起主体为_____。

A. 村干部领办型　　B. 企业发起型　　C. 能人带动型

D. 小农户自发组织型

6. 合作社从事的主导产业为_____，所属类别为_____。

A. 粮油类　　　　　　　B. 果蔬类　　　　　　　C. 畜禽类

D. 水产养殖类　　　　　E. 茶叶、药材等

F. 其他_____（请说明）

7. 合作社股本金①总额为_____万元，其中，普通成员出资额为_____万元。是否存在大户控股：_____【A. 是；B. 否】。若是（若否，则后问不填），大户出资总额为_____万元，占合作社股本金总额的_____%，为_____名大户共同控股。

二、合作社产业链建设状况

1.（1）享受合作社统一农业投入品的采购和供应、统防统治、劳务服务、机耕机播机收服务的社员比例为_____%（指普通成员，保留小数点后两位）；（2）享受合作社统一品牌、包装和销售服务的社员比例为_____（指普通成员，保留小数点后两位）。

2. 合作社建有机械化搬运（如车辆）、储存（包括气调库、节能通风库等）、商品化处理（洗选、打蜡、分级、屠宰等）等设施设备中的几项？_____。

A. 3项　　　　　B. 2项　　　　　C. 1项　　　　　D. 0项

3. 合作社是否建立以下稳定的产品销售渠道（　　　）

A. 电商销售　　B. 商超　　　　C. 传统线下　　D. 无

E. 其他_____（请说明）。

4. 合作社的商标情况为_____。

A. 获得驰名商标　　　　　　　B. 获得著名商标（省市级）

C. 获得普通商标　　　　　　　D. 无商标

5. 合作社是否建立核心生产基地？_____。

A. 是　　　　　　　　B. 否

6. 合作社是否提供产中服务（技术、劳务等）？_____。

A. 是　　　　　　　B. 否

7. 合作社是否提供产前服务（农资供给等）？_____。

_____

① 股本金为资产负债表"实收资本"或者"股本"项目。

A. 是　　　　　　　　B. 否

8. 合作社获农产品认证情况为：_____。

A. 获有机农产品认证　　　B. 获绿色农产品认证　　　　C. 未获认证

9. 合作社所拥有的固定资产金额为_____万元。

三、合作社的外向合作

1. 是否与村集体合作？_____。A. 是；B. 否。若是（若否，则后问不填），与村集体合作方式为？_____。A. 股权合作；B. 治理合作；C. 资产租赁；D. 资金借贷；E. 其他_____（请说明）。

2. 是否与企业合作？_____。A. 是；B. 否。若是（若否，则后问不填），与企业合作的方式为_____。A. 股权合作；B. 治理合作；C. 投入品与技术合作；D. 供应链运营合作；E. 销售渠道及品牌推广合作；F. 其他_____（请说明）。

3. 是否与高校、科研机构建立合作关系？_____。A. 是；B. 否。若是（若否，则后问不填），与高校、科研机构合作方式为？_____。A. 技术指导；B. 设立研发基地；C. 股权合作；D. 咨询服务；E. 其他_____（请说明）。

4. 合作社是否获得财政项目、公益捐赠等项目支持？_____。

A. 是　　　　　　　　B. 否

若是，则共获得资金_____万元。

四、合作社的生产经营

1. 合作社是否有统一的技术管理和标准化规程？_____。

A. 是　　　　　　　　B. 否

2. 合作社对日常生产过程中的投入品使用情况、天气情况、农事进展情况的记录情况为_____。

A. 没有记录　　B. 纸质文档记录　　C. 电子文档记录　　D. 软件记录

3. 合作社开设小程序或公众号、开展电子商务、建设智慧农牧场的数量为_____。

A. 3 项　　　　　　B. 2 项　　　　　　C. 1 项　　　　　　D. 0 项

4. 合作社是否实行经管分离（合作社负责事务决策的理事会与负责生产经营活动的经营团队在人员及工作分配上相对独立)？_____。

A. 是　　　　　　　　B. 否

5. 合作社是否聘请专职经理人？_____。

A. 是　　　　　B. 否

6. 合作社上一年度经营管理团队（含理事会、监事会、专职经理人）参加技术、经营、合作社知识等培训及外出交流学习的成员占经营管理团队成员总数的比例为_____。

五、合作社的管理制度

1. 合作社成立"三会一层"〔"三会"指社员（代表）大会、理事会、监事会，"一层"指经营团队〕成立情况为：_____。

A. 均成立　B. 成立3个　C. 成立2个　D. 成立1个　E. 未成立

2. 上一年度，合作社参加社员大会的成员人数占成员总数的比例为_____%（指普通成员，保留小数点后两位）。

3. 合作社建立议事规则、财务管理、盈余分配、生产管理、销售管理等关键制度_____。

A. 5项　　　　B. 4项　　　　C. 3项　　　　D. 2项　　　　E. 1项
F. 0项

4. 合作社是否为每一位成员设立记录成员的出资额、与本社的交易量（额）和返还盈余等的成员账户？_____。

A. 是　　　　　B. 否

5. 合作社按照交易额返还给社员的比例为_____（记录原值）。

6. 合作社是否按照财务管理制度中关于编制财务预算的原则、程序、内容等要求编制年度预算？_____。

A. 是　　　　　B. 否

7. 合作社财务收支情况在办公场所或网上公布的频率为_____。

A. 按季度公开　　　　　B. 按年度公开　　　　　C. 未公开

8. 执行监事或者监事会对本社的财务进行内部审计，或委托社会中介机构对本社的财务进行审计，审计结果应当向成员大会报告。我社实际情况是：_____。

A. 每年审计合格且公开审计结果　　　B. 每年审计且合格
C. 每年审计但不合格　　　　　　　　D. 未进行审计

9. 近三年，合作社依据合作社章程规定或成员（代表）大会决议每年提取公积金或公益金的情况是：_____。

A. 没有明确规定是否提取

B. 规定提取，但因执行不到位，实际未提取

C. 规定提取，但因合作社未产生盈利，实际未提取

D. 已实际提取，并有财务报表作证

10. 社员主要的入社方式为_____。

A. 缴纳会费　　B. 资金入股　　C. 土地、种苗等资产折价入股

D. 土地流转　　E. 其他_____（请说明）

11. 合作社发展中，是否吸纳社员再投资合作社发展？_____。

A. 是　　　　　B. 否

12. 合作社收益分配方式为_____。

A. 按交易量（额）返还

B. 股份分红

C. 按交易量（额）返还与按股分红相结合，按交易量（额）返还为主

D. 按交易量（额）返还与按股分红相结合，按股份分红为主

E. 社员平均分配

F. 无盈余分配

G. 其他_____（请说明）

13. 合作社是否实行利益回避（合作社理事、监事和财务人员互不兼任，且理事与监事互不为三代以内直系亲属)？_____。

A. 是　　　　　B. 否

六、合作社绩效

1. 合作社近三年总收入分别为_____万元、_____万元、_____万元，年均收入为_____万元。

2. 合作社近三年净利润分别为_____万元、_____万元、_____万元，年均净利润为_____万元。

3. 合作社近三年资产收益率[①]分别为：_____、_____、_____。

4. 近三年，社员收入变化情况是：_____。

A. 降低一些　　B. 没有变化　　C. 有所增加　　D. 大幅增加

5. 非社员农户是否享受了合作社提供的服务？_____。

---

① 为 ROA 值。核算公式为：①当年 ROA＝当年净利润/当年平均资产总额；②ROA 平均值＝三年合计 ROA/3。其中，平均资产总额＝（本年期初总资产＋本年期末总资产）/2×100%（期初总资产和期末总资产）。

A. 是　　　　　B. 否

6. 合作社是否开展社区公益活动？_____。

A. 是　　　　　B. 否

7. 合作社中是否有贫困户？_____。

A. 是　　　　　B. 否

若有（若否，则后问不填），是否发挥了扶贫带动功能？_____。

A. 是　　　　　B. 否

若是，合作社带贫机制为_____。

A. 优先雇工　　B. 股份分红　　　C. 提供服务

D. 其他_____（请说明）

8. 合作社自成立以来获得了来自_____政府授予的荣誉、奖励（除示范社评定以外的奖励和荣誉）。

A. 国家级　　B. 省级　　　C. 市级　　D. 县级

七、其他内容（合作社发展中遇到的突出问题、面临的挑战、政策建议等）

_____

_____

_____

_____

附件一：经营管理团队基本信息

合作社职务	姓名	年龄	学历	村内职务	其他
理事长					
理事					
监事长					
监事					

问卷二：社员调查问卷

亲爱的乡亲：

您好！

我们正在进行一项学术研究的调查工作，希望得到您的支持和帮助。这是调查问卷，旨在了解农民专业合作社的基本情况及发展现状。您宝贵的回答对我们的研究分析非常重要，烦请您在百忙之中填写这份问卷。

真诚感谢您的支持与合作！

合作社名称：＿＿＿＿＿＿＿

调查地点：＿＿＿＿＿＿县（区）＿＿＿＿＿乡（镇）＿＿＿＿＿村＿＿＿＿＿组

调查时间：＿＿＿＿＿调查员：＿＿＿＿＿＿问卷编号：＿＿＿＿＿＿

社员姓名：＿＿＿＿＿＿被调查人姓名：＿＿＿＿＿＿

电话号码：＿＿＿＿＿＿

一、农户个体特征

1. 性别：＿＿＿＿＿＿。　A. 男　B. 女

2. 年龄：＿＿＿＿＿＿。

3. 受教育程度：＿＿＿＿＿＿。

A. 小学及以下　B. 初中　C. 高中/中专/高职　D. 大专　E. 大学本科　F. 硕士及以上

二、农户家庭特征

1. 本人及其家庭直系亲属为以下哪类？＿＿＿＿＿＿。

A. 村组干部　　B. 合作社发起人　　C. 合作社管理人员　　D. 社员代表　　E. 普通社员

2. 您家拥有承包地＿＿＿＿＿＿亩，其中，退耕还林地＿＿＿＿＿＿亩；经营土地＿＿＿＿＿＿亩。

3. 您家是否有土地流转？＿＿＿＿＿＿。

A. 转入　　B. 转出　　C. 没有

若转入，转入面积为＿＿＿＿＿＿亩；若转出，转出面积为＿＿＿＿＿＿亩。

4. 您家是否为贫困户？＿＿＿＿＿＿。

A. 是　　B. 否（若答否，后面一问不填）

若是贫困户，哪一年退出贫困户名单？_____。

A. 2014 年　B. 2015 年　C. 2016 年　D. 2017 年　E. 2018 年

F. 2019 年　G. 未脱贫

5. 2019 年家庭年收入为_____。

A. 1.5 万元以下　B. 1.5 万~2 万元　C. 2 万~3 万元

D. 3 万~5 万元　E. 5 万~10 万元　F. 10 万元及以上

三、农户加入合作社情况

1. 您家加入合作社时间为_____年。

2. 您家加入合作社的方式为_____。

A. 资金入股　　B. 土地入股　　C. 技术入股

D. 其他方式：_____（请注明）

您家在合作社扩大再生产（如扩大规模或新增项目等）中是否再次入股？_____。

A. 是　　　　　B. 否

若入股，则参与合作社发展的参与方式为_____。

A. 资金入股　　B. 土地入股　　C. 技术入股

D. 其他方式：_____（请注明）

3. 社员若为资金入股，入股金额为_____元，占合作社资金份额的百分比为_____%；若为土地入股，入股土地面积为_____亩，占合作社土地份额的百分比为_____%；社员资金以及土地、技术等折资入股总额为_____元，占合作社股份总额的_____%。

4. 您家为什么加入合作社（多选并排序）？_____。

A. 合作社有分红　　B. 看周边亲戚朋友都加入了　　C. 村组干部动员加入　　D. 合作社能够提供农资　　E. 合作社能够提供技术指导

F. 合作社销售产品更便利　　G. 降低生产成本　　H. 节约劳动力

I. 其他：_____

5. 您家享受了合作社提供的哪些服务？请您对所享受的合作社服务进行评价。

服务评价标准：满意＝5；比较满意＝4；一般＝3；比较不满意＝2；不满意＝1

A. 农资供应	B. 技术指导	C. 经营培训	D. 销售服务	E. 统防统治
F. 农机服务	G. 生产设施改造	H. 劳务服务	I. 融资服务	J. 托管服务

6. 加入合作社之后，您家总收入发生了怎样的变化？ _____。

A. 收入下降 　　　　　B. 没有变化 　　　　　C. 有所增长

D. 明显增长。

7. 请您描述近两年您家与合作社业务相关的生产经营变化情况：

年度	2020/2019（种类1）	2020/2019（种类2）	2019/2018（种类1）	2019/2018（种类2）
种植/养殖什么				
种植面积（亩）/养殖数量（头、只）				
通过合作社销售比例				
通过合作社销售产品总收入				
交易量（额）返还①				
剩余盈余分配②				
其他收入（说明）				
总收入				

注：①按成员与本社交易量（额）比例返还；②按出资额、成员应享有公积金份额、国家财政扶持资金以及接受馈赠份额向社员分配。

四、合作社内部治理、财务管理与分配

1. 合作社各项重大事项或各项制度是否由社员（代表）大会民主讨论审议？ _____。

（重大事项包括但不限于：成员退出和进入，选举或罢免理事长、理事、监事，重大投资等。制度包括：议事规则制度、财务管理制度、生产管理制度、销售管理制度、盈余分配制度等关键业务制度）

A. 是 　　　　　B. 否 　　　　　C. 不清楚

2. 合作社的重大事件（包括但不限于：理事会、监事会、管理层人员变更以及重大经营决策、收益分配等）是否公示公开？ _____。

A. 是　　　　　　B. 否　　　　　　C. 不清楚

3. 您可以通过哪些方式对合作社的工作提出质询、批评或建议？（可多选并排序）_____。

A. 通过社员大会　B. 向社员代表反映　C. 向理事或理事会反映

D. 向监事或监事会反映　E. 其他_____（请说明）

4. 合作社是否得到了财政扶持或其他组织或个人捐赠？_____。

A. 是　　B. 否　　C. 不清楚（若答否或不清楚，第5题不填）

5. 财政扶持资金或其他组织或个人捐赠形成的资产是否按入社人数平均量化到您的账户（社员账户）上？_____。

A. 是　　　　　B. 部分量化　　　　　C. 否

6. 合作社每年是否将年度财务收支情况清晰易懂地向社员公示？_____。

A. 是　　　　　B. 部分公示　　　　　C. 否

五、社员参与和发展

1. 合作社是否每年都组织社员大会或社员代表大会？_____。

A. 是　　B. 否　　C. 不清楚

如果是，您是否每年都参加社员大会或社员代表大会？_____。

A. 是　　B. 否　　C. 其他_____

若参加以上会议，上一年度您或您家人一共参加了多少次？_____。

A. 1~2次　B. 3~4次　C. 5~6次　D. 7~8次　E. 9次或9次以上

2. 合作社是否组织了生产技术和经营管理培训？_____。

A. 是　　　　　B. 否

若参加生产技术和经营管理培训，上一年度您或您家人一共参加了多少次？_____。

A. 1~2次　B. 3~4次　C. 5~6次　D. 7~8次　E. 9次或9次以上

3. 您对合作社是否满意？_____。

A. 非常满意　B. 满意　C. 一般　D. 不满意　E. 非常不满意

4. 您是否愿意为合作社贡献个人时间和劳动？_____。

A. 愿意　　　B. 看情况　　　C. 不愿意

5. 您未来是否有退出合作社的打算？_____。

A. 是　　B. 说不清　　C. 否